U0583250

长沙

彭国梁 编

城事百年

爱也长沙恨也长沙

苏州新闻出版集团
古吴轩出版社

图书在版编目（CIP）数据

爱也长沙恨也长沙 / 彭国梁编. -- 苏州：古吴轩出版社，2024.6
（城事百年 / 李继锋主编）
ISBN 978-7-5546-1901-8

Ⅰ．①爱… Ⅱ．①彭… Ⅲ．①城市史—长沙 Ⅳ．①K296.41

中国版本图书馆CIP数据核字(2022)第022446号

责任编辑：戴玉婷
装帧设计：鹏飞艺术
责任校对：鲁林林

书　　名：爱也长沙恨也长沙

编　　者：彭国梁

出版发行：苏州新闻出版集团

　　　　　古吴轩出版社

　　　　　地址：苏州市八达街118号苏州新闻大厦30F
　　　　　电话：0512-65233679　　　邮编：215123

出 版 人：王乐飞

印　　刷：三河市中晟雅豪印务有限公司

开　　本：889 mm×1270 mm　　　1/16

印　　张：26.25

字　　数：277千字

版　　次：2024年6月第1版

印　　次：2024年6月第1次印刷

书　　号：ISBN 978-7-5546-1901-8

定　　价：46.80元

如有印装质量问题，请与印刷厂联系。0316-3225515

　　"城事百年"丛书，讲述老城市们的老、旧和曾经的年青、曾经的新、曾经的风姿绰约，以及新老交替间的悲欢离合、人文变迁、社会变革。

　　历史是活着的记忆。

　　感谢百年前一批又一批知名或不知名的作家、学者、记者、居民、游客等，正是他们的遇见、感动，才给今天的我们留下宝贵的文化遗存和历史的五味杂陈。

　　因为他们的讲述，老城市们复活了，繁华的街道、逝去的风景回来了，我们的感怀饱满了。

前　言

彭国梁

长沙，湖南的省会。

一九八二年二月，国务院批准公布第一批历史文化名城二十四座，长沙系其中之一。我曾在《长沙沙水水无沙》一书中写过长沙的马王堆汉墓奇迹："一个在地下沉睡了两千多年的老太太，其安详的睡态仿佛她昨天刚刚闭眼，而今随时都会醒来，用手按一按，所有的肌肤都有弹性。从这座汉墓中出土的文物之丰富之珍贵，是让整个世界都为之震惊的。"我也曾写过长沙的简牍博物馆："一九九六年，长沙走马楼挖掘出十万余枚三国吴简，这比此前一个世纪中国所发现的简牍的总和还要多。"我还写过："在阿拉伯沿海，有一个勿里洞岛，一九九八年的某月某日，有一位渔夫去勿里洞岛采掘海参，无意中脚被一堆瓷器碰到了，或者说，他的脚鬼使神差地踩到了一堆瓷器，这一踩便踩出了一个惊天动地的事件，这事件便是轰动世界的'黑石号沉船'被打捞了出来。这只船从中国的唐朝驶来，在勿里洞岛附近的海底打盹，醒来海底依然蔚蓝着，而船上的六万七千余件宝贝件件都成了难以估价的历史文物。让人难以置信的是，这六万七千余件宝贝中，居然有五万六千五百余件系长沙铜官窑中的瓷器。"

中国有四大名绣，长沙湘绣便是一绣。
中国有四大名亭，长沙爱晚亭便是一亭。
中国有四大书院，长沙岳麓书院名列其中。
中国有八大菜系，长沙湘菜亦居其一。
……

长沙有太多太多值得大书特书的名胜古迹与辉煌过往，不能备述。

民国时期曾任过湖南督军兼省长的刘人熙有《长沙》一诗云：

长沙旧是才人地，迁客骚人过化多。
一折一波皆绝倒，未能放胆泻银河。

长沙是屈、贾之乡。一年一度的端午节便是为了纪念在汨罗江因信仰或曰尽忠报国而纵身一跃的屈原，长沙的岳麓山曾有屈子祠。余光中先生在他的《漂给屈原》中写道："有水的地方就有龙舟，有龙舟竞渡就有人击鼓，你恒在鼓声的前方引路。"王勃的《滕王阁序》中有名句曰："屈贾谊于长沙，非无圣主。"长沙的太平街，有贾谊故居。两千多年来，时毁时建。今日的贾谊故居，古井尚在，古碑尚存。它被誉为湖湘文化的源头，游客络绎不绝。

长沙有新修的杜甫江阁，杜甫这位千年诗圣曾在长沙的湘江漂流，登过岳麓山，上过天心阁，住过江边茅舍，吃过粗茶淡饭，他在长沙期间写下了数十首与长沙相关的不朽诗篇。如《发潭州》诗云：

夜醉长沙酒，晓行湘水春。岸花飞送客，樯燕语留人。
贾傅才未有，褚公书绝伦。名高前后事，回首一伤神。

长沙有朱张渡，中国理学的鼎盛时期，便是朱熹和张栻在长沙的岳麓书院和城南书院来回开讲座的时期。在长沙黄泥街旁边一条叫双鸿里的巷子里，还曾有一个秋女烈士祠，那是为纪念鉴湖女侠秋瑾女士而设。秋瑾女士在长沙期间，也留下了不少足迹与诗文。比如：

西邻也为踏青来，携手花间笑语才。
昨日卿经贾傅宅，今朝侬上定王台。

长沙地域文化研究专家陈先枢先生曾编纂过一册《历代名人记

长沙文选》，所收文章主要是先秦至清末历代名人写长沙的文言文，而民国时期众多的文化名人写长沙的白话文却没有完整的集子。我在写《长沙沙水水无沙》《星城旧事——民国名人在长沙》两本书时，收集了不少相关资料。也算是机缘巧合吧，有一次与陈先枢先生，还有也是长沙地域文化研究专家的杨里昂先生喝茶聊天，说到可编一本《民国文人笔下的长沙》时，三人一拍即合，此书很快也就面世了。这之后，我们三人又合作主编了《老报刊中的长沙》《长沙烽火岁月——老报刊中的长沙抗战》《长沙名胜诗词选》《当代文人笔下的长沙》《长沙百景》等书，同时，我和杨里昂先生还合作主编了《消逝的长沙风景》《天心纪胜》《天心文脉》等。因为有了前面这些书作为铺垫，这本《爱也长沙恨也长沙》所需的内容也就颇为充实了。

从晚清至民国，长沙这座历史文化名城对历史是做出过巨大贡献的。简言之，可说它是辛亥革命的摇篮，也是抗日战争的堡垒。

辛亥革命的前后，长沙曾出现过一次人才的井喷。翻阅岳麓书院的史料，在其山长、师长、著名的访院学者和著名的学生中，有一串长长的名字闪闪发光，比如王先谦、谭嗣同、梁启超、唐才常、陈宝箴、皮锡瑞、魏源、曾国藩、左宗棠、郭嵩焘、胡林翼、李元度、刘坤一、熊希龄、蔡锷、杨昌济、程潜、蔡和森、杨树达、黎锦熙、陈天华、谢觉哉……

一九一八年六月，刚从湖南第一师范毕业的毛泽东，与蔡和森等一道搞"新村生活"，便是寄居在岳麓书院的半学斋。

除岳麓书院外，当时长沙还有明德中学、周南中学和湖南第一师范等名校，开风气之先，汇集和培养了一大批革命的先行者和知识精英，如黄兴便是在胡子靖校长的掩护下于明德中学密谋华兴会起义的。田汉早期也曾在湖南第一师范教书。

一九三七年十月至一九三八年二月，位于长沙韭菜园的湖南圣经学校成了国立西南联合大学的前身——国立长沙临时大学的校址之一。此外，岳麓山下的湖南大学和南岳衡山都有其校舍。其时，北京大学历史系教授容肇祖和清华大学哲学系教授冯友兰合作写了一首好玩的诗：

冯阑雅趣竟如何（冯友兰）？闻一由来未见多（闻一多）。
性缓佩弦犹可急（朱自清），愿公超上莫蹉跎（叶公超）。
鼎沈洛水是耶非（沈有鼎），秉璧犹能完璧归（郑秉璧）。
养士三千江上浦（浦江清），无忌何时破赵围（柳无忌）。
从容先着祖先鞭（容肇祖），未达元希扫虏烟（吴达元）。
晓梦醒来身在楚（孙晓梦），皕岚依旧听鸣泉（罗皕岚）。
久旱苍生望岳霖（金岳霖），谁能济世与寿民（刘寿民）。
汉家重见王业治（杨业治），堂前燕子亦卜荪（燕卜荪）。
卜得先甲与先庚（周先庚），大家有喜报俊升（吴俊升）。
功在朝廷光史册（罗廷光），停云千古留大名（停云楼，
我们的宿舍）。

这是柳无忌先生当年日记的摘录。看看这教授的阵容，这还仅仅是文学院的。此外，还有理学院、工学院、法学院，四院共十七个系。抗战时期，汇集在长沙的文化名人特别多，有一份统计资料，介绍了当时活跃在长沙的文化名人七百多。我看了好几遍，发现这七百多人中，光是在国立长沙临时大学任教的就有近百人，这份资料自然还不是完全统计。除柳无忌先生提到的上述十九位教授外，择其有简历者按姓氏笔画列出如下：王力、叶企孙、皮名举、朱光潜、朱经农、刘仙洲、刘崇鋐、汤用彤、庄前鼎、李继侗、杨石先、杨振声、吴宓、吴大猷、吴有训、沈嘉瑞、张伯苓、张奚若、张景钺、陈垣、陈梦家、林徽因、贺麟、钱穆、钱思亮、浦薛凤、梅贻琦、梁实秋、梁思成、蒋梦麟、曾昭抡、潘光旦……

　　这些文化名人，虽然在长沙停留的时间并不长，但或多或少都会留下一些与长沙这座城市相关的文字。也许，这些文字对于个人来说，只是他们当初一些零星的记忆与瞬时的感慨，但汇编成书，其历史价值、文化价值与欣赏价值就不言而喻了。

　　此外，民国时期的报刊还为我们保留了大量士农工商的社会生活图景，让我们得以近距离地了解到当时普通民众的生活日常与民风所向。

　　连载于一九二五年九月至十二月的长沙《大公报》，就对长沙的老字号和各行业做了一个梳理，其中记述大明眼镜公司历史一则，便十分有意思。说该公司源自咸丰年间，老板姓章，家世甚微，提眼镜沿街发卖，遇到同样提篮卖玉器珠宝的安徽人高某，两人相识结为契友。章老板不久在走马楼租了门面营业，眼镜牌子就叫"章生明"。高某寄居店中，仍沿街叫卖。一日想到来湘已三十余年，忽觉思家心切，遂将所有珠宝寄存该店，飘然而去，十余年不返。章老板年事已高，对他儿子说，高姓客人寄存之物今已十余年，究系何物，从未启视，我现在老了，还是打开看看。箱子里都是珠宝，约值数千金。章老板对儿子说，高客人十余年不返，不知生死存亡，不如将珠宝代为变价，购置产业，如返湘，以产业偿还之，想不见责。于是将珠宝变卖，购置田产六百余石。章老板病危时，又对儿子说，高客人久不来，余不能久待，我死之后，每年将出租提出二百石做善事，以报答高姓客人，并表明我们绝不贪他的财，还有就是我们的老店，绝对不能迁址，以后高姓客人或他的后人找来，能够找到我们的店面。言毕而卒。

章老板的儿子章光明，后来创建了大明眼镜公司，他的后人，也仍以老眼镜店作为发祥地，一直等待着安徽做珠宝的高家人。

走马楼在今长沙五一广场的中心，商铺林立。一九九六年，就是在这里发掘出十多万枚三国吴简震惊世界。繁华一脉，斯文永存，章氏一门诚实守信、知恩图报的故事，亦时时发生在长沙普通百姓家庭每日的训诲与生活中，构成长沙人基本性格的一部分。

为长沙留一份珍贵的史料，为长沙文化的研究添砖加瓦，为热爱长沙的读者提供他们想找而又难以找到的文本，这一直是我编这类书的初衷。

由于本书体例与篇幅的限制，我只能从大量"民国名人笔下的长沙"及"老报刊中的长沙"中精选出部分文章，以飨读者。我曾在一本书的扉页上为书友题签：我喜欢长沙，是可以说出许多理由来的，同时，又仿佛什么理由也不用说，我就是喜欢她，爱她，我用我自己的方式。比如这本书。这是一本勾引你和我一样热爱长沙的书。如果你因为这本书的缘故，来到了长沙，请与我联系，我一定尽好地主之谊。

二〇二〇年九月十五日

目　录

前　言　　　　　　　　　　　　　　　　　　　　　彭国梁

第一编　心灵的风景线

傅角今：长沙设市，民国十六年即已界定　　　　　　　　003

舒新城：长沙有我的第二故乡岳麓山　　　　　　　　　017

李抱一：长沙城，从汉至宋，都仍旧址　　　　　　　　026

龚铁汉：西南云气来衡岳，日夜江声下洞庭　　　　　　038

龚铁汉：再没有人有一颗古董的心灵去寻古迹了　　　　042

龚铁汉：生命虽是有限，但精神却是无穷的、不死的　　047

惕　厂：火官殿，吃喝玩乐门门有，油炸豆腐最著名　　051

匹　夫：天心阁，是适宜于夏季的，是适宜于南国浓郁香气吹来的
　　　　　一个盛夏　　　　　　　　　　　　　　　054

佚　名：东轩西轩的玲珑楼阁，就活像那女人一对秋水样媚人的双眸　059

五　辑：一所中西合璧的房子，挂着一块木质的招牌——"动物园"　064

刘　湜：烈士祠是民国十年二月落成的，那时候正是林支宇做省长，
　　　　　赵恒惕做总司令　　　　　　　　　　　　068

陈明哲：诚然，游路上的风景线，最美丽的要算是妙高峰　　073

佚　名：定王台经过了千多年的风雨剥蚀，现已经呈现得十分苍老了　078

佚　　名：云灵寺，像是个失了时代性的古典派诗人　　082

佚　　名：修葺福王八方墓，建筑潇湘一览亭　　087

匹　　夫：何况，捞刀河，还是后汉一个最著名的古迹　　092

老　　丐：人心拯溺拂天心，赖诸佛慈悲，唤醒众生回劫运；入世嚣尘
　　　　　须出世，若六根清净，忽然一悟即禅机　　097

匹　　夫：赐闲园，是一个最适宜于夏季避暑的地方，因为那里，
　　　　　有一泓碧水的小潭　　101

佚　　名：包围在长沙附近的一块美丽的土地，以使他们心旷神怡的，
　　　　　一块是岳麓山，一块是容园　　105

郭荣礼：恍然一梦，疑此身置在瑶池水晶之中，天台仙子御风而来
　　　　　给我以片时的安慰　　110

匹　　夫：湘流河岸，在长沙，在长沙的夏夜，是最热闹的　　112

王象尧：说不尽长沙十里洋场夏夜的繁华和风光的旖旎　　117

老　　方：外国人聪明得很，领事府及住所不建筑在麓山而取水陆洲，
　　　　　也就是水陆洲比麓山景致要好的缘故　　121

老　　方：天心阁，游路，是最适宜于夏季的，都市与乡村的美，
　　　　　她们是兼而有之　　125

老　　方：他把瓜瓢在井里舀了一瓢递了过来，他那种坦白而诚恳
　　　　　的态度，使我不得不领受这人情　　130

第二编　市井工商

老　　方：长沙哪块地方最热闹？八角亭！　　135

老　　方：南大马路的名字，几乎没有不知道的　　139

老　　方：游路，好比是纯洁无瑕的村姑，没有半点俗气　　142

匹　　夫：长沙人，在夏夜，总是赴中山马路与城南马路，去欣赏夜赐
　　　　　予人的温娴庄静美　　145

王象尧：南墙湾，据闻这里也有些风月场所，最便宜的两角钱都可拉铺　　148

骈：仓后街，可以说是上海的望平街，其原因，就是报馆多　　　151

骈：皇仓街的人，别的消息不大灵通，可是起火的消息，他们却又有
　　优先权，因为第一救火队，便在皇殿坪　　　154

骈：药王街也者，如八角亭一样的是一条太太小姐之街　　　157

骈：八角亭，在长沙要算数一数二的阔街，黄金之路。它是绸布业的
　　大本营，也可说是有闲阶级与资产阶级的街　　　161

骈：举凡郭沫若、王独清、叶灵凤之流的大作，经常是在泰东书局
　　的宝笼里发现　　　164

小　玉：在我们的回忆里，司门口确是一个值得留恋的地方　　　167

第三编　茶馆与交通

亦　骈：假定四五个人坐在一块，闲得不耐烦，吃，便在这时候
　　　应运而生，我们吃馆子去　　　175

阿　某：麻辣子鸡汤泡肚，令人常忆玉楼东　　　181

刘大猷：长沙人的习惯是一大清早便要上茶馆去喝茶的　　　184

涤　予：三三两两，围坐一席。茗茶、细点，摆龙门，上下古今，
　　　无所不谈　　　187

严怪愚：长沙的茶馆不是士绅阶级，不是有闲分子的消遣的地方　　　190

宇　昂：这时人越来越多，茶房们提着嗓子，来回地穿来穿去　　　195

龚　觉：当时著名的电影明星胡萍就在远东咖啡店当过女招待　　　198

严怪愚：长沙咖啡店。跑进去，灯影辉煌里，几间小房子透出它
　　　引诱的颜色　　　203

严怪愚：到浴堂里去，睡到盆中，用水浸着，一浸又是几点钟，
　　　才提着鸟笼回家去，这叫作"水包皮"　　　209

胡人章：洗澡，可以躺在洁白的大洋瓷盆的温水中悠闲自得，
　　　也可以睡在休息室的沙发上和朋友瞎扯上下古今　　　214

琴　庵：因为只有这么宽的地方，自无需甚么电车马车之类了　　　216

余学文：长沙的公共汽车，在战前是由开明汽车公司独家经营的　　221

兰　心：长沙老字号众多，择其有名者述其小史　　225

第四编　文化姿态

张文博：一般市民的生活，还是相当地保守着古朴的风尚　　251

立　人：在长沙，旧书店是集中在玉泉山和府正街、南阳街一带。
　　　　每一家的书架上，线装书、洋装书堆得满满的　　257

佩　广：民国十四年方克刚等发起于山巅建一公开性质之图书馆，
　　　　命名南轩，以示景仰先贤之意　　260

荷　坞：湘剧之师祖，庙名老郎，在三王街之三王巷，建立于清初　　264

非　薄：欧美电影片输入长沙，在废清的宣统年间，当时的作品
　　　　除了幼稚二字外，无可批评　　266

宗　法：谁说长沙没有一个设备完全的电影场？看吧！银宫电影
　　　　院便是一九三五年的新建设　　269

唐耀章：明德是湖南学生五四运动的前瞻，在湖南学生运动史上，
　　　　实有值得记载的价值　　272

隽：要谈青年会的史略，还得追溯到民国元年去　　276

隽：民众俱乐部是民国二十三年春三月落成的，它既然能应时代的
　　　　需要而脱胎，自然博得不少长沙市民的喜悦　　282

严怪愚：提到俱乐部，便觉得有一种消闲消闲的情味儿　　286

第五编　长沙乡俗

王象尧：在这个时代里，对于婚丧事上，一方面要保留些旧礼教，
　　　　一方面还要追逐着新潮流　　295

野　人：地方的人都说陶公死后，他的肉身都成了神，叫作真人　　298

粟青岩：在湖南境内，长沙女子多半是骄傲的，但也始终在半开化
　　　　半顽固的广场上兜圈子　　303

匹　夫：我是一个不赞成养鸟的人，并且，还深恨养鸟是一件太
　　　　残酷太不人道的事　　　　　　　　　　　　　　　307

第六编　社会底层

粟青岩：每天时时刻刻摆在你眼前的小贩叫卖声，在那喊出货品
　　　　名目的回声里，正含着令人不忍再闻的生活哀调　　313

老　方：人有旦夕不测之祸福，测字先生便在人生的十字路口
　　　　摆摊：指引迷途君子，点醒乱世英雄　　　　　　　315

严怪愚：垃圾堆在一批高贵先生小姐们的眼睛里，被认为是挺脏的
　　　　集合物，但在另一种人的眼光里，却被认为是比生命还要
　　　　重要的金矿　　　　　　　　　　　　　　　　　　319

严怪愚：长沙，还是骄傲的都市，所以才有一部分骄傲的车夫　　324

严怪愚：在热浪下，有一大批生活可怜的群众，在波涛起伏中浮动　334

第七编　名流过往

田　汉：等待你年纪大了点，尝过了些人生的滋味，你才真正了解
　　　　离别是何等黯然销魂的事　　　　　　　　　　　341

田　汉：我的故乡，爱我的人，寄我以不甚适合的希望；恨我的人，
　　　　也罪我以不甚适合的罪名　　　　　　　　　　　347

阳　光：只有在梦中，我才得翱翔于辽阔的天地之间：天心阁、
　　　　岳麓山……尤其是长沙景物，湘地风光，历历如在目前　352

叶　紫：我单身从故乡流亡出来，到长沙天心阁侧面的一家小客栈
　　　　中搭住了　　　　　　　　　　　　　　　　　　358

瞿宣颖：长沙城的特殊臭味，便是一种桐油、爆竹、草纸、水油及
　　　　潮湿郁蒸之气所集合而成的　　　　　　　　　　363

蒋梦麟：联合大学在长沙成立以后，北大、清华、南开三校的学生
　　　　都陆续来了　　　　　　　　　　　　　　　　　374

蒋牧良：整整五年没有回家，这一天跳上了长沙小西门外的轮船码头　380

向培良：我有一千种爱长沙的理由，同时也有一千种恨这个
　　　　地方的理由　　　　　　　　　　　　　　　　　　389

老　向：现在所要记的只是个人的印象之类，于长沙的本身是好
　　　　是坏无大关系　　　　　　　　　　　　　　　　　393

第一编

心灵的风景线

傅角今：
长沙设市，民国十六年即已界定

傅角今（1895—1965），湖南醴陵人，地理学家。编著有《南海诸岛地理志略》《湖南地理志》《地理学导论》《世界石油地理》等。

　　长沙设市，筹备已久，市政府尚未成立。其市区界址，民国十六年经市政筹备处长余籍传派员画定，绘具图说，呈报省府核办。其四界，东抵湖迹渡，西抵对河岳麓山，南抵金盆岭，北抵新河。

　　水陆洲溁湾市、新河等地，均在本市范围之内。昔之谈长沙新市者，率多主张留城内为行政区；旧城之南，因值欧战时工厂林立，拟定为工业区；旧城之东，巨室颇多，拟定为住宅区；旧城之北，滨湘河，临铁道，拟为商业区。目前市区范围较前扩大数倍，旧城之南，昔虽有一二工厂，然终未能发展。诚以山地崎岖，运输不便，复距商业区太远，于工商贸易尤难衔接，加之此地适扼湘江上游，工厂排泄秽水，随流而下，有碍全市卫生，兹拟将此地改为住宅区，既避喧嚣，复多情趣，丛林高山适可利用为人民游览之地；旧城之东北，即湖迹渡至新码头之间，为浏阳河漾洄之地，山不峻而势高，地僻静而便利。如周家嘴大泗湖一带，地稍低洼，更可利用工厂灰屑煤渣为徐图填高之计，污秽之水随浏河西下，绝无污浊全市之虞，高囱煤烟，因北风较少，亦无弥漫全市之患，拟定为工业区。长沙市在将来粤汉路贯通之后，必为商业荟萃之区，惜适于商业之优美地位，已为旧市区占领。旧城之北，虽临湘江，地势实嫌稍低，旧城之东虽与平浏大道接壤，又嫌与河道隔离，以人事论，既不能改造旧市区与新市区同时并进，以形势论，复不能舍旧市而独营新市。须一面谋新市之发达，一面促旧市之改良，故不能不纳旧市于新市之内，拟以北至新河，南至妙高峰，东至五里牌，西至河岸，包括旧市区，均划为商业区。其行政区域，即就商业区内择定旧四十九标协操坪五十标一带地点，既较适中，可供全市之瞻仰，且将来设施，复可联络新旧市同时进步。至湘江之西，岳麓名山，自古为讲学之所，则天然之文化区与风景区。至湘江东西两岸之交通，拟建设一规模宏巨之铁桥（长五千余尺）以资联络，而于水陆洲东岸一段设启闭机以通船只。异日粤汉路全部通车，长沙必成全国南北交通枢纽，将来之繁荣，屈指可待也。

人　口

据民国十八年二月长沙市户口调查委员会之调查，全市人口为三十四万五千九百二十六人。又据省会公安局民国二十年五月份之调查计：一、普通户口为三十二万四千七百二十六人；二、公共处所户口为五万七千四百二十八人；三、寺庙僧道户口为一千零四十四人；四、外人侨居户口为二百十六人。合为六万一千四百五十一户，人口三十八万三千四百十四人（五月份因军队调防，故人口增加一万余人）。

城市概况

旧有城壁，始筑于汉长沙王吴芮，元以前筑以土，覆以甓。明洪武时，守御指挥邱广乃垒址以石，东西长五里，南北长十里，周围十四里有奇，略成长方形。旧有城门十三：

北：兴汉门、湘春门（北门）；
西：通泰门、草潮门、福星门、大西门、太平门、小西门；
南：学宫门、南门（黄道门）；
东：经武门、小吴门、浏阳门（东兴门）。

迄今城壁拆毁殆尽，修筑环城马路，仅东南隅天心阁之一部尚存，已辟为天心阁公园，供市民游览。城内繁盛之地，在八角亭、司门口、红牌楼一带。其位置适居旧城之中央而偏南，长约半里许，如衣料、食料、器具一切售品皆萃于此。建筑多仿西式，行人杂沓，景象殷阗。中山马路横亘城中，民国十九年建筑完工，东通环城马路及长潭长平汽车道，西达江滨，平广整洁，有沪汉风，为本市之新式街道。北门正街，长约里许，为城内北部之中心市场。坡子街，当小西门外民船及轮船码头之冲衢，往来频繁，银钱杂货药材广货等商店云集于此。大、小西门间之河街，接近江岸，洋商甚多。此外若南正街、司门口，洋货杂货商店最多；走马楼、青石街、青石桥，鞋店最多；南阳街、府正街、玉泉街，书店笔庄最多；药王街，照相铺最多。全市商务，以矿业、五金、机器、绸缎、洋货、烟酒、绣业、药材、粮食等为盛。英、日、法、德、美各国洋商，七十余家，散于北门外及小西门外灵官渡街各处。曩昔城内房屋，多属旧式，街道亦狭隘，近年从事整理，逐渐让宽，满铺麻石，景象一新。

新市区马路干线计划

最近市政筹备处拟具之市区内交通要道，计分东西干线与南北干线。

南北干线在湘江东岸者有三道：一、由南湖港沿河岸直出新河口，为第一道，定名为沿河东大马路；二、由金盆岭沿长潭路之一段，接天心阁，沿环城路，抵经武门，出喜鹊桥直达新码头口，为第二道，定名为中央大马路；三、由雨花亭经曾家冲、二里牌，抵阎家湖，出湖迹渡，为第三道，定名为东大马路。在湘江西岸者一道，即由溁湾市沿河，经溁湾市纺纱厂出施家港，与湘江东岸之沿河路对峙，定名为沿河西大马路。其与西大马路并行者，首由李公庙尾防溢湖又划一道，定名为西大马路。

中山纪念堂

东西干线在湘江东岸者计分五道：一、由南湖港向东经沙湖桥冲、黄土岭至魏家冲，为第一道，定名为东南大马路；二、由西湖桥向东循下环城南段路之一段，经天心阁、麻石巷、打靶场通阿弥岭，为第二道，定名为南大马路；三、由中山路向东延长至陈家垅，沿长平公路路线，通平江，为第三道，定名为中山大马路；四、由旧城北之大马路，向东延长至湖迹渡为第四道，定名为北大马路；五、由毛家桥河岸，向东经开福寺、潘家坪、桂花园、太极坡，至朱家花园，为第五道，定名为东北大马路。至在工业区内有四斜线相交于一点者，东北为岳阳路，东南为衡阳路，西北为宝庆路，西南为常德路。在商业区内有二斜线同交于中央大马路者，东北为沅陵路，东南为星沙路，在中央大马路之西、通沿河东大马路者，名洞庭路。在中央大马路之东，通东大马路者，名衡阳路，则皆支线也。其在湘江西岸者，则因山地太多，势殊险峻，发达恐较迟，暂未详为计划。

要　塞

长沙要塞，肇自民国十九年，盖近年匪患频仍，长沙城市因无险可守，曾于是年七月二十七日一度失陷，公私损失极巨，政府及市民为巩固永久治安计，乃于湘江东西两岸建筑防御工程，东岸自猴子石起，经新开铺、石马铺、阿弥岭、杨家山、五里牌、湖迹渡等处，至捞刀嘴止；西岸自廖家垸子起，经小望城坡、石岭坳、竹山口、黄花塘、双塘坳等处，至银盆岭止，全部长约六十里，所有散兵壕、交通壕、地下道、观测所、监测所、电网等粗备，并修筑汽车道以资联络。

交通及工商业

粤汉铁路，自武昌南走入省境（长沙至武昌三百六十公里），经岳州汨罗而抵本市，绕市东以达株洲，再由株萍线，以至萍乡安源（计九十公里），每日车开武昌者二次，由武来长者亦二次。汽车路，南通湘潭、宝庆、衡州；长常汽车路，已展筑至桃源；此外长平、长浏（长沙至永安市已通车）之线，正在积极建筑，屈指可望告成。火车站及汽车站，均在小吴门外，西由中山马路以达河干，亦极便利。湘水航路，汽轮下达武汉，上溯湘潭；水盛时，可抵衡州，更可溯至零陵；此湘江干路也。若支流可通航者，沿湘而下，至靖港，出靖港可转入资水流域之益阳，及沅水流域之沅江、汉寿、常德、南县等地；再渡洞庭，可入澧水流域以达津市。

航空事业，尚在萌芽，北门外新河飞机场，广数百亩，现湖南航空第一队驻此，为粤汉航线必经之站，故本市可称全省水陆空交通之中枢。惜水上航权，多为日英所攫夺，殊可慨也。

著名工厂

有湖南第一纺纱厂在对河银盆岭，资本约百万元，工徒二千余人，日出纱可百包，成绩颇佳，现又增建织布厂。民生工厂，在兴汉门外，系前兵工厂所改，近年出品甚多。黑铅炼厂，在南门外河滨，专炼水口山铅锌等矿，成绩亦优。麓山玻璃厂，在南门外，官商合办，资本十万元，出品以灯类为大宗。岳华皮革厂，在灵官渡街，专制黑黄纹皮。电灯公司，在六铺街，全城电气仰给于此（光华电灯公司，因被炸毁，现已归并）。华新羽绒公司，在怡长街，专以机器提制鸭绒被服等物，其所用之机器及缝法，皆衡阳丁鹏翯氏所发明，农商部许以专利。此外尚存和丰火柴公司、宝华宝湘二玻璃工厂、湖南面粉公司、湖南造冰厂、残废工人习艺厂等。

古迹名胜

一、天心阁公园，位本市之东南隅，北起天心阁，南迄妙高峰，范围颇大，延长四五里。两地间，筑有马路以资联络。天心阁城垣，巍然犹存。阁右有午炮台，现已拆毁，改建国耻纪念亭。再西有五三纪念亭及动物园等。阁旁城垣，成二巨窟，左右各一，昔时守城藏兵之处也。其有蛰穴，可通城中之皇仓街，亦战事危急时避险之暗逡，今已湮塞。登其最高处，纵目四顾，全城在望，苍霭之岳麓，黄漪之湘流，橘洲负翠，帆影烟波，毕收眼底，别饶风趣。妙高峰与岳麓山隔江相对，为本市附近之最高峰。其顶有平地，方可二丈许，青草平铺，宛如绿褥，夏间近晚之际，坐憩其地，清风徐来，胸襟顿爽。残阳自麓山返映天际，云霞与江面烟波互相照耀，上下风帆，悠扬掩映，诚可观也，今建亭于南峰，以供游人休憩。

二、猴子石，在市南十里之地，沿粤汉铁路可达。有石高约二丈，酷似猴形，蹲于湘江之滨，可登眺，江水潆洄其下，成小石潭，清澈无比。其对河为靳江河，一名剑江河。有小街，楚佞臣靳尚之墓在焉。

三、雨花台，在市东南七里黄土岭之东，今就其地建真人庙，四山环抱，清雅宜人，古木参天，池塘可鉴。庙旁有小旅店，取资甚廉，品茗其间，亦乐事也。

四、金盆岭，在市南六里，峦岗环绕，成盆形，长沙之南险也。其上有大兵房一所，可容千余人。两旁战壕环抱，为历代战争之要地。

五、水陆洲，洲上多橘，故又名橘洲，在市西湘江中，长七八里，两端与城市齐。洲上杨柳疏植，绿橘成丛，红楼白阁之间，间有竹篱茅舍，垂杨绿荫之下，恒系渔艇闲舟。景物风光，可称佳绝。朱张渡，在其南部，宋朱子讲学岳麓，张南轩讲学城南时，往来过渡之处也。义渡亭，在其中部，长沙西路之孔道也。江神庙在义渡亭之北，其地旧有拱极楼，最擅名胜，潇湘八景之一，所谓"江天暮雪"者，即其地也，惜楼已废。英国领事署，在其北部，洋楼高矗，雅丽可观。

六、朱家花园，在经武门外六里许，一名余园，清时长沙巨绅朱雨田先生所建，以休养余年者也。其中布置甚幽雅，兰堂、宜春亭、云寮亭、一笠亭、延眺台、众绿轩等，亭台楼阁，回环错列，池塘萦绕，假石嶙峋，异木奇花，争妍斗彩，间有乔木高参，绿竹阴影，长沙著名之花园，怡神旷兴之佳所也。各亭台中之联匾，均近代名人左宗棠、郑板桥、王文治、黄自元、曾熙、谭延闿等之手笔。此园虽系私园，然完全开放，任人自由游览，园丁备有茶水，茶资听给，有小贩贩卖糖点，取买亦便，近年因常驻军队，房屋多被毁坏。

七、谷山，在本市西北二十五里，由第一纺纱厂后山径达可。高约二三千尺上下，为长沙附郭第一高山。岩谷幽邃，林菁茂密。其下有古寺，名谷山寺，亦名宝宁禅寺，建自唐时。寺中有佛教小学，游人自长沙游谷山者，多午餐于寺内。山半有龙王宫，西人多避暑于此。龙王宫后，山岩陡立，峻峭异常，名刀背脊。最高处名谷王峰，登其处，远望洞庭之烟波，南岳诸峰之秀叠，若隐若现，所谓一目千里、万象罗列者，此其似之。附近有一峰，巍然锐出者，名尖山，亦名山也。

八、白沙井，在蔡公坟南半里许铁道东侧。有井四口，每口长约二丈，宽深均约一尺许。泉水自沙石中渍出，清冽甘美无比，名曰沙水。全城中恃以为饮者，不下数万家，城中以挑沙水营生者约在千数以上。每担价目，自十余枚至三四十枚不等，以距井之远近估计之。坐候于井旁之挑水夫，恒有数十至百余人之多，以到井所之先后为序，挨次汲取，每次每井口，可容二人，以木瓢舀之，昼夜频舀，而泉不竭，经久不舀，亦不溢，市民目为仙景。

九、老龙潭，亦名锡山潭，在白沙井南一里许，方可数亩。东西两岸，冈峦夹峙，株长路纵贯其中，隔为东西二部。水恒清不浊，涨时自南口溢出，通于湘江，数十丈内，犹与湘江判分清浊。水落时，则潭平浪静，清澈如镜。其中多小鱼，两岸山坡之凹处，黄童白叟之垂钓其间者，居恒不绝，幽雅凄清，娱情遣兴之佳所也，闻将辟为公园之水族馆云。

十、福王墓，在妙高峰之右侧。（按：福王即宋右丞相赵汝愚也，被韩侂胄所潜，安置永州，道卒，旅殡于此，今墓系前清时修复者，其下有享祠。）

十一、蔡公坟，在天心阁南之醴陵坡下。明季长沙司理蔡忠烈公江门先生之墓也。蔡公任长沙司理时，适流寇张献忠犯长沙，一时名藩重臣、大帅劲卒皆遁去，公约守将尹先民誓死固守。先民阳许诺而阴通贼，公被执而骂贼死，其幕卒林国俊，将从公死，请于贼，以衣裹公尸葬于此，后人为建墓筑祠，表其忠烈。

十二、定王台，在浏阳门右侧，汉长沙定王发，曾运土长安，筑台于此，以望其母唐姬之墓。年久台废，前清时湘人就其地建大楼房一所，以存故迹。台左有门，额曰蓼园，取定王故宫有蓼园之意，栋宇辉煌，庭园古雅，咏觞吊古之佳所也。现设湖南图书编辑处，其内存古书颇多，一部已列置中山图书馆，以供人阅览。

十三、平地一声雷，在定王台后，一井庞然而空，相传此井一日忽爆震，井壁突易此状，泉源遂绝，探首视之，绿草如茵，四壁凹凸，有奇趣，投之以石，其声瀚然，亦遗迹之一也。

十四、贾太傅故宅，在上太平街四十号。贾谊为长沙王太傅时之故居，即今贾太傅祠地。《长沙县志》引《水经注》云："内有一井，

贾太傅故宅　摄于 1929 年前

是谊所凿，极小而深，上敛下大，其状似壶。旁有一足石床，才容一人坐，流俗相传，为谊所坐床，又有大柑树一，亦云谊所种也。"今则其井尚存，入门之左侧围以石栏者是也。水极清洁，附近居民，咸取汲于此。石床已移置祠后佩秋亭内。柑树已不可考，惟正殿后有枯树一株，高出屋顶，或疑即是。又云祠前有古石碑二，左右各一，高可丈许，字迹已剥蚀不可辨识，中堂悬匾曰治安堂。祠右为清湘别墅，曲槛回栏，颇饶佳趣，清季所植之二柑树在焉。其内有佩秋亭，后人修葺之，一足石床，移置于此。祠之下面有废井一，今人亦疑贾谊故井为此，而非祠前之所指者。亭两旁壁上，刻古今名人诗词祠记甚伙。祠之正中壁上，刻有屈灵均之像，盖屈、贾遭遇相似，湘人合祀屈、贾于祠内。其前有楼曰大观，可供登览。

十五、开福寺，在北门外三里。五代时楚王马殷创建，其子马希范于其地建会春园，为避暑之地，费资巨万，后园废，寺则屡经修治，故仍存在。近年寺僧复大加修建，殿阁玲珑，僧房幽静，长沙之名寺也。古袯禊亭，相传在寺右佛教慈儿院内。寺后旧有碧浪湖、紫微山，风景绝佳，今则湖山已渺，工厂环峙，未免大煞风光。寺前田畴，一派碧水翻纹，犹不乏田野风味，近寺僧拟将其地，辟为公园。

十六、曾公祠，在小吴门正街，清曾文正公国藩之享祠也，民国纪元，曾改建烈士祠，近复其旧。祠前为一广场，祠后有园，花卉亭树俱备，回廊曲径，假石嶙峋，丛阴之下，水艇双双，游览胜地也。现后部为艺芳女校校址，前部为长沙市公安局局址。

015

十七、韩公墓，在南城三府坪长郡公学校内，墓宽约丈余，长可三丈，巍然尚存，墓前有碑，镌曰"汉太守韩玄之墓"。墓之东南，有韩公祠，今已颓废。

（《湖南地理志》，傅角今编著，长沙湘益印刷公司一九三三年刊印）

舒新城：
长沙有我的第二故乡岳麓山

舒新城（1893—1960），字心怡，号畅吾庐，湖南叙浦人，出版家、教育家。著有《现代心理学之趋势》《近代中国留学史》《教育通论》《中华百科辞典》《近代中国教育思想史》等。

岳麓山

长沙的都市生活虽然不是我所愿过，但我的第二故乡的岳麓山却永久在我脑中留下了很好的印象。我每去长沙，都得去拜访它一次。这次当我接到父亲的电报的时候，就计划去拜访它，只因去时匆匆不能如愿。到家看了父亲的第一夜，那巍然屹立山巅的禹王碑，和隐居山麓的爱晚亭，以及白鹤泉、岳麓宫的种种胜境，和十四年前在高师肄业的种种生活，就一一盘旋于脑际，十余日来，更是常常想念它。故昨晚即决定今日下午起行的时候，便打算上午去岳麓游览。

岳麓虽在对河，但离我所寓的东门有十余里，上山下山也有十余里，平常的游览者，大概要费一日的工夫。我因下午四时须上车，而同学周仲篪、杨柏荣、余砥吾、马叔泉诸君又约定下午二时宴叙，时间既甚短促，只有早去之一法，所以昨晚即约定周君于今晨在我的寓所聚齐动身。到时周君果然携其十一岁的儿子清一来了！

我们由南门外渡河，在途中虽然催促着车夫快走，但到岳麓岸上的牌楼口已是九时了。今日是星期日，由城内来的游览者照例是络绎于途的，不过此时却寥寥可数；除去我们三人外，只有住在岳麓书院之湖南大学男女学生数人徘徊于途中。所谓真正的游人，还不曾来到。

岳麓山面对湘江，山峰不过千数尺，并不算高，只因在湘江平原中是一座"唯我独尊"的高山，而且岳麓书院，为历史上有名的遗迹，所以其名甚扬，游人也因而特多。然而我之爱岳麓，却不在乎山之高，也不在乎书院的历史之久，而在它的乡村风味和幽静丛林。

岳麓书院

岳麓书院（即现在之湖南大学）是建筑在山麓正中的一个幽谷里，三面都有山围抱，只有正面朝着湘江水，水陆洲的田园和长沙城的街市，均一望在目。这里与长沙城既有两道河的隔绝，城市的种种，当然不能侵入，而校门以外尽属田垄，附近居民甚少，概属农民。要购备一点最常用的日用物品，不去城里，便得在离此五里的溁湾市。它的地址不是一般之人所谓城而乡，乃是完全的乡村。学生在那里求学，真是世外桃源的羲皇上人，除了报纸杂志上的消息，足以刺激他们，使他们平静的心能有所波动而外，其余什么都难得卷入他们脑中扰乱他们的心思。同这种"象牙之塔"里面养成的书生，是否可以适合现代复杂社会的需要，自然是一个可以研究的问题。但是农家子的我，却很欢喜过这种乡村式的生活。所以二十年来漂泊地寄居了数省，但始终不曾得着一个比岳麓还更惬我意的地方。

乡村的生活，固然是我所深好，但是我受了一些新式教育，又不能完全安于乡村生活（乡村最苦的是不易得新书画报看）。住在岳麓的人的物质生活，固然可以全为农村式，但他的精神食粮，又可由城市输入。这种乡而城的地方，实是我理想中的妙境。而院后的爱晚亭和枫树林更足以使我留恋！

我们由牌楼口循故道而行（民国六年为葬黄兴、蔡锷，曾于道旁修有马路，但破坏不堪），书院的故址，仍然和十四年前一样，从中途的自卑亭后，赫然在山谷中隐约现于我们的面前。不过左边一群工厂式的房屋，其中并屹立着一座大烟囱，据说是大学的工科；右边的屈子祠，正在改建洋楼，据说是为大学文科而设备：这些是我们十四年前所不曾想到，也是我七年前所不曾见过的。至于其他如院右的孔庙，院前的赫曦台，以及院内正厅中朱熹所书的"忠孝廉节""整齐严肃"的见方大字石碑，乃至于院外饮食店的聚和福，都和十四年前没有两样。

过自卑亭上山，本来有一条大路。我们为节省时间计，而且要瞻望我们母校的风范，便走捷径由校中穿过。好在校中的房屋如故，

岳麓书院孔庙

道路是我们所熟悉的，既不需人引导，也不畏人干涉。所以竟从校门直趋礼堂、入饭厅、出厨房达爱晚亭。

爱晚亭

爱晚亭是在离院后数十步的池塘上边的一小丘上面，是一座石建的方亭，是朱熹讲学时常游憩的地方。亭后围着满山茂密的枫林；亭旁有一泓泉水，从乱石中潺潺流出。因为它向西，所以一到下午晚炊烟腾的时候，太阳从山后映射到枫林中，漏出一道一道的霞光，春绿、夏蓝、秋红、冬黄，将人浴于其中而使之顿然忘机。到秋末冬初，枫叶将全山映成赤色，益以晚霞的红光，更鲜艳皎洁，动人春思。将晚的胜景，实不是语言所能形容。所以历史上的学者，凡属到过岳麓的，都会在此地有所留恋。十四年前我们于课余之暇，也常到亭中闲坐，静听枫林的天籁，仰观白云的变化。七年前，虽曾来此一次，但时间是夏天，看不见鲜红的枫叶，只觉盛暑之下清气逼人而已。

今日我们到此，正是九时半，晚景的奇观，当然不能映入我们的眼帘，但红叶的红光，却已由东升的太阳引射得我们满目通红。亭中的石桌、石凳，以及石桌四围的刻字还依然是十余年前的故物，只不过亭外的石栏，破碎了几处，显出一些颓败的气象而已。

清一真是一个好学的好孩子，对于他所不明白的什么东西都得追问根由，看见墙壁上的字迹，也得抄录下来。亭中的石桌四面都刻有题记，他看见了，也一字一字地抄下。这亭是清宣统三年由程颂万补葺，一面刻"放鹤"两大字，一面刻他刻石之因缘，又两侧刻张栻、钱南园的诗两首，而名之曰二南诗刻。二南两诗，很能道出此地景物的特点。兹抄给你一看。

张栻先生《憩清风峡》诗："扶疏古木蠹危梯，开始知经几摄提。还有石桥容客坐，仰看兰若与云齐。风生阴壑方鸣籁，日烈尘寰正望霓。从此上山君努力，瘦藤今日得同携。"

钱南园先生《九日岳麓》诗："雨歇江平政亦闲，相寻故事一登山。红萸黄菊有深味，碧涧丹崖俱净颜。北海碑看落照里，南轩座接清风间。归与且住穷幽兴，细数林鸦几队还。"

我们因为时间的关系，在爱晚亭把诗抄完，就从红叶峡（仿南轩之青枫峡）中循石级而上。道中古木参天，幽邃异常，除了偶然倦归的林鸦，踏着树枝，振动树叶，将林间寂静的空气略为波动而外，一切的声音都不会听得。我们三人也不约而同地屏息前进。但不到半山，终于为红叶所引诱而各走向山中去寻觅；我们的屏息，也为着寻得红叶满襟的欢呼声所破坏了。约里余走尽红叶峡，山间一伟大的建筑物陡现于我们的面前，此即所谓万寿宫。我们于禅堂的钟声中，穿过该寺，直趋山腰之白鹤泉。泉由石隙渗出，清冽而甘。从前有石亭护之，现则仅于井口外于乱石一堆而已。由此右上，至蔡锷墓，亦荒芜不堪。再折回左向经石印书屋直趋山巅之云麓宫。

云麓宫

云麓宫是庵不是寺，里面住的是道人。后舍正对湘江处，高有茶座可资游人休憩。座上东望，可将长沙城中的全景收于眼底。江水大时，并可听得江声。清同治癸亥，有位黄道让先生，刻了一副对联"西南云气来衡岳，日夜江声下洞庭"，很能领略此间胜景。在高师时之国文老师吴凤荪先生墨题"对云绝顶犹为麓，求道安心即是宫"一联，将云麓宫三字嵌入，而带着哲理了！

这里的道人护守此宫已数十年，我们当学生时，他们已须发斑白，神态庄严，现在则龙钟得不能行动，与之谈往事亦不能作答，恐不久将归道山了。

烈士墓

我们到此已将十一时，故坐憩未久，即匆匆下山。至印心石屋循蔡黄（兴）国葬时所修之马路而行。这马路，我记得是民国六年所修的，当时也未曾不是其直如矢的康庄，但是到现在，则路上的乱石，好似劈开的生石榴，都一粒一粒地竖起来在那里守候行人的脚去践踏。那时的山上虽也有若干坟墓，但都在森林之中，而且是很古的；坟上野草环生，行人经过其间，也不觉得有什么异感。自六年蔡黄国葬而后，烈士也跟着内乱的时间而增加。到现在，几于每个峰、每个谷中都有烈士的墓。这些烈士初葬的时候，自然是要很轰轰烈烈地广辟道路、高筑墓室。但是烈士的躯壳入土而后，这些工作也都随之而消减。而且所谓烈士都是由政治所造成，而中国的政治又是这样的变化多端。所以许多烈士的坟墓——尤其是墓碑，常在"建"与"毁"的波涛中度日子，就是蔡黄两先生的墓碑也常被人毁坏。这样的现象，他省是否如此，我以所见不广，不敢妄加判断。且不问他们的"建"与"毁"所费的民膏民脂如何，而这破馒头似的新坟旧冢，将那天然美的景物破坏得成为山崩水泄的裂痕一般，已够煞风景。不知地下的烈士们是否也对于我们这些游人有同情之感？

佛　塔

我们从云麓宫下山，行经半山道旁有一座葫芦式的石塔，高及三丈，径达丈余，三面刻有似英文字母的斗大石字，据说是某高级军官皈依佛家的某老师为弟子，所有的军机大事，都得由他指示，部下的僚属以及军士也大半受他们的洗礼，这塔是这军官遵照他的老师的意旨为阵亡军人而修的。旁边还有屋一椽，由守塔者居之。塔是石建，尚巍然矗立如故，房屋则略似某军官渐渐"泰去否来"而现倾斜之象了！

为着要赶二时之宴，所以由云麓宫至牌楼口，足不停步。在途中与周君漫谈往事，自然所感万端。而最使我伤感者，要算先民遗迹之日渐颓败。爱晚亭之石栏，白鹤泉之石亭，七年前固整齐如故，现在一则破败不堪，一则仅留遗址。即如由岳麓书院后门去爱晚亭之道亦几于不能立足。以年用数十万元之湖南大学立于其间，对于此种遗迹尚不能修葺保存，岂其经济力之不逮，毋乃太不注意于先民之文化遗迹罢！

（《故乡》，舒新城著，中华书局一九三四年三月初版）

李抱一：

长沙城，从汉至宋，都仍旧址

李抱一（1887—1936），名景侨，字嗣循，号抱一，湖南新化人，著名报人。

旧城南书院

城南书院，创自南宋张南轩先生（名栻，字敬夫）。他的父亲紫岩先生（名浚），以观文殿大学士来潭州，寓居城南，他随了前来。闻知胡五峰先生（名宏）讲学衡山，他往求学。学成返潭，聚集学者相与讲习。紫岩先生因书"城南书院"四大字榜诸所居的舍前，城南书院自此萌芽，遂流传至于数百年。当时的城南书院有丽泽堂，有书楼，有蒙轩，有月榭，有卷云亭，已极楼台堂榭之胜。又有绿竹成荫的琼琤谷，高丘层观的南阜，一池如碧的纳湖。纳湖中间，更置听雨舫与采菱舟藉资点缀。南轩名此为十景。朱晦庵来访，遂有十景的唱和。南阜当是妙高峰的绝顶，卷云亭亦在妙高峰上（今妙高中学前新建卷云亭，不知是否其地）。琼琤谷，据志载："在卷云亭

026

后高阜之右。"朱子《琮琤谷》诗："湖光湛不流，嵌窦亦潜注。倚杖忽琮琤，竹深无觅处。"当在纳湖或锡塘的旁边。纳湖，《一统志》云："即南湖。旧属纳氏，又名纳湖。"但南与纳系一音之转，不知到底名自何起（南湖，参看"南湖港"条），即今天鹅塘。当时引锡塘之水，以注纳湖。锡塘，即今之老龙潭。南轩诗："原原锡潭水，汇此南城阴。"朱晦庵《纳湖》诗："想像南湖水，秋来几许深。"可见那时老龙潭的水量，较今更为洪大。但是如今自妙高峰以北，如盘亘一条山脉，老龙潭的水似乎无引入天鹅塘的可能。那时想必无此形势，或者后来因兵事的关系特为增高（即如太平之役，太平军据妙高峰鳌山庙一带，江忠源据蔡公坟，递迤至新开铺，各筑坚垒相守），因风水的关系故意培护（《善化县志》谓吴三桂于城外浚濠三重，我师于豹子岭、峨眉岭等处掘坑筑壕。气泄脉断，宜急加培护。可见培护气脉是从前常有之事），就成了如今磅礴的样子了。丽泽堂、书楼、蒙轩、月榭，如今不能指其所在。据南轩《丽泽堂》诗："门前长春水。"朱子诗："堂前湖水深。"南轩《月榭》诗："危栏明倒影，面面涌金波。"朱子诗："月色三秋白，湖光四面平。与君凌倒景，上下极空明。"未必丽泽堂、月榭，竟在纳湖的旁边罢。否则，"原原锡潭水，汇此南城阴"，不仅汇到纳湖，必更汇到书院的前门，朱张的诗才有着落。当时，那里还有张家的私宅（所以朱张在此唱和，张处处觉得是主，朱处处觉得是客）。自如今的老龙潭过天鹅塘，左延至于书院坪，包括妙高峰，都为张家所有。大约紫岩先生在此颐养，南轩先生也在此讲学，那时的城南书院或只如大第中一个私塾。南轩为当时的贵公子，游从之盛，

城南书院界碑

宴赏之华，自意中事，当然有此园亭宅第。但他博学修身不比寻常，朱子说他"外为军民之所仰望，内为学者之所依归"，实非溢辞。那么，寓居湖南的佳公子，千古以来，当以他为第一。

城南书院，自张南轩过去后即渐荒废。后来僧人建立高峰寺于其地，以外只有寒林破屋、宿草斜阳。明朝正德年间，参议吴世忠、学道陈凤梧协请修复，未果，地址归了藩府。嘉靖间，推官翟台在高峰寺后建厅堂五间作恢复的基础，终因无款作罢。清康熙间，易象乾等又谋修复，砖瓦都已捐就，也没有成功。乾隆十年，巡抚杨锡绂以长沙府属向学的日多，而岳麓书院不录童试，又因隔江应课，每为风涛所阻，乃于南门城内天心阁下建筑学舍，为长沙一郡的书院。模去南轩旧额，亦名曰城南书院（此可谓为城南书院之侨置时代）。南轩旧院，遂完全化作农田菜圃。迄至嘉庆二十五年，巡抚左辅因为天心阁下城南书院亦就颓废，又离善化县治不远，胥侩杂沓，不是讲学的地方，乃同藩司程祖洛探访南轩旧地，仍在妙高峰下觅得墙基石址，遂捐资建筑。南轩的堂舍轩楼亭榭湖谷渺茫不可复问，只紫岩所书匾额四字仅存，仍榜诸门首。院内分左右两斋，左四斋：曰居业，曰进德，曰主敬，曰存诚；右二斋：曰正谊，曰明道。又仿着南轩的故景，建立丽泽堂、蒙轩、书楼、月榭。又相传南轩当时有个禁蛙池，也在大门外甃成一池，叫作禁蛙。无在不模仿成迹，却是有其名，未必再有其景。自此，城南书院成为通省的书院。是城南书院初为家塾，次为一府的学院，次为通省的书院。吾人所见的城南书院成于左辅，左辅中兴城南书院之功，实不在南轩之下哩。

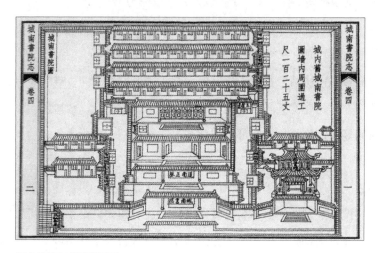

旧志载城南书院平面图

张南轩建立城南书院后，后人思念他的教泽，在妙高峰建立南轩祠。后来书院废了，祠却存在。左辅既移建书院，院长余正焕于是将祠修葺，内外一新。当书院在城内时，附近的天心阁上有一文昌阁，文昌例应追随书院。余于是又在祠前增建文星阁，崇祀文昌。外建卷云亭，恢复南轩遗景。魁星照例亦追随文昌，于是又于卷云亭之上崇祀魁星。祠后旧有佛堂，烧香许愿的，日夕拥挤。余为另辟门户，以示儒释分家之意。后来院长陈本钦又在此增祀前后五忠，并陈良、屈原两贤及有功书院各名宦、院长。

书院除却文昌、魁星外，还有老祖宗不能遗漏，所以例应有一文庙。曩在天心阁下，地盘斗大，还为他老人家将就盖有一庙。如今当然不同了，于是余正焕又在书院之左建筑文庙，规制一如黉序。

太平之役，书院正当兵冲，院长陈本钦保全之力不少。先是张亮基恐怕书院为敌人盘踞，遽欲拆毁，陈力争乃止。后来文庙为太平军所毁，陈又捐款修复。

清末，书院废了，改建全省师范学堂，复改中路师范学堂、第一师范学校，现为省立第一中学校。文庙也改建了附属小学，南轩祠则改建妙高峰中学，如今都非旧观了。

古铁佛寺

铁佛寺是北门外一个有名的古刹，历史比较开福寺还久远，还有光彩。如今长沙故老，大都知道当年的胜迹。寺建自唐朝，居开福寺之先，开山祖名法华禅师。建寺的时候有一段神话，说法华禅师很有道行，初住岳麓山青枫峡，后来飞锡（和尚用的锡杖，省称作锡）湘春门外，聚众说法，感动了衡山王神驾临长沙，向禅师说，愿舍铁造佛。禅师知道旨意，掷锡破地，遂得铁数百钧，铸成三尊铁佛和一座铁塔。铁佛寺的名称，遂由于此。这明明是故意附会，借以煽动愚众，招徕香火。寺所以传到几千年，这段神话或许有些功效。铁佛都高丈余，各可充栋，庄严得可怕。铁塔计有七层，塔中贯一铁柱，长丈四尺，上段刻李思明皈依慈氏佛发愿文，下段刻观音大士陀罗尼咒及宋淳化元年进士董韶书、李异镌等字。清乾隆四十年，重修寺塔。又在塔顶葫芦内得一木匣，内载唐尉迟敬德督修，可见铁塔确实建自唐朝，铁柱或是宋朝重修纳入。可惜咸丰年间久遭兵燹，塔遂毁坏，闻说铁柱移至学宫侧文昌阁内，不知后如何消灭。此是稀世珍宝，国人不知爱惜，以致没有下落，说来殊足令人扼腕。寺经康熙、乾隆几次重修。当时形势家说，湘江从城西一泻北去，自从建立此寺，秀气便停蓄不泄。此话可惜未为数百年以后张敬尧一班人（张敬尧在湖南主政人当中为最信风水）所闻，不然，这寺或许还有中兴的机缘。

　　寄尘，是湖南一个才子和尚。袁子才《随园诗话》曾收入他"净坛风扫地，清课月为灯"之句。他居铁佛寺，称湘滨寄尘，又称八九山人，常以琴棋书画诗酒和一班达官名士相往来。后来笠云、寄禅，下至道阶、海印一班和尚，都是学他的榜样。这可是铁佛寺一段风光的故事。

寺从咸丰年间毁于兵燹，遂零落下来。光绪中年，犹存得几所殿宇，铁佛尚有二尊，其余一尊，传闻咸丰间官军搬去铸了两座大炮。一名红毛大将军，安放南门城上，炮口对着靳江河。一名定角将军，安放木码头城墙上，炮口对着三汊矶。（按：红毛大将军，别有来历［后当详记］。大约移去铸炮是事实，未必就是铸红毛大将军。）

清末，寺完全毁废，改作了农业学堂的农事试验场，铁佛遂都不知去向，或谓系学堂卖去熔毁。数千年巨制，如此糟蹋，真要气死许多考古学家。残余寺屋三进，民国时建筑大马路（即今所称北大马路）拆去二进，农场保管一进，为工人住所。农场内，还有寺的遗址。寺原坐北朝南，大门临湘春街，正当北门，西邻东岳宫，东抵前清守城兵房（兵房给农场改作羊圈），北过马路，可见当时范围之广。尚有石牌坊一座，上书"香城定水"及"慧照南湘"八大字，旁署"嘉庆三年嘉平月""萧山陈三康重修"。又有《重修铁佛寺记》一段残碑，在园中铺路，这是铁佛寺留在民国的残蜕。石坊距大门约数丈，两边各有一池。池旁古柳成荫，当年风景，犹可想见。池畔旧有大钟一座，击之锵然有声，亦不知何往。园之东角尚存塔址，土人呼为宝塔园，大约是以前宝塔所在。以上是民国十三四年的景象。近年，农业学校将农场卖去改作街市，马路从中间直贯，铁佛寺的故迹完全消灭，石坊残碑也不知落在何所了。

开福寺

五代马氏在长沙留的故迹甚多，开福寺是其中一个最有名的。马殷开府长沙，创建开福寺，保宁禅师为开山之祖。马殷的儿子希范改建会春园，作他避暑的地方，费了巨万的金钱。（《五代史》云："天福四年，马希范作会春园、嘉宴堂，其费巨万。"）后来代有高僧。宋初有一个洪蕴，出家寺中。解方技，精医术。游至汴京，宋太祖闻知召见，赐他一袭紫方袍，号他广利大师。后又升了副僧录。是湖南一个最有利市的和尚，应当在开福寺的历史上占一重要位置，可惜如今没有人知道了。宋嘉祐年间，紫珂禅师将寺改建一过，殿宇还甚庄严。南宋张南轩有篇《开福寺记》，略道："长沙开福兰若，故为马氏避暑之地，所谓会春园者。今荒郊中，时得砖甓，皆为鸾凤之形。而奇石林立，二百年来，供城中官府及人家亭馆之玩，何可数计也？而蔽于榛莽、卧于泥池者，尚多有之。当时不知载致何所，用民之力又何可量哉？"读此记，可以追思会春园当日的宏丽。而砖甓埋在荒郊，奇石聊供玩具，又可见开福寺虽经重建，却远不及马氏会春园的旧规模了。明初，彻堂禅师及明吉简王，相继重修。嘉靖间，渐渐倾倒，吉王又同绅民重新建造。明末，屡遭兵乱，栋宇都化为灰烬。只有孤塔参天，乱荆披地，似欲随明运以终。清顺治十七年，有僧号佛国，说是"航海而来，卓锡于此"，募捐修复。总兵卜世龙，大发愿心，倡首捐款，开福寺遂又中兴。前有卜世龙，后有陈海鹏，开福寺在历史上常有军人之赐，护法伽蓝都是健儿身手。人天大利，四众相依，善哉善哉！

清朝以来，开福寺未曾怎样零落，但是吓了两大跳：（一）乾隆年间，清廷发兵平大金川，湖南也是军事区域，当时在寺旁制造火药。一日忽然失慎，火药爆发，轰毙了许多人。有的冲上数十丈，下落树头，腹胃遂挂在权桠；有的变为黑块，纷纷落在碧浪湖里。当时，长沙市井骂人，动曰"汝只好到黑头塘（即碧浪湖）洗澡"，或"登树上歇凉"，和如今"出浏阳门"同一口吻，可见此回惨状的厉害。（二）嘉庆丙辰，官兵征五溪苗，仍在那里制造火药。又失慎。惨剧虽少，杀死的也自不少（按：以上事实，出陶丙寿《三蕉余话》）。闻开福寺经此两役后，后栋廊屋都被焚毁。虽没有省城隍庙、关帝庙那回的遭殃，也要算是开福寺的不幸了。

开福寺坐落的地方有一山名曰紫微，从前说"紫微山佳木蓊郁，虬枝攫拿。山旁碧浪湖，弥望皆荷花菱芡"。所以清嘉庆间，巡抚韩葑题寺门联有"紫微栖凤""碧浪潜龙"八字，至今联还在。山却只觉寺后稍为隆起，没有山的形势。寺旁稍有几棵树，又没有蓊郁攫拿的可能。栖的只有乌鸦，潜的也只有鱼虾（若在秋冬，连鱼虾都没有地方潜起），凤呢龙呢？哪里有这些东西？

清末的开福寺，陈海鹏军门为之壮色不少。说到开福寺，遂忆及陈海鹏；说到陈海鹏，遂忆及开福寺。开福寺和陈海鹏关系的密切如此。开福寺后头几间精舍，一座船室，都是陈海鹏所建。陈海鹏晚年避暑于此，恍惚也有南面王的乐境。马王宫阙，过眼云烟，曾不足以相傲。陈去世后，长沙各诗人又常流连于此，海印和尚也从此中得了一个诗僧的名称。

数年以前,殿宇已不甚雅观。宝生和尚大发愿心,募捐数万金,新建数殿,旧的亦补葺一过。如今焕然大观,香火亦日兴旺。宝生和尚之名亦常见于报纸,而为当朝贵人及缙绅先生所青及。将来在开福寺历史中,亦得与彻堂、佛国平分一席。宝生和尚,亦可谓僧杰也已。

碧浪湖

知道开福寺的,就知道碧浪湖。相传开福寺后碧浪湖有流杯池,池上有亭,马希范凿,为上巳祓禊之所。可见碧浪湖也曾是"江山胜践"的所在。《图书集成·职方典》云:"碧浪湖,即开福寺后黑罗塘。"《省志》云:"碧浪湖在长沙县北开福寺后,一称黑潦塘。为楚王马殷避暑处,广千余亩。"更知道碧浪湖的别名为黑潦塘,或黑罗塘,后来俗人竟误呼为黑路子塘。黑路子,有鬼的意思。赛尚阿追长毛时,屯兵黑路子塘,见者多谓为不祥之兆,附会得古怪。碧浪湖于长沙的水利史上,应特书一事。长沙江边,湾曲甚少,不便屯泊舟楫,从前多泊对岸水陆洲。货物起运,客商往来,都用小船。而水陆洲亦系直流,风浪稍大,亦常失事。明朝以来,地方官屡回兴议开河通商。唐源请开南湖港,没有成议(参看"南湖港条")。清初,巡抚王艮和赵申乔以次在北门外新开一河,从黑潦塘西下,沿新泰桥通城外。不久,都淤塞不通。乾隆间,巡抚杨锡绂根据明唐源议开浚南湖港,陈宏谋更筑分水坝以刷沙泥,不久亦废。咸丰间,骆秉章再修新开河,竟逢着大石中止。当时有人主张从北门便河转小吴门,遵陆路向东凿通回西渡,引浏河至小吴门外,绕北门入湘。工程太大,未成事实。李元度独建议掘开碧浪湖外堤通于大江,浚深湖底,引船舶入湖,屯泊湖上。有九尾冲小溪流注,更凿通浏河水以增加水势。敷陈四便八利,甚为详尽,当时亦未如议实行。迄至清末,岑春煊抚湘,才依照所议将江湖间堤路挖去而外,畅通上头,开至浏河,长约数里。如遇春涨,湖内泊船可以盈万。

（《湖南省城古迹今释》,李抱一著,长沙彰文印刷局一九三七年初版）

龚铁汉：
西南云气来衡岳，日夜江声下洞庭

讲述人生平不详。

　　越印心石室寻径左转，可达云麓宫，也许大家要想到云麓宫是一个怎样伟大的建筑吧？其实也不过是几椽篱舍而已。

　　在石坪中的，是颓然的一株古树，这株古树之得以苟延残喘者，完全是从它的身上长出一点古迹来了的缘故。那株树表面上虽不好看，却有几岁年纪，因为树枝桠上挂的那口飞来钟，还是明朝万历四年造的，当然这株树比钟的年岁还要久远一点，不过现在高悬于树的那口钟，已经不是万历间物了。因前清光绪年间，钟被游人击破一次，到民国六七年的时候，汤芗铭、张敬尧的军队南来，再加破坏，只留得一个钟柄了。不知道是哪一年，道人某深恐古迹淹没，就原柄重铸一口。至于所谓飞来钟者，完全是矫托灵异，以炫人眼目的。

　　由亭后进得关帝庙，右折，即云麓宫，就是以前的洞真墟福地。

相传邓郁之在此炼丹，丹成，有八个真人乘云车两盖，引郁之同升霄汉，所以又叫洞真观。后来废没，明嘉靖太守孙复令道士李可经傍南山建茅舍一区。乾隆嘉庆间，道士金守分募建堂殿，才叫作云麓宫。前关帝殿，中玄武祖师殿，后三清殿，崇祯壬申年重修祖师殿。道光十三年，巡抚吴荣光布政惠丰重修前殿，咸丰二年因兵灾被焚，同治二年才重建。金道士建宫的时候，冶铁为瓦，凿石为柱，十分坚固，直到现在，铁瓦尚存。

左侧，到望湘亭，观道在此设茶肆，面食点心，也还可口，不过都是斋而不荤，好在走到这里的人都已经疲倦了，有点清淡的东西吃，已经觉得很可口了，所以这里的生意还好，宫内道人的生活，也得到不少的帮助。

凭栏远望，湘江如带，帆影片片，时出时没，而远处的烟云缭绕，混合在一起，看不清哪里是烟，哪里是云。仿佛象征这模模糊糊的宇宙，只能一个模模糊糊的人生一样。看这一点呢，几个馒头样的小山，几座浓密的树荫，几只惊弓的飞鸟，几个疲倦的游人和几个朝天的屋角。这景致胸怀旷达的人遇之，或者要连声叫绝，如果是忧虑的人遇之，恐怕难免珠泪偷弹了。

望湘亭有一张画，经幻道人摹写，大家都认为是难得的作品，再则有一首雄迈的对联"西南云气来衡岳，日夜江声下洞庭"，为清咸丰时黄道让作。清人凌玉垣有咏《云麓宫》七律一首，我最欢喜"虚堂昼静看花落，古磴僧闲抱石眠"两句，一种清幽逸致的情景，活活欲现，不过现在的云麓宫，恐怕不及以前那么闲静了。

飞来石

从望湘亭下石级，可以发现一个小庙，上额横匾，题"寄岳云斋"四字，原先是聂太守铣敏所题，因为聂先生未中进士之先，曾在这里读过书，可惜时代久远，风雨剥蚀，聂先生的手笔，我们无缘一见，而现在那四个字已经变为周介陶氏的作品了。这寄岳云斋就是建筑在飞来石上的，许多人看见"飞来石"三字，以为这个石头非仙即怪，其实它不过是嵌在泥土中，伸出半个身子，好像是嵌在空间，流俗之士，即以为飞来。此石又名拜岳石，明朝建过五岳祠，以其形状似向南岳而拜得名。

石下有无数古树，而这些古树中间，不知是哪一株，曾享受过美人名士的风流佳韵。因为天才和尚苏曼殊，曾经埋过一只小伎的香鞋在古树下石碣内，马嵬坡下的老妇人以得贵妃睡床一只而致富，这株老树想可因此而粗肥了吧！

（原载长沙《力报》一九三七年五月二十五日至二十七日，

原题《云麓官胜迹》）

龚铁汉：
再没有人有一颗古董的心灵去寻古迹了

讲述人生平不详。

禹王碑，踞北麓山绝顶，在那里俯瞰全城，徒见"差参楼阁烟波里，缥缈征帆天际来"。宋何贤良游南岳访得禹碑即摹刻于此，凡七十七字，皆蝌蚪文，半已残缺不可辨，据明朝杨慎的译文是：

"承帝曰咨，翼辅佐卿，洲渚与登，鸟兽之门，参身洪流，而明发尔兴。久旅忘家，宿岳麓庭，智营形折，心罔弗辰，往来平定，华岳泰衡，宗疏事裒，劳余神禋，郁塞昏徙，南渎衍亨，衣制食备，万国其宁，窜舞永奔。"

另据明朝南昌杨时泰的译文说是：

"承帝令袭，翼为援弼，钦途陆登，岛泄端乡，铁仔瓮流，船暗歇迟，眠即宿及，令次岳麓，殿陌裂岳，折鹐罔堕，躤往来窍，华恒泰衡，嵩陞事裒，献桴挺禋，郁潜垫徒，南暴幅员，节别界联，魑魅夔魍，窜舞蒸奔。"

岳麓山禹碑拓本　摄于 1929 年前

还有明靖阳沈舰的译文是：

"承帝曰盗，翼辅佐卿，水处与登，鸟兽之门，参身鱼池，而明发尔兴，以此忘家，宿岳麓庭。智营形折，心门弗辰，往求平定，华岳泰衡，宗疏事裒，劳余俾裡，赢塞昏徙，南暴昌言，衣制食制，万国其宁，窜舞蒸奔。"

同是一块古碑，同是一个朝代里的译文，然而其译笔悬殊至此，后之人非谁是谁，当不能一。据许多老先生说，还是杨慎先生的译文比较可靠。就是我们这种不懂文字学的人假使把三种译文同拿到禹王碑去对比，也觉得第一种译文比较相近。

宋何贤良寻见此碑，据张世南《游宦纪闻》说："何贤良，名致，字子一，嘉定壬申游南岳，至祝融峰下，按山志，禹碑在岣嵝山，询樵者，谓采樵其上，见石壁有数十字，何俾之前导，过隐真屏，复渡过一二小涧，攀罗扪葛至碑所，为苔藓封，读之皆古篆，五十余字俱难识，字高阔约五寸许，取随行市历模之，归旅舍，凑成本。"何过长沙，以一献连帅曹彦约，并柳子厚所作书般若和尚第二碑，以一揭左右，自无宝玩，曹甚喜，牒衡山令搜访，令报云，柳碑在上封寺，去冬雪多冻裂，禹碑自昔人罕见之。反疑何取之他处以诳曹，何乃摹刻于岳麓，久之，没于蓁莽不见，明嘉靖乙未，从石壁搜获，流传海内，遂称神物云。又明吴道行《禹碑辨》云："致《吴越春秋》，载禹登衡山，梦苍水使者，授金简玉字之书，将治水之要，刻石山之高处，禹碑之所从来矣，历千百年无传者，道士遇见之。韩文公、刘禹锡索之不得，致形之诗词。宋嘉定初，何子一游南岳，遇樵者，引至碑所，始摹文。过长沙，转刻之岳麓山顶，隐避又四百年，至于国朝（明朝）。"

嘉靖初潘太守镒搜得之，剔土揭传，朝野始复观虞夏之书。至嘉靖三十九年，长沙太守张西铭复建石亭以覆之。崇祯三年，湖南兵备道石维岳重修亭台，围以石墙，南北各设一门以便启闭，到如今，门已圮，亭顶亦落矣。亭左边的石壁上，刻有楷书"大观"两字，系乾隆间院长欧阳正焕所书。亭右的石壁上，记刘汝南读神禹碑歌文，犹多完好可读，歌云：

"吾闻岣嵝之山图牒故，神禹按之平水土。元彝一夜发简书，海若天吴莫敢睹。金符玉册奏成功，天地成平四海同。未向会稽藏简字，先勒名岳播神工。衡山古镌今明灭，吊古雄才空嗔咽。千秋万载不复闻，七十余字谁称说。近年至宝出人间，此碑乃落岳麓山。神物守护在莽苍，霜凌雨溜赤石斑。岂是苍冥移鬼方，鸾轩凤翥翩然下。虎跃龙腾争为驰，我昔持之不能读。空堂一幅开岳渎，即今倚石辨赤文，海水欲翻泰山覆。山阿含睇已无人，洞庭萧萧落黄木。"

唐韩愈登山寻碑不得，曾有诗云："岣嵝山尖神禹碑，字清石赤形模奇……千搜万索何处有，森森绿树猿猱悲。"

现在的禹王碑，徒供人登临平眺，再没有人有一颗古董的心灵去寻古迹了，由禹王碑下北邃谷中，有抱黄洞，相传为宋祥符年间，有秀水黎白在这里晋谒道士张抱黄，传内外八卦系辞，修之成道，故名。后洞口建有万寿宫、崇真观，及宫观倾圮，洞即为蟒蛇所居，所以又称为蟒蛇洞，长沙城中现在还流行一种蟒蛇的神话，说洞中的蟒蛇最喜欢吃人肉，常"吐舌为桥，奋须为杖，翼为天门，熠目为巨炬，作声为八音"，每年逢七月十五夜即飞瞰于抱黄洞相对之白鹤观楼上（在长沙小西门外，久废），道士们都以为跑到蛇的舌上便可以升天，于是每年都预备一个个洗了澡，以待蛇舌。

陶侃先生都督长沙，不信这么一套神话，当蛇炬飞来时，急用弓矢瞄准炬光射去，炬即灭，洒血如雨，翌晨随血迹寻到山上，蟒蛇已在洞中死了。洞口现在覆着石板，已平塞，由外面窥望进去，什么也看不见。然而游人到此，一方面看着那阴森的小小的洞口有点恐惧，一方面看着洞外那一坪颓砖断瓦的宫观遗址，又不胜今昔之感了。宋赵抃有诗云："灵洞古坛基，烟萝接翠微。日西春又晚，不见羽人归。"

禹王碑下那一线深谷，便是禹迹蹊，据山志载："蹊在山口，距大江五里，大禹疏凿开山之径。"蹊上有拖船埠，苞草乱生，枝叶都是向左下方披偃，如船拖过之状，冬枯夏荣，数千年不变，所以老百姓都信以为是大禹拖船过埠时所留的痕迹。岳麓名胜，当推此为最古老。

（原载长沙《力报》一九三七年五月二十九日，原题《禹王碑古迹》）

龚铁汉：
生命虽是有限，但精神却是无穷的、不死的

讲述人生平不详。

我们游麓山，首先不能忘记的是介于麓山与溁湾市之间的一个
地段，那便是赫石坡。

赫石坡之为名胜，还是近四年来的事。从前不过是一座不为人
注意的荒山罢了，直到十五师阵亡将士公墓安置在这里时，才有了
"烈士公园"的这个名称。所以要记赫石坡，便与麓山其他的地方不
同，没有什么历史的意味。简言之，这地方是一个崭新的名胜，与
古老的麓山胜迹，根本是不调和的，假如我们把麓山比着一个封建
意味很浓厚的宫殿，那么，赫石坡公园，便算是宫殿中的新式陈设了。

游赫石坡的程序，不比旁的所在，也不同于小游的方法，麓山
的雄伟，可以在登临快览中窥见，而赫石坡的幽壑鸣泉，却非从漫
步游览中去领略不可。

我们平常从溁湾市渡江，经过一两里路的汽车道，便有一座白

石牌楼，矗立在目前，这便是赫石坡的大门。牌楼上面，镌刻着许多联语，不外是些挽悼阵亡将士的语句，凡是从下面经过的人，少不得都要细细地看一遍，于是一种吊古的情怀，便会悠然地回荡着，至于看了之后，恐怕没有人还记得清楚，而我自己也是健忘的一个。

穿过了牌楼，行经一条直直的道路，便到达了阵亡将士纪念亭，亭中有碑。碑上有题记，无非是说些纪功的话，这都不是游人所注意的地方。从纪念亭往左进发，一条路直通烈士墓地，一条路是上烈士飨堂。现在我们暂时从烈士飨堂的这一边走去：

路是黄泥的，但是相当地平整，向上走，坡势并不陡峻，这是人工修筑的小路。小路的尽头，右转弯，你可以看见一口很阔大的清水潭，潭中心竖立一座朱红的亭子，这时候，你一定会怀疑，以为一定需要舟楫之类，才可以渡到亭子上去，其实，这全不必，只要往前走，便有一座石栏小桥横亘在前面，这桥，便是通亭子的路。

亭子上有匾额，题着"岳王亭"，里边有一座青石碑，一面刻着岳王神像，另一面刻着岳王的事迹，上面有联，金碧辉煌，不仅美观而且令人对于精忠报国的志士，起无限的钦敬。

站在亭子上看着吧，四周是水，风吹着粼粼的绿波，回纹似的向潭中推进，仿佛是给人们一个启示："生命虽是有限，但精神却是无穷的、不死的。"亭子的四角，悬着铜的响铃，这东西，据说叫作"铁马"，每当秋容凄切、铁马迎风之时，真好像千军万马在战场奔腾。离开岳王亭，穿过橘树丛中，便是烈士飨堂。在秋天里，树上垂着金黄色的橘子，夹在绿叶中，颇有诗意，如今，便光有刚发芽的树枝了。

从石级上去，是飨堂正楹。建筑虽然不十分雄伟，但极其整齐严肃，里边有烈士灵位、烈士遗像，平常门总是关着的，游人不容易进去。

飨堂的侧边，便是公园里的第一个工程——石级。纯粹用白花岗石建筑起来的石级，高高的，数不清有多少层，恐怕从来也没有人有工夫数过，假如你从下面往上爬，上不到一小段，便要嚷倦了，不过倦了并不要紧，在石级分段地方，有一个竹做的茅棚，有些石凳，尽可以坐着休息休息，准备精神，继续努力。

石级走完了，人当然也有相当的倦意，于是在一间叫作什么轩的房间内，有茶可喝，有点心可吃，有藤椅可以舒服地躺下。这地方由一个十五师的兵士住着，他负责看守公园和祭扫烈士墓，平常游人多，在茶点里也可以多赚几文钱。不过公园最近由四路总指挥部接管了，不知道还有那么便利不。

在茶社的下边，有一个地方是不可不知道的，那就是喷水池。池建在山泉旁边，由白石和水泥的大工程造成的。池的面积并不大，但喷水的台子却很高，喷出的水，也还澎湃有力。最好是太阳将西的时候，斜阳的照射，映在喷泉上，分外有趣。除此之外，在泉旁还有一道小石桥，桥下泉水激着山石淙然作响，我们曾把它比作瀑布的缩影。桥上有石凳可坐，更有树荫遮覆着，坐在上面听听泉声，悠然有点诗中意味，不过，非静心的人不能领略到。

站在这里，可以望见山上的黑石头，嶙峋如怪兽奇鬼，样子丑得有点怕人。黑石上刻着"赫石坡"三个大字，用白粉填出，是王东原将军的手笔。字极劲伟，在下面看去，还有一两尺见方大小，如果近边看的话，至少应该比桌面还大。这三个字，目力好的人，在到麓山的汽车上就可以望见。

山上有花，紫荆、桃花、映山红，全都开遍了小谷。不过，请你注意，这是公园，花是禁止折的，不然，便得受园丁的干涉。我亲眼看见几位游山的小姐们，每人折一大把的花，被园丁瞧见了，狠狠地说了她们一顿。

游到这里，便应折向下面去，从右边走，是烈士墓地，一层层地排列整齐，顶上面，有一个大的墓碑，后面有一扇半圆的铁门，上面有"××观"的金字，里边有没有房屋没人知道，有人说，那是×××。再下去，到了一段黄泥地，便是上面所说的分路口了。

假如你不往右边，而向左走下的话，那必须经过一段长长的曲径。上面是茅棚，两边有不整齐的木栏，曲曲折折，有如一个私人花园里的甬道，旁边有橘树，有桃林，中途还有几处茅亭，是预备人家休息的。

行行重行行，到了原在烈士祭堂的前面，一转过来，仍旧是岳王亭。

赫石坡的形胜，略尽于此，至于山上的情形如何，我不曾爬上过，也没有工夫去过细描写，读者如果嫌不详尽的话，请顺便去看看，我这篇东西，就当是导游的介绍吧！

（原载长沙《力报》一九三七年四月二十八日，

原题《赫石坡烈士公园——岳麓山头的新点缀》）

惕　厂：
火官殿，吃喝玩乐门门有，油炸豆腐最著名

讲述人时为长沙《观察日报》记者，具体事迹不详。

假如来到北平的天桥，天津的三不管，以及上海的城隍庙的时候，一定也会联想起长沙的火官殿①。因为它们都是大都市中的平民娱乐场所，虽然后者并不及前三者来得热闹紧张，可是也自有它的特殊风味。来到长沙，没有到那里边逛一趟，也可以引为遗憾的吧！

火官殿的地址，也是一个很奇特的所在，因为在那银行区的坡子街里，有高楼大厦、银行金店、阔绰的商号，而古色古香的火官殿却坦然并立其中。宫殿式的大门上，悬着"古祝融殿"的金碧辉煌的匾额，从这里进去，便到了另一个社会的角落里了！

穿过一条不长不短的夹道，在那戏台底下拱出去，便是一块露天大空场，看戏的人们就立足在这里。戏不一定天天有唱的。于是各种不同的娱乐，利用了这空场子，便都活动起来，说书、相声、测字、

---

① 火官殿，火官殿之原名。

1938年《观察日报》有关火官殿的报道

卖艺、零食……无所不有。腰里仅带着少数的铜子，便可在那里吃喝玩乐一天，所以熙来攘往，十分热闹。

火官殿的零食品中，油炸豆腐最负盛名。本来，油炸豆腐就是长沙的美味，而火官殿的更要来得高明，一块黄松松的豆腐，炸得外焦里嫩，香美无比，不必说吃，只要远远地闻着那股味儿，就该使你垂涎三尺了。到那里去逛的人，谁不是人手一块呢！

横吞（馄饨）、米粉……也照样地受人欢迎，价钱很便宜，口味又鲜美。听完了《三国演义》后，哼着一段反二簧，便可在那里饱餐一顿，既不来手巾，也不要小账，吃喝之后，咂咂嘴儿，倒干脆得很。

王铁笔、三才眼的测字，满口江湖术语，吸引了不少的观众。三麻子的相声，唱着小寡妇上坟，形容得惟妙惟肖，小张正在讲《水浒传》，描写鲁智深醉打金刚，把一些听众笑得前仰后合。

不要小看了这地方，去年老教育家徐特立先生，还在这里讲演呢！徐先生本来是深入民间的，以他那滑稽的口吻，把国家大事说得很周详，抢去了不少说书的人的买卖。听众越来越多，徐先生讲了又讲，到了午餐的时候，大家公请了徐先生一顿，这充分表现了民众并不是不关心国事的。

这里没有夜市，黄昏的时候，一切一切停息，只有那古庙的钟声，点缀着这静寂的夜。

（原载《观察日报》一九三八年一月二十六日，

原题《火官殿——吃喝玩乐门门有，油炸豆腐最著名》）

四　夫：
天心阁，是适宜于夏季的，是适宜于南国浓郁香气吹来的一个盛夏

讲述人生平不详。

许多人都说，天心阁，是适宜于夏季的，是适宜于南国浓郁香气吹来的一个盛夏。

因为天心阁，她位列在长沙市城南的一个高垣，当炎风吹拂烈日中悬的时候，都市人们，为热气所笼罩，就很盼望一个清幽良夜的到临。上天心阁，躺躺凉，解除整日内心的苦闷。所以，那儿，在盛夏的晚上，是很热闹的，青葱树下，有些人品茗，石砌栏边，有些人望月。这里，虽然比不上西子湖的美妙镜头、莫干山的浓荫景色，可是，她在每个长沙人士的脑海，犹不失一个避暑的好地方，包你在仲夏黄昏于巷口街头，总可听到一些人说，"上天心阁去""上天心阁纳凉去"。

现在，春虽去了，但没有到纳凉时节，所以，上天心阁的，并没有怎么多，尤其是前几天，在暴风雨中，简直断绝了人们的游迹。

这时，我因为是要看报的缘故，曾拖着沉重的步子，举起雨伞，独自地上天心阁。

　　灰色的宇宙，像一个垂死的病人，黯淡的神情，憔悴的面容，给人一种苦闷的启示。雨，还是霏霏下着，似大地将沉在一个黑暗的深渊。城南的天心阁，自然也不能例外，抛却她那副凄清惨寂的形色，几十步石级，让雨水也洗得干净了。两旁柳丝，在流泪，好像是送春季姑娘。然听不见她们一曲哀婉的骊歌，也看不见她们一杯荟萃的美酒，这许是天地间最简单的送别吧。我凝望那泪水一滴一滴又一滴地落在石阶，内心里，才知道春归，有这样的惨切，可惜我不是个诗人，不能吟几首春的诗句，又不是个画家，不能描几页春的别妆，让春静悄悄地走了。但是，风雨有情，还来送别，这黯然神伤的景状，不是表示万物都颓丧了吧。我追忆宝贵的童年，七年前在天心阁上放纸鸢。慢慢地，我步入雕梁画栋的中轩，到最高层，俯瞰长沙市。

　　如鳞的屋瓦，栉比的高墙，笼罩四十万市民在一个大集圈内生活着。从这里，可望见从衡浦归来的一片片帆影，又可望见西面阴郁的麓山与南城的妙高峰，在黯淡氛围中，呆呆地摆着。这时的雨，越落越大了。风，刮着尖锐的声音，刺进我的耳鼓，在每一个屋瓦上，起着一圈浅淡的白烟，滴答滴答的声音，好像是奏着一九三七式的新乐。下面的天心马路，已断绝行人的踪迹了。我怀疑又是去年的防空演习，大街上没有一个行人，然而，这暴风雨，这巨雷声，不是敌国来空袭时的一样紧张吧。宇宙是岑寂的，只少几只在天空

天心阁

飞翔的铁鸟，和四十万颗恐怖的心，我想万一世界大战爆发了，把东亚当作了战场，敌国飞机，飞到国防重镇——长沙来轰炸。那么我们不是束手待毙吧？虽然，就是有天心阁国耻纪念亭的警报，发出洪声。可是，防空设备，又在哪里呢？忽然，从远处飞来一对喳喳的乌鸦，落在碧绿的树梢，惊醒多少都市人们粉红色的春梦，东北角的乌云，也渐渐散去了。这是我们收复失地的启示，我的心思，越想也越胡乱，想到国防前线的绥远，想到枪林弹雨下战壕内一个个健儿，想到东北几千万在铁蹄下呻吟的民众，想到处心积虑张牙舞爪的一班敌人，但是，"二十壮怀空顾剑，春山清瘦侠儿腰"，又如何能够飞出这老大的天心阁呢？这几年，我们的刺激，也够受得尽了，我不愿意再望远处的破碎河山，如是下得楼来，望东轩的阅报室走。

阅报室，在天心阁东轩的底层，是长沙市民众教育馆的第一分馆，内面设有阅书、阅报、问字、弈棋、代书等处，规模是很狭小的，但因为天心阁是长沙的名胜，阅者比较别处的要多，就是在前几天，暴风雨中，还有几个人在围棋对弈，从那数副深谋远虑的神情看来，就知道他们是棋场的老手，这是消闲的逸事，可惜我是个门外汉，不能在旁边借箸代筹，让他们专权欣赏罢了。架上的报纸，现出一副憔悴的形容，好像是专待知心者来领略，这里，除长沙的各日报外，还有《中央日报》《申报》《天津大公报》《武汉日报》，若你要做一天精神上的食粮，包可满意的。

各种报纸，都看完了，走到石栏边，又望一望黯然的天色，微微的雨，还是在东飞西飘，花台中的月季花，也垂头了，她叹息，她自恨，她伤感自己的命不逢辰，然我却爱她那副暴风雨后的新妆，活像一个害羞的小家碧玉，所谓"带一分愁容更好"。

深黑的乌云，又将宇宙笼罩住了，我恐怕暴风雨又将袭来，忙走过门可罗雀的西轩茶室，而步下石阶，不想再看那惨郁阴森的情景，而引起我无端愁思。

目前，春已去了，盛暑将来，天心阁，又会交一条繁荣的命运。然而，在春残时节，在风雨声中，有谁又能够登眺过咧？我所以将这幅风雨啼妆图描了出来，以贡献长沙关心天心阁人们的左右。

（原载长沙《力报》一九三六年六月二十八日，

原题《暴风雨中的天心阁》）

佚　名：

东轩西轩的玲珑楼阁，就活像那女人一对秋水样媚人的双眸

讲述人生平不详。

　　如果你把天心阁当作一位轻盈婉约的女人，那么，她下面的景致，就是那女人一双赤裸雪白的天然足。

　　东轩西轩的玲珑楼阁，就活像那女人一对秋水样媚人的双眸；中轩的幽雅雕梁，就活像那女人一副春柳般淡妆的身段。在那里，也不知留恋过多少登临的游人，于春朝夏夜秋初冬暮的时候。所以，把天心阁，比作一位绝色的女人，我想是很恰当的，因为她有点风流少妇的媚态。可是，游人总是忽视天心阁下面的那些佳妙镜头，这也如同品重一位名姝，而忘记了她那双肉感的赤脚。

　　南国的炎风，带来了一阵闷死人的暑气，把长沙笼罩在一个窒息的氛围。白天，一轮红日，挂在天空，好像是我们的善邻，在山海关前，轰着强有力的巨炮，人真苦闷得要死了，好容易才等得西山日落黄昏到来，一个个，走马路，游公园，上天心阁。躺一躺初

天心阁脚下

夏晚风所赐予人们的一点凉意。所以，这几日晚上，天心阁游人是很拥挤的，但他们都没有发现那下面还有一线歇凉的好地。

当你从天心阁下一排红色的围墙侧面上来，走过二十几步以后，就可看到右角有一条平坦的黄泥路，两旁栽着些青葱的碧树，深灰色的城墙砖，一块一块，带着老态龙钟的形色。他是一位深知世故者，曾看过多少宦海的风波、人事的兴亡、家国的盛衰、英雄的成败，直到现在，它默然了，在夕阳中，在夜月下，一声不语，长静睡着，让青苔遮盖了它的面皮，不看都市一班人的奸巧、虚伪、阴狠罪恶。树荫下的黄昏，是美丽的，更何况加上天心阁的淡妆，衬出那金碧辉煌的景色，愈加可爱。我是一个主张单独散步者，因为身旁有人，就会打断那自由的鉴赏。城墙是很曲折的，转个弯后，就到了烈女墓。

烈女墓，是在南大马路对照，有一线石级，可供吊古的游人上下，墓碑写着三个篆字，石栏内，就是那烈女的归宿所在。热天，有慈善堂派来的讲书者，放张桌子，点盏油灯，作一二小时的人心劝导。本来，在烈女墓，讲善者是绝妙的，不过，据说目前的人心日趋于下了，我想这定会辜负那讲书先生的一片婆心与善意。现在晚上烈女墓是冷落了，由那黯淡的碑文，就知道烈女墓的憔悴，人生的真义，就是这样吧，如今我们不需要预备为千古后人歌颂的烈女，需要一班为民族、为国家，花木兰、秦良玉样的巾帼英雄，因为我们要与侵略敌人作一次轰轰烈烈的民族战，那么，她们将来的光荣，一定比这烈女墓来得雄壮、伟大。

洋泥砌的电灯柱过后，再转一个弯就看见一个广坪了，这是辟给一班体育家的练习篮球所，左右尽头竖着两块木牌，两个球网，面积虽没有协操坪篮球场的大，设备虽没有青年会健身房的美，但每天喊拍斯的声音，总常在游人的耳边溜过。早上，还有一班人，在练习太极拳、八段锦，这是民族复兴的气象，"东亚病夫"的绰号，我们也要洗去了。广坪右面，有一座十九师阵亡将士纪念碑。从这里，还有一条斜直的道路，通国耻纪念亭下，铁丝的围篱，保护着几十株碧绿的大树。这是个清幽的地方，夏夜，有些爱侣，总是跨进内面，谈心款曲，手电光的射临，不知惊碎了多少人的春意。还有些人，拿起口琴，在内面，奏些凤求凰的曲子，挑动了少女的情怀，挑动了姑娘的心曲。万物是被陶醉了，除开马路上几声汽车的狂吼外，谁还有一点声气呢。我说音的快感，在任何文艺之上，不然，一篇马赛歌，何能激起全法兰西民族，为祖国而战？我是最爱听歌曲的，大街上收音机所发出来的音乐，我是时常驻足倾听，并且，还深愿天心阁负责者，学沪粤的公园，在树梢，装几个发音筒，转播一些表现民族精神的曲子，那游人当更感激不浅。

　　丛林一过了，就是条三岔路口，一面通公园的东门，一面有座十六师阵亡将士纪念碑，通公园的北门。从纪念碑右转，就到了儿童健康公园，在公园外的北角高冈，有座五三纪念亭，是从前抗日会所建立的，内面有块石碑，叙述"五三惨案"的始末，很为详尽，游人走到此地，没有不悲愤填膺的。"五三惨案"以后，"九一八"，又把祖国的地图染红了，他如内外蒙古的一元化，华北五省的特殊化，给我们是何等的大威胁。朋友，要复仇，要雪耻，就在今日，不然，五三纪念亭，也要流泪了。上亭有两条路，左边为气象测候所，白洋漆的木篱，绕着青茵的绿草，风向仪不住地转动，乡下人往往看了是莫名其妙的，内中还有百叶箱、测云器、雨量计、日照球各一具，以备测量气候的变迁。在长沙，除高农有一个外，就只有此一处，可是，游人总是忽视这气候设备的，往往总是望动物园走去。

动物园，位在天心阁下的北端，规模是很狭小的，内面除有一个矮人和几只猴子、松鼠、孔雀、五脚牛以外，并没有稀奇的野兽，比起故都海上的动物园，自不能同日而语。把动物桎梏在一个牢笼，供人们的赏玩，这是件多残酷的事，故有位诗人曾说"从前时候，人不怕老虎，老虎也不会咬人"，我想在上古，怕莫真的有这一日。后来，人太残酷了，野兽就起来反抗，可是，弱小的，不依然还是在铁蹄下呻吟吧。

（原载长沙《力报》一九三七年五月二十四日，

原题《天心阁的脚下几个好镜头》）

五　辑：
一所中西合璧的房子，挂着一块木质的招牌——"动物园"

讲述人生平不详。

现在这炎热的夏天，无疑的，天心公园，已成了长沙人们的福地！那儿应着游人的需要，有阅报室，有球场，有茶园；现在，这热天，有清寒的冰饮——只要你有钱！

其外在儿童运动场的对面，还有一所中西合璧的房子，挂着一块木质的招牌——"动物园"，笔力是那么清秀而有劲。

门的两旁，有几张令人注目的广告，广告上写着一些令人感兴趣的术语，假使你是初来长沙，或者纵住在长沙，而未尝进去看过的人，一定会觉得里面有着许多稀奇的东西，等着你去鉴赏！还有的，虽然从先进去看过的人，而现在看了他的广告后，有时还再想看个二道。因为他的门前，常常会换一块牌子——现由某处新到某种新奇的动物公开展览啦！所以这所动物园，在长沙的历史虽然已经不算很短，可是每天去看的人，还有相当的多哪！

在你进去时，一眼发现的，便是一个司阍者，他是负责收票的，假使你还没有买票，他会客气地招呼一声："前面买票！"票价倒还平民化，大洋五分！

里面动物的陈列，都用木栏杆限制着，他的布置是成一"川"字形。

在左右的两栏里，是各种兽类，有猴子、豹子、豺狗、黑熊……及几种我不知名的野兽，有的用铁链子锁着，有的用木笼子关着……一个个都驯顺如绵羊，失了它们野性的本能！

尤其那两只豹子，假使在山上，你遇见他时，会毫不客气地拿你当一顿美妙的点心，可是现在它们已失尽了以往的威风，已不是那种张牙舞爪、跋扈凶恶的态度，而是无精打采，萎靡不振，似乎表示已经屈服。假使你经过它身旁的时候，它只是向你看上一眼，不知是乞怜、怨恨……抑是悲悼他自己的命运和身世……纵然横行一世，到了这种地步，又当如何？我不禁联想起人。

熊，是在靠左的一行，据说刚由汉口来的，它——这庞大的东西，围观的观众倒不少，在它位置的墙壁上，贴着红色的纸条："可玩全套把戏！"我问管理的人，他会玩几种？他说："八套——舞枪、耍矛、拿大顶、翻跟斗……"最后他说："还会卖药呢！"我不知如何卖法，他们有规矩，是玩一回代价三角。

再次在兽类栏里，还有两个奇矮的人，只有二尺多高，不知他们是负责管理兽类呢？抑是同兽类一样，供人们的鉴赏？——这在上海、北平、汉口等动物园，都有的，不想在这深入内地的长沙，也有发现——可怜的人类！

中央一行栏内，是陈列禽类的位置，有鸳鸯、孔雀等类，它们都有着美丽的羽衣、健强的翅膀，我想在它们初生的时候，再也想不到，现在不能悠游山野，而供人类的鉴赏吧！尽头，还有一个水池，养着许多新奇而不同种的鱼类。假使你投以食物，他们都会鼓动着水浪，来做它抢夺的工作。在池的底面，还散布着许多铜元，有生锈的，有光明如新的……可见是游客们逐渐投入的，至于他们为什么以有用的铜元投入池的里面？据说：他们的目标是娃娃鱼，再问其所以然，连我也不知道。那时正好一个刚来的少妇，以这个问题去问池的管理者，那管理者，先神秘地笑一笑："投着玩的！"说完，又向那个少妇一笑。恕我愚蠢，不懂这个意思，读者们，你们知道吗？

在后门外的院子里，系着一匹黄色的牛，在牛的背上格外生了一只不完全的蹄子，向下垂着，柔若无骨，就是那广告上所说的："臂上生手。"生理学家们，你们不妨作为研究的资料，公布出来，以长大家的常识！

里面的概况，做事的人，有十几个，薪金方面每人每月数元以至十数元不等，据说还有一个老板，他的薪金是没有定数的，是以每天票价的收入为标准，他取十分之一。

据说他们的票价，至少每天有二十元的收入，可是人及动物伙食每天也要十元以上的开支呢！

最后，我看他们有许多缺点，是需要改良的：

第一，里面气味太臭，假使你进去时，必须先把鼻子掩起。这样纵使有着多少奇特的东西去给人们看，而观众们也得不着好的印象，并且还有传染病的危险呢！这每天应当在清扫的时候，加以药水的消毒，虽然有的臭气是动物本身发出的，但那至少也可以好一些，以我的意见，顶好仿效影院的办法，布置一个露天场，那更尽善尽美了！

再就于每种动物的前面，应注明它的名称、产地以及它的特性。这样在无形中，可增进民众们许多常识。

还有出入口。他们虽也有出入口，按规矩左进右出，但他们正相反。这也应当改良，以合乎新生活。

关于动物方面。虽然目前已有了不少种类，可是比起上海、汉口那还差得远，应该在票价的收入里面，提出一部款子，尽力增加动物的种类。因为凡是一种事业，不做则罢，既然去做，就该努力去发展，使其日新月异，假使经费不足，也可以请求公家去补足的。因为不但是公众娱乐，而对于民众常识方面，也很有关系呢。

（原载长沙《力报》一九三七年七月二日，原题《天心阁动物园巡礼》）

刘　湜：

烈士祠是民国十年二月落成的，那时候正是林支宇做省长，赵恒惕做总司令

讲述人生平不详。

　　大概老住长沙的人，都知道现在中山东路曾公祠的那个大坪里，曾经竖立两个又高又大的铜像，后来曾氏宗族要收回祠址，铜像就搬到北门口新建的烈士祠去。烈士祠是民国十年二月落成的，那时候正是林支宇做省长，赵恒惕做总司令。

　　铜像是在湖南响应武昌首义的焦达峰、陈作新两烈士，焦、陈都是浏阳人，留学日本的时候，就加入同盟会，立志革命。武昌首义以后，他们跑到湖南来运动革命，许多有新思想的常备军，都从而反正，所以焦、陈得为正副都督。常备军自认有功，而焦、陈并未加赏，他们便有些忿忿不平。因此移害焦、陈，于是湖南的伟大人物，便做了革命的牺牲者。

　　烈士祠才搬到北门的时候，人来人往，十分热闹。走进那么堂皇伟大的烈士祠，使人油然生出一种慷慨激昂，非做烈士誓不休

曾公祠　摄于 1929 年前

的情感。湖南人的革命精神，也许无形中受了这些烈士英灵的鼓舞呢！

不幸，民国十七年北门大火，烧毁房屋数百栋，焦、陈烈士仅以身免（铜像还在）。真想不到对革命有如此伟大功绩者，竟为天所忌，弄得无处安身……所以一直到现在只在乱草乱石的墙脚还留有一块荒凉的地方。

要是我们走烈士祠正门进去，倒只能到第四区区公所，因为烈士祠的原址，已经被围到关帝庙那边去了。关帝庙驻有三十二旅的一连兵士，连长是易斌，他们在关帝庙驻了一年多，几间破房子，被他们整理得条理井然。过门卫，转到烈士祠，里面的荒凉景象，真要令人流泪。我常常是这样觉得：一个人为什么要变？一个环境为什么也要变？这个变动不是非常可怕的吗？年纪在"变"中老大了，幸福在"变"中葬送了，于是只落得叫我们来写"追怀往事，不堪回首"的凄凉调子，这不是比杀人还可怕吗？

从前巍峨的房屋，现在已看不到半点遗迹了，几乎齐肩的乱草，从石头缝里长出来，寻路自然是不可能，就是要探明白底下那块石头是不是可以踏足，也不容易，幸而这里还不是荒冢累累的郊野，不然那种令人凭吊的情绪将更加浓厚呢！

寻到里边，还可以找到一条石甬道，不过现在被乱石堆成小山了，甬道中有一石牌坊，横题"烈士坊"三字，两旁四柱，有两副对联，靠外面的一副，没有大意思。里边这副，右边是"生同慷慨捐躯；屏藩南国"，左边的只看见"死与河山并寿……"六字，底下是什么，已经被石头堆得看不见了。烈士坊上，仍然雕有石龙，或作吐珠之势，或作兴云之会。龙为中国古代艺术的典型，虽则革命时代的伟人已不是龙子龙孙，但以这表现中国固有文化，亦未尝不可，所以我认为这也有一点写写的价值。除了这一点遗迹以外，还有两个五尺见方的石围，当然这就是从前焦、陈二公竖立铜像之所在了。

再向关帝庙那边走一点，在角落里可以发现一个厕所，我想那一定是这连驻军们的排泄处了，在这么一个冷寂的地方，点缀一所那么样的厕所，似乎是很富有诗意的。

厕所前面，有十几根碗粗大木，已经被风雨剥蚀得不成样子了。以上，就是从前热闹的烈士祠遗迹了。

出得庙来，我觉得还有找铜像的必要，所以转身又到烈士祠去。进祠右转，有一人家，问问一位温和的老媪，她欣然地对我说："在这里在这里。"我随她走到一间黑暗的房子里，里面规矩地堆了些破布、柴片之类的东西，在门角上围了一块隙地，充作厨房，煤灶、锅……把那个角都占满了，人要站在门外才能做饭。带着同情我匆忙地去看埋在破布、柴片之下的焦、陈铜像，他们直挺挺地躺在那间房子里，想不到曾经显赫一时的革命伟人现在落得了如此下场，这怎能令人不作"昔日威风，而今安在哉"之叹呢？

听说这位吴祠长接事之前，铜像还睡在沟里喝臭泥水，一共吃了八九年，烈士有灵，我想他们不知在怎样切齿痛恨呢！

出来的时候，我发现自己的袖子上有一块锅烟，好像披了黑纱来凭吊无人垂问的烈士一般。

据说这位五月一日才接事的吴祠长，一定要设法请政府重修烈士祠，这当然是好极了。政府说重修烈士祠的风气本来就很浓厚，再加吴祠长的努力，当可成功吧！本来湖南人在革命史上光荣的一页是值得大书特书的，更何况现在正值外祸频仍的时候，我们正需要抱有甘心如烈士的人。要求烈士祠修复，于鼓励士气，这未始是无功的。

（原载长沙《力报》一九三七年六月五日，原题《烈士祠访焦、陈烈士》）

陈明哲：
诚然，游路上的风景线，最美丽的要算是妙高峰

讲述人生平不详。

到处嚷着热，这夏天人们都希望找一个凉爽的地方去躲躲。在长沙，每当黄昏之后，天心阁、国术俱乐部，变成了人们唯一的纳凉处。然而，这些地方，我觉得并不是避暑的福地。

妙高峰，这是一个极美丽、极伟大的地方。老方也曾在游路上的风光里说："游路好比是纯洁无瑕的村姑，没有半点俗气……游路上的风景线，我认为最美丽的要算妙高峰。"

诚然，游路上的风景线，最美丽的要算是妙高峰——根本，假如游路没有妙高峰，我敢说没有了灵魂！

妙高峰，是在游路的尽头，是游路的最高处；也可说，是全市的最高峰，因为她比天心阁还要高出若干。但是，她却不是高耸入云的峰峦，而只不过是静静地高据在城南一角的一个土山。

夏天，这土山——妙高峰——不论是黄昏、晚上、早晨或者

妙高峰

正午，一样的美丽、凉爽。夏的炎威，从不会侵入，所以，她是够得上颂为长沙唯一避暑的福地。

太阳沉到了麓山背后，人们便开始走向凉爽的地方。从蜿蜒的游路，乘风而来，慢慢地跂上这峰头，残阳自麓山反映着，于是西天红的、橙的、黄的混合着构成一种不可形容的、没有名词的、美艳的颜色。

风儿阵阵地吹来，衣服啵啵地响，像会要跑掉，一天来，身体感受着的热，都赶去了，顿觉得凉快起来，如同才吃下一杯冰激凌似的，坐憩在草地上，而感觉得"清风徐来，胸襟顿爽"。

"呜"——火车呼呼地来了，走在与游路平行的铁路上，人们都站在一边来，目送它走到峰脚下，走老龙潭上——慢慢地走到看不见了。

铁路的两旁，尽是些木屋，炊烟从木屋的小烟囱里袅袅地飘出，门口，有些女人在挥着扇儿，坐着乘凉；潭里，一群孩子在洗冷水澡；对面山上，满满的尽是石碑和青塚，有一部分挖掉了，露出橙黄的新土，树已带着暗绿了。

回转身，暮色里整个的长沙摄入了眼帘，鸽笼似的房子，高高低低的，密密地排列得不见些缝——游路就好像替这两个境地划的天然界线。

湘江，带子样地绕着长沙的一部，风帆隐约地浮在上面，麓山渐渐地模糊了。

路上，亭上，桥上，一堆堆的，布满了人，都拿着蒲扇，穿着薄衫，快意地领受着软软的拍人的清风，小贩的叫卖声、游人的谈话声织成了交响曲。

黑暗爬上了天空，路灯闪着微弱的光，摊担的灯也亮了，纳凉的人渐渐地加多了，小贩们更使劲地喊。有时火柴一闪，一支哈德门燃上了，某个游人的口边多了一点星星的火，卖香烟的贩子又做上了三个铜板的生意。

黑暗更深些时，月亮泻着银样的光，照遍了大地，每个人便拖着一个影——美呵，这妙高峰，这夏夜！

站到峰巅，城外这工业区，高高的烟囱矗立在黑暗里，列在眼前有点怕人。麓山更黑黑的只一堆，望着似乎含有一些神秘。河面，异国的兵舰，耀出璀璨、辉煌的灯光。这样的境地，又不禁使人触景生情，泫然地想到北国的沦亡，华北的锦绣河山、国防、内河……

夜更深了，人们渐渐地离开了她，归去找甜蜜的梦，风依然软软地吹。

清晨淡淡的天幔上，微微地有了浅浅的鹅黄，接着层层的白云渲染了殷红的色彩，朝霞中钻出了千万条灿烂的金线——一轮血红的旭日踽踽地升起了——这是日出的美景呵！

趁这良辰，捧着书，坐在最高处的亭子里风习习地吹拂着，人也飘飘然的，身体不感觉热，心便静了，书上的字一个个地看到了眼里，记到了心里。

偶或，三两乡农推着小车打这儿过，黄黑的脸，露着苦笑，抹干汗，憩憩会儿，又将开始走了。

——将由这高的岭上下去么？当心，不要……

——嘻！谢谢，不会的！

车影不见了，声音也弱了，太阳又开始布炎威。

南园，各样的树，伸出长长的枝，披满了繁茂的绿叶，把太阳遮住，树下阴凉地，周遭非常寂静，三个亭子，各具有特殊的形态，徘徊在园里，感觉这境地异样的美丽、幽逸。

——起来！不愿做亡国奴的人们！

远处，几个暑期体育训练员练习归来了，一路传来雄壮的歌声，潇湘一览楼门开了，于是又来一个交响乐，茶杯声、倒茶声、叫声、笑声、口琴、胡琴、笛子、国语、英语……

南轩图书馆，它是经过了十年惨淡经营而蜚声湖湘的。巍峨的建筑里，阅书室、阅报室、领书处、藏书库……都包括一起了，四面空旷的草地，高大的树木，构成极好的环境，阴阴地，没有一点热，很容易地，度过一个长的夏日。

城南十景之一的卷云亭，高耸在云霄，遥对着麓山，宁静地、轩昂地立在这峰上，登临远眺，湘江、麓山、烟囱、屋顶……整个的长沙，像一张照片清楚地悬在眼前，于是一切的东西都觉得渺小了，自己像已羽化，而感激到妙高峰伟大的赐予了。

竟日，软软的风吹拂着妙高峰，夏的炎威永侵不入这美丽伟大的妙高峰——她是够得上颂为长沙唯一避暑的福地！

一九三七年夏于妙高峰

（原载长沙《力报》一九三七年八月十五日，原题《妙高峰的夏》）

佚　名：

定王台经过了千多年的风雨剥蚀，现已经呈现得十分苍老了

讲述人生平不详。

定王台经过了千多年的风雨剥蚀，现已经呈现得十分苍老了。

几株谷皮树杂在槐树之间，她们自生自灭地长着，十分冷淡，也十分憔悴。她们虽则也想到过能够在一个如此的主人荫庇之下是怎样荣幸的事，可是那终究是从前的事了。沧海桑田，世间多变，她们的主人，已不如从前之被人重视了。

定王是汉景帝的儿子，为唐姬所生，本来景帝的老婆是程姬，程姬无出，就以自己的侍儿唐姬进献，承老天保佑，怀了定王。定王长大后，封在长沙，将母亲接来同居，以叙天伦。定王生性孝顺，凡唐姬所欲者，必设法求之。母亲死后，即葬于浏城外，可惜年代太久，墓址已不可寻。一个驯服的儿子，一旦离开了母亲，自然难舍，便筑台望母，名为望母台，每于风雨之夕，登台望母，以表孝思，而每次下台，都是泪珠儿挂满腮边。后人因感其孝德，乃筑定王台，

至今春秋祭祀不衰，前年重修望母台的时候，还有一轴"大孝垂型"的横匾，纪念定王。所以现在的台址虽有荒凉的色彩，而得如此润饰，自然增辉不少了。

定王虽似乎已经被人遗忘了，可是他高尚的灵魂，却为民众做了不少的事。因为现在有四十九、五十、五十一、五十二四班义务学校和湖南民众教育馆的分馆设在那里，附近的贫儿，都能沐定王之恩，在安心地读书。记者去访问的时候，已经是六点多钟了，而楼上还有琅琅书声，仔细观察，还是几个义校的学生，在留校读书。这么晚了，先生们还是很认真地陪着他们，这种办学精神，实在难得。

更上一层楼，已经到了民众教育馆分馆，两张条桌平列室中，右边有报架，几种报纸，被风吹得卷曲飞舞，有点令人想到七月半烧包的样子。

分馆的负责人杜耀玑先生，正在清点图书，一本一本地仔细检查。那种对事件毫不放松的态度，正表现他的精细。杜先生年纪虽近四十，却还有点少年气概。

图书馆有六七千本书籍，除了供给当地人士来馆阅读以外，还设有书车两架，每日要工人巡行四处，借人阅读。我们常常说中国没有进步，这就是一个大大的进步。以前做民众工作的人，完全是做官，既不熟悉民众的生活情形，更无所谓"深入民众"。现在，处处地方都能为民众着想，就是备有图书借给人家看，还生怕他路太远了，不能来看，便打发人送上门去。你们想一想，从前有不有这种事？

巡行文库每日可以借出书籍三四十本，借书时并无任何手续，只要你愿意看，就让你借去，借书时约定一个交还的日期，到期还书，绝没有收不回的毛病。不过借出去的书，以小说为最多，而小说中又有不少七侠五义、小五义之类的东西。近年来受剑侠小说影响的儿童特别多，而政府所办的图书馆还以这种书籍求人供读，未免有点那个。

除了图书之外，还设有代写处、问字处。我常常说："生在后一代的人总是幸福的。"譬如现在学校里的童子军，到外面去露营，自炊自食，一切工作，也都操在自己，这是多有独立精神的事，又是多快乐的事；以前的人，连做梦也想不到这种幸福。又如参加运动会，以前的运动服装等都要自备，现在多由团体发给。

早几年不认得字的人，要找谁写封信，不知要费去多少唇舌，现在却设立机关，代人写字了。你想这给予民众的是一个怎样重大的方便呢！

现在的图书馆处，就是以前的望母楼，我们凭窗而望，只有几株随风舞动的绿树，和伸在眼前的义校女教员的房子的一角，再向前面一点，便是一道高巍的白粉墙。望母的事，似乎只能在云乡缥缈之间去体会想象而已。从前望母台是一个怎样荒凉的地方，现在却屋宇鳞比了。时代是进化的，一切事业又何尝不是进化的呢？

走下楼来，已经燃了电灯，黄色的灯光，照在红色神帐上，显得十分严肃、凄清。定王的主位，孤零零地躲在神帐里面。丹墀前的楹柱上，本来挂有一副木质对联，可是现在只留有"无暇吊汉景十三王"的对边了。神殿前堆满着一架架黝黑的曾文正公全集等书的木刻版，现在正在印刷。这个木版是属于中山图书馆的。

除了木版之外，还有许多零碎的东西，直一片、横一片地抛掷着，现出十分零落凄伤的样子来。传说定王的后裔曾经流落而成庶民，幸而有光武刘秀为他们争光，重整帝业；不知这凋败的古迹，是不是还有人为之重修，以复旧观？

走出神殿，月亮已经出来了，照得这冷清的地方，更显得澄清，"烟月不知人事改，夜阑还照深宫！"沧桑的变易无常，昔日的定王看见今日的冷落，该是怎样伤心吧！

（原载长沙《力报》一九三七年五月二十一日，

原题《定王台的荒凉景象》）

佚　名：
云灵寺，像是个失了时代性的古典派诗人

讲述人生平不详。

云灵寺，它坐落在长沙第十区的一个小小村庄——桃花冲里的东方，别名又叫作桃花庵，是一座有名的古刹。

它——云灵寺——像是个失了时代性的古典派诗人，只静静地躺在那儿沉思，欲创造一部伟大的作品来。而它那圣洁的身心，丝毫没有矫揉伪饰的色彩。

前几天，我抽了个空儿，回家一趟，顺便打从桃花冲里经过，访一访云灵寺的风光。

呵呵！我别了一两年的云灵，今天我又投到你的怀里了！

我缓缓地走到云灵寺头，中门已紧紧地闭着；门楣上的"云灵古寺"四个大字，独个儿在发痴。我从侧门踏了进去，禁不住惊疑起来，一切都陌生似的——怎么一个人也没有看见？岂非皆已逃之夭夭了吧？这样的好场所，谁肯舍掉它呢？我沉静了一会子。墙角

窗棂，满布着许多的蛛网；丹墀中，也生了乱草绿苔，间或夹杂些客秋的败叶。唉唉！我叹了一口气，昔日暮鼓晨钟，谈经说法的深机色相，到今朝，为何剩了这萧条冷落的样子？难免不有"今昔之感"咧！

走进中堂，上殿端坐着如来大乘，两旁悄悄地陪立着十八罗汉，张牙露齿，眼睛凸出，怪可怕的。菩萨的身上，蒙了厚厚的灰尘，耗子也从中间来往，营巢产子，或许也是有的。

我在四周走来走去，做一度的巡礼，欲皈依其锡飞杯渡的元道。忽然，从后房中传出咳嗽的声音，我呆立了，凝视着那个所在。顷刻间，走出一位须发斑白的老头子，身着袈裟，伛偻策杖，蹒跚地走了出来。我看他那骷髅似的身躯，有如秋潭老蛟，疑心他是鬼怪！是妖精！我害怕了，这一次可糟糕啦！但事实至此，横竖进退维谷，便硬着胆子，走近了到他旁边，学着佛家初见的惯例，"阿弥陀佛"叫了一声。我首先问着他："方丈请问法名？"

"避俗为善！"

"请问先生从何而来？"他问。

"从长沙而来，特意拜访上方。"

"不敢当！不敢当！"

于是，他邀了我到后房寒暄，叫一个十二三岁的小沙弥烹茗。我亦开了话匣。

"为善大师，春秋几十？"

"痴长八旬，从八岁便已出家的。"

我听了他这一番话，倒为之拜倒了；像司马长卿害消渴疾的那一流人物，是不能够做到的。

　　"慈室现有多少和尚？"

　　"仅只有我和他两人在此住禅，每天燃香膜拜而已。"他指着正在端茶的小沙弥说。

　　我怀疑起来，这样大的寺观，仅两个人住守难道不怕鬼打吗？不怕偷儿吗？我煞有介事地问他："上方这样大，仅有方丈一人住守，难道不怕偷儿吗？"

　　"不！不！哪会有这样的事情？我们的佛菩萨老爷高坐在上堂哩！"

　　我笑了一笑。

　　"上方从前有十来桌的人吃饭，为何……"我没有说出来。

　　他好像已懂得我的话似的，便信口地说："说起这些，真有点伤心，待我原原委委地说吧。前两年光霞在此为大和尚，肆意建筑，以逞胸怀，将一大堆的钱，用些于造屋子方面，拉些放在荷包里头。共浪费两三千多块钱；而这两三千多块钱，将从何处来呢？没有法子，只好今日向佃户加佃，明日向佃户苛租，以致积银一天一天地加重，而寺中的生活，也一天一天地困窘。客岁不是在新庄那里卖掉了十八石田吗？卖给一个姓李的科长，有六七千元的代价，才偿清了一些债户，敝寺仅只有几十石田，现在既卖了十八石，所剩尚有若干？加之，每年还有什么祠庙产……捐款，试问一大批的和尚在此有什么东西可吃呢？当真念经饱腹吗……"

为善大师说到此，他那如风干后橙子皮似的面庞上，已有晶莹的泪珠。他倚着禅杖站立着："先生，我们去看光霞和尚所经营的房子吧！"

他走头，做我的向导，折而向南，经两间经堂，过几个天井，再过一条甬道，便到了那里。

"先生，你看是多么的富丽堂皇！"我一看，果然话不空谈，如一些洋房子式的，结构轩敞宏大。他再带我上楼，楼上的确也不错，布置也精致，壁上挂了些剥蚀的字画。

"先生，这个好地方，热天可以避暑，冬天又不酷寒；只有他一人享受这种清福，分得我们一点企想也没有。即他吃的一切，比我们都要好。"

"光霞和尚现在到何处去了？"我问。

"他现在的住址，我不知道。他的荷包里已装得满满的，何必再要出家。去年他因吞款子的事情，被别人控诉了，并且，遭有缧绁之灾，佃户等人，个个称快，先生你知道不？"

"我不曾听过。"

他接着又说："后来他因与文某有知交，才将他保了，出了囹圄，但他的威风已大大地挫了。"

我望着为善大师说了这些话，略有愤慨的表情，以手捻着腮下的胡须默想。

在楼上勾留了一刻，便又转到后面的院子里，藤萝野蔓，漫地攀爬，表示已好久未经人工的修理了。假山水沼还点缀其间，假山有些坍塌了，沼里的水，清可鉴发，不时有两只青蛙戏弄水藻。我想，这多半是洗"俗"之池吧。

院子后一座峭直的山，满植着松柏，嘤嘤的山鸟，叫得怪好听的。据为善大师说，此山是这寺的来龙，他那风水的眼光，指手画脚，何处转头，何处脱穴……如何如何的逼真，而我只"洗耳恭听"，究其实不知龙脉在啥地方，也不晓得龙脉是些什么家伙。

我看了这幽雅深邃的情景，不觉"流连忘返"了，使心中生了莫名的感想。

太阳已渐渐地沉入西山底一翼支脉之下，暮色行将笼罩下来，我拜别了为善大师，匆匆踏上归途。

（原载长沙《力报》一九三七年五月八日，原题《闲逛云灵寺》）

佚　名：
修葺福王八方墓，建筑潇湘一览亭

讲述人生平不详。

雨后初晴，气候竟变得和初夏一般，炎日高悬，街道上积水变作水蒸气，又重上天空，露出非人工所能洗涤的洁净麻石路，引起笔者的游兴。束装就道，到天心阁领略那鸟语花香和小斋内得不到的空气。

天心阁早有蚁般的红男绿女捷足先登地在那享受着明媚的阳光。这地方有时候几乎变作爱侣双双谈情的所在，所以男的都是西装革履，系上鲜艳的领结，头发刷上司丹康，梳得光平如镜，蜜蜂儿嗅着香气苦得无处落足，女的电熨的波浪式的蓬发，艳丽的春衣，短短的衫袖，露出雪藕也似的双臂，高跟鞋走起来，颠得臀部波荡起来。一阵阵巴黎香水、粉气，扑鼻欲醉，在爱海沉溺的人们，都乐得心花怒放。笔者感觉这一个"万恶"的场合，不可久留，匆匆地离开，经过回抱天心阁尚未修好的红墙，转到疏阔已久的妙高峰来。

到妙高峰，是必须经过游路上。以前这游路上像山般的崎岖，石子埋在地下，凸凹不平，不留神就会翻个跟头，所以除了到妙中、明宪的学生，踏着这不平的道路，挽着爱人手腕的，那是少见的。如今建设是一天天地进步，也修成雏形的马路，两旁的几百年坟墓，市政府也派着小工在掘挖，不久一定由坟墓而变成平地，由平地而变成西式洋楼，在现在地价日涨的当儿，死后几根臭骨也难自保了。

从白沙岭木桥起，到老龙潭木桥止，在挖动的黄泥旁边，陈列着的瓦罐数千左右，就像坐汽车经过绍兴看到酒罐子一样多，不禁令人百感俱生。在先我而行的，一对摩登男女，哼着"莫待无花空折枝"的余音，被和暖的春风送入耳膜。

再经过二百公尺，就是我所写的福王墓和潇湘亭了。在未完成的亭子边，道路堆着十来根长大的青石，一个工人蹲着在那儿捶字，另一处搭就临时的木棚，堆集着一些碎石。亭基业已筑好，在过油榨巷小径之旁，电线杆上挂着警局和区长的布告，大略是建筑胜迹，出示保护，恐有飞石，行人避免的字句。三五个面带菜色，短衣赤脚的小工，猛看去，倒不知是万元建筑的工程。在游路上凹下去的一座民房，贴一张联式招牌："修葺福王八方墓，建筑潇湘一览亭。工程处。"

兴冲冲跑下去，找负责人谈谈，不料竟得了个老大的不自在。一位着毛线呢衣，戴礼帽工头模样的人拿着折合式的营造尺，冬瓜似的脸蛋，劈头就是一句："来做什么的？"

"先生请教？我是来玩玩的！"

"我姓李。这里飞石伤人，已出有布告。"下逐客令似的回复。

"没关紧要，我自会避免。请问这处的修筑经费从哪里来的？"

"经费吗？是刘总指挥、曹委员……捐集来的。"意思用大帽子可把我这讨厌的东西吓跑。

"啊啊！但不知花费多少？"同时弯着腰，看地下曹孟其先生写来待凿的碑联。在这一俯仰间，久藏在长衫内的证章不知如何露出襟外。

"啊！先生是主席公馆来的，请抽烟！"忽然冬瓜脸浮上笑容，腰内掏出哈德门纸烟敬客。"谢谢！不会抽。"心里默想着，这劳什子——证章不过与主席公馆的人所佩的相仿佛罢了！只好将计就计，虽不公然冒充，也没回驳"我不是主席公馆里的人"。

"说起钱来，总共是一万元。这动工的潇湘亭是四千元，福王墓六千元，还未动工。"声音和平得了。

"贵工程处共有工人若干？动工已有多久？"

"规模小得很，只有十几人。这亭子去年阴历九月动工，在这今年三月大概就可以完工。"

"碑联只有曹先生的吗？"

"有，有，刘总指挥、陶军长、谢处长……"

到此亦觉无什再问，就挪开两腿，穿过小径，到福王墓旁，但见一座新砌成的墙，别无其他，墓门还是铁将军把守，只有望门兴叹！

"先生！此地无什可看，倒不如到河边看看福王庙宇，强得多！"冬瓜脸工头赶来殷勤地说着。

"谢谢！"点头为礼，别了这个所在。

过羊肠小径，经油榨巷、惜阴街、灵官渡，到楚湘街，已是四点钟左右，百忙里我找了半天，不见有福王庙，后来虚心求教一位提篮老者，才知道天符宫就是福王庙。

天符宫的门外，因为街道窄小的关系，仅仅有一香摊，卖油榨货的、粉汤圆……都摆在进头门戏台底下，因为空气不流通的关系，油盐酱醋等的气味，引人馋涎欲滴，这比任何广告效力都大，顾客实在不少。过了戏台，是一个大坪，左边有一个说书的，一个唱书的。唱书的弹着月弦，装出娇声雅气唱什么昭君出塞。虽说是一个五十多、罗汉胡子的老人，比说书的更能号召观众，我暗自说着："怪不得梅兰芳能售出五千多元一天，就只老者装作点，都比说书强呢！"

进得二门，香火果然不凡，二十四个蒲团上跪得满满的，还有十来个，坐着长条凳上，等着求签。面对面，设了两个售签偈的柜台，三四个庙祝忙得弯着腰，手眼不停地找对签偈。一个拿水烟袋的、比较闲暇的庙祝，觉得我非求神之流，带着奇异的眼光同我攀谈，他说："福王是宋朝丞相，姓赵名汝愚，明代始将坟移到妙高峰之下，神像是清咸丰年间，由郴州大水漂到此间，王爷也着实灵验，故此香火甚旺，每天收入平均在十五六元。庙内雇佣人工也有十五六人，但没有和尚，大家落得个口头快活，对面戏台，也不时有还愿演戏的，二殿是救苦救难的观世音，和义贯霄汉的关帝爷。"对签的多了，水烟袋放下了，忙着工作，我这"不速之客"也就无人招待，而自动在庙前后转了圈子。

在二门的左边，另有一个凹进去的门面，两旁绿色的栏杆，关住两条老龙——水龙。门外挂着真定小学和代用民众夜校、代用民众夜校阅报处的牌子。这时学校，散课已久，门上已加了锁，几个贪玩的儿童在门外打着弹子，于是又找了一位熟悉内容的先生，谈了一套。据说学校连夜校在内是三班，教员四人，都是因佛而设教育，两栏杆内的水龙，是四区火灾唯一的救星，通常北门一带，火警不大去，大西门、小西门，唇齿相依的关系，也得去救，帮助帮助，每次动员，在百十人以上，这些队员，都是码头工人临时组合起来的，事后庙内给一二十元，平均每人可得一二角。

写到这里手也酸了，眼也花了，希望各位在游览的时候，不要忘了这注意到普及教育、救济火灾的天符宫。

（原载长沙《力报》一九三七年六月八日，原题《从福王墓到天符宫》）

匹 夫：
何况，捞刀河，还是后汉一个最著名的古迹

讲述人生平不详。

我不知道，我爱河，仿佛如同一位天涯流浪者，在阴森晚上，爱幽美的月亮一样。

河，温柔的河流。琅琅的涛声，细细的波纹，会给我一个重大的启示，使我知道生命力的伟大。当他彻夜川流不息的时候，经过了万叠重山，经过了千百丛林，他，还不会停歇他的生命力。所以，我每望河，就如一位革命者，崇拜他的领袖一样，内心里，起了无限的钦敬与拜服。前几天，我曾从湘流河岸到捞刀河，虽然，只有十五华里的短短过程，但那悠悠的水流，又掀动我万种的情绪，在一个仲夏晨阳，披着光芒金甲，从水平线上升起来的时候。

我别离湘江，怕莫是五年以前的事了，五年以前，我乘着扁舟，去到回雁峰上，但不久乃赋归来。这次，又暂离他，虽没有一点黯然销魂的情景，然而，对面麓山的倩影，还是令人在留恋吧，直到

船在草潮门外解缆了，一声汽笛，机音轧轧地摇动起来，我站在船头，又开始探讨河的神秘。

平浪宫过后，电灯北厂又过了，左岸的纺纱厂的烟囱里，喷出浓郁的黑烟来，在黑烟中，不知卖掉多少人的青春，更不知用尽多少人的血力，才蔚然成就湖湘这一个生产的大厂。现在，烟囱里，又开始喷出黑烟来了，意思是报告关心的人，纺纱厂，已恢复原日的状态。南风，吹到船头，令人感觉有无限的舒服，帆船上舟子的歌声，是那么动人心曲。我所以爱河，是它最够伟大了，你看河上，不是包罗宇宙间最伟大的物与力吗？一会儿，又经过了新河飞机场。在寂静的机场上，没有看见一架飞机的迹影，使我很感觉我国航空建设依然落后，像这样的一个华南重镇，没有几只铁鸟，作战时的准备，那么，假若是异国飞机来到，岂不是任所欲为吗？华北的风云，也日趋于紧急了，七百年故都文物，在敌人的炮火之下，将成为瓦砾，成为灰土。我想二十世纪的世界，是铁鸟的世界。船，经过了青山，经过了田陌，经过了落刀嘴，就到了我的目的地——捞刀河岸。

捞刀河，是长沙县东北乡通湖南省会的孔道，河面是狭窄的，有一条铁桥，可以从陆路到达长沙市，不过，因水路轮船的迅速，往来的人，都舍彼而就此了。从捞刀河水路再上去，就是罗汉庄与水渡河，轮船开到水渡河为止，每天来往有两次。我是初次到捞刀河的，在旁人以为这呆板的河流，当难受人们的注视。然而，我却在捞刀河岸，站立了两小时，用目光审视这河流的特色，她没有湘江的庞大，但她那瘦弱的身躯足像一位乡下姑娘的苗条身段。人，

捞刀河

是最爱时髦的，也许这位乡下姑娘久经人置之脑后了吧？因为她在私自饮泣呢。

捞刀河，有一条小街，有几十个门面，岸边有一个高觉寺，现在做了私立同心小学校与社会军训部队。我想那里商店的生意，当然是不大好的，因为它离长沙市太近，比起新康靖港，当然有天壤之别了。捞刀河最多的是轿夫，据他们说有三百几十人，一个这么渺小的口岸，要维持这许多人的生活，是一件多么难的事，所以，当你每到捞刀河岸的时候，就可听到一些"先生，要轿子吧"的弱小呼号刺进你的耳朵，这是目前社会最难解决的大题目，很值得社会学者的检讨。

那天，我到捞刀河，恰巧是那里社会军训毕业日，他们在铁路坪内，搭了一个高台，聘请百合戏班，预备演戏。这时，捞刀河，也随着热闹起来了，在附近十余里内的男女，都络绎不绝地参加这次盛会。本来，社会军训，在我国还是破天荒第一次，毕业典礼，应如何的隆重呢？不过，我很叹息那班军训毕业生的精神，有的太萎靡不振。当军人，是要雄壮激昂的，若太颓丧，怎么能够捍卫祖国呢？

何况，捞刀河，还是后汉一个最著名的古迹，在汉室微弱不振、诸侯各自割据的时候，刘备起兵勤王，派关云长攻打长沙，这里，就是他青龙刀捞起的所在。后汉关公，于我国历史上，是很负盛名的，他那为国抗敌成仁取义的壮心，很为后人效法，所以我愿祝捞刀河社会军训者，莫遗忘这页史迹，继续关夫子的雄风再干。

最后，捞刀河，终又与我话别了，在生活圈子的旋转里，我又回到湘江，但是，那瘦弱的细流，怎够使我一日忘记？

七月十七日归来写

（原载长沙《力报》一九三七年七月二十二日至二十三日，

原题《后汉古迹捞刀河》）

老　丐：

人心拯溺拂天心，赖诸佛慈悲，唤醒众生回劫运；入世嚣尘须出世，若六根清净，忽然一悟即禅机

讲述人生平不详。

在天心路的中段，有一栋洋式的庙宇，红砖新瓦，还是去年落成的，上有题字"湖南佛教居士林"。

居士林，从前在南门沙河街，去年才搬到新屋来。这栋房子，建筑得非常堂皇，进门左边是广成书局，右边是施医处，里面一个大丹墀，有水泥路通大雄宝殿，水泥路两侧是草坪，绿茵一片，清闲异常，丹墀左右为住室，大雄殿森严得很，其建筑与学校的礼堂无异。两边列有高仅一尺的坐垫，横三十二个，直十五行，可容四百八十五人念经诵忏。大殿的北面，有三个玻璃笼，两小一大，大笼中有佛像三尊，均系坐像，中为释迦牟尼佛，左右为弥勒佛与延寿佛，高达丈余，大及三围，全身涂金，两手合十，眼睛微闭，现出十分慈悲的样子。两个小龛中，每龛有像一尊，较大龛约高五尺，云系南无阿弥陀佛，佛前各有座位，大概是和尚念经礼拜的所在，座位之前有桌案，桌案上摆有佛手、七星等瓷器，以当供果，大概是佛祖不食人间之食，而以永远不坏的瓷器代之吧！

殿内处处清洁，一尘不染，桌子椅子，抹得光透透的，就是地上也可以打滚子。四根大石柱，刷有石灰，更见洁白，石柱上悬有黑漆舍宇的对联一副，是长沙书法名手郑家溉写的："人心拯溺拂天心，赖诸佛慈悲，唤醒众生回劫运；入世嚣尘须出世，若六根清净，忽然一悟即禅机。"字好，句好，心地更好，以此心向佛，以此心悟佛，虽然明知佛是假东西，也无害而有益了。

大玻璃龛后，还有一个高五尺、宽三尺的相框，画有维摩诘居士像，道貌轩昂，一种洒然成仙的风格，活灵活现。

在大雄宝殿仔细地看了一顿，走出来遇着居士林负责的曹瑛先生。曹先生是益阳人，一口益阳土话说得很有风味，从他的口里，我知道下面的许多事。

这栋洋式的佛殿，是去年才完成的，连地皮一共不过三万元。可是，不但房子起得好，而且走进去令人起一种美感。所有的林员从前有一千五百多人，自上月改组后，减至六七百人，其原因大多是从前的居士在南门最多，现在搬到东门，路程较远，多半不能来了。林员每年年金二元，遇着佛爷诞辰，举行庆祝，林员参加，如果吃饭，每人三角五角，自由捐助，纵然不吃饭，也得捐点香火资，以维持该林的存在。因为居士林既无基金，又无田产，一个偌大的寺院，全靠善男信女的资助，实在是不容易的事，不过，看那形式，他们还不见得十分穷困，大概是心地慈悲的人都是一个铜板也不肯给叫花子的大富大贵者吧！要他们才能用许多钱求菩萨保佑自己的安全和家人的幸福。居士林中，除了一个账房是有给职外，其余都是义务帮忙。林长刘善泽，不但无伕马薪资，就是饭也没有吃的，要是其中没有鬼的话，那些信佛的人，真是具有菩萨心了。林长由常务理事会中之九人推举之，林长之下，有秘书一部长五，五部名称如次：文化、慈善、学教、修持、总务。各部掌理各部事务，每部可聘干事一人至三人助理之。不过现在所办的社会事业，似乎只有施医所与放生两项，施医所收号金二百文，可谓便宜之至，赤贫送诊，合乎佛爷的慈悲心肠；放生池设在南门猴子石，那里有一口大塘，有小孔可通湘江，什么泥鳅鳝鱼乌龟等动物，有些铁打慈悲心的太太们，都五十斤六十斤地买来丢在放生池，我看那夏季法会放生牌上所写的放生物，总在一千五百斤以上。旁的事情都容易懂，只有放生最难索解，泥鳅鳝鱼放生，猪羊鸡鸭又何尝不可放生呢？提倡生产的人说要多喂猪鸡，发展渔业，信奉佛爷的却又不忍杀生，这不明明是两重思想的社会吗？这不明明是最大的矛盾吗？况且社会是进化的——根据"物竞天择"的道理，不能克服自然的，就要渐归淘汰，人能捕捉鳅鳝，当然是因为鳅鳝没有克服自然的能力，其归于淘汰，也是自然的道理，我们故意以放生鳅鳝为慈悲，未免过于矫揉造作。

近年来慈善机构如雨后春笋，到处都有，这当然是很好的现象，因为有慈善的人，才有慈善机构之产生，有慈善机构之产生，穷光蛋才有人救济。但是实际上救济穷光蛋的倒少，而亲结阔人借以夸耀自己者，比比皆是。甚至有些人还借神敛财，办盂兰会，打醮扶乩，提倡迷信，淆乱社会听闻，莫此为甚。慈善事业本来是一种高尚的事业，要是借慈善之名而行欺骗之实，便是慈善的罪人了，做慈善事业的人应该禁绝这种人混入其间。

最后还由曹先生告诉我所谓"居士"的问题，他说："出家修行的叫和尚，在家修因的叫居士，林者言多也，所以居士林里面，只请三个和尚指导念经学道的事情。"这是我想知道的，我想也是阅者所想知道的吧，所以写在这里作为归结。

（原载长沙《力报》一九三七年六月二十三日，原题《佛教居士林壮观》）

匹　夫：

赐闲园，是一个最适宜于夏季避暑的地方，因为那里，有一泓碧水的小潭

讲述人生平不详。

在鹧鸪声里，快快地，又告诉春将归去。

桃花已谢，杜宇啼残，春，在原野，在田畴，在丛林，在深谷，在都市人们的紫罗兰架上，在小家碧玉的胭脂唇中间，又将拖着蝉翼纱样的轻衫，快快地，躲回她那桃源的仙洞，所赐予人间的，只有陌头上几株碧柳在垂摇，画梁间，几只新燕在飞舞。人们说春是伟大者，胜利者，她能从严寒残冬里，攒了出来，苏润全宇宙的一切一切，似乎万物只要有春，就可另换一副新面目。但是，在鹧鸪声里，三阵暮春花雨，也会绿肥红瘦，曾掀起诗人的兴嗟。蝶闷蜂痴，曾勾动少女的流泪呢。因为春在人间，只有一刹那，所以长沙胜迹名园，寻春的女士，大似山阴道上，不知踏残了多少落后桃花的创痕，也不知摘去了多少待放海棠的春蕾，却少有人到城北赐闲园去，接受春的别离语。

赐闲园，想在长沙每个人士的脑海，都存着这个名字。她伫立在教育会中山图书馆的左侧，是一个最适宜于夏季避暑的地方，因为那里，有一泓碧水的小潭，有石砌栏杆的小池，有四季不同的花草，有两个专供游人的休息处，可以品茗，可以闲谈，还有甚么弹子房、中餐室、照相部，以备一班有闲阶级的娱心与娱目。我到过赐闲园，怕莫是六年以前的事了。六年以前，赐闲园尚不失她的温柔姿态，无论是在春天，在盛暑，在秋季，游人是那般的多，花草还是那般的可爱，何况，这时节，没有容园，没有国术俱乐部，只有老大的天心阁与苍蔼的开福寺，所以教育会的博物馆、幻灯场、赐闲园，很挑动长沙人士不少的游兴，去欣赏城北风光的自然美……

昨天，我从中山图书阅报室出来，眼珠内偶触到"赐闲园"三个大字，于是就想到这六年前的旧游地，忙一步一步地踏上园道。真的，风光有些憔悴了，景致有点清淡了。这时，赐闲园，她好像是个中年失恋的怨女、一个新悲黄鹄的嫠妇，并且，原有的门额，已经移在图书馆的右边了，左右两个休息处，又似乎脱离了赐闲园，独立在另一境界。所有花卉已顶给三益农场，做一班村夫俗子的买卖品。我立在石池畔，凝神了半晌，不住地叹息着，桃花已辞了叶，漂在水上，像一片浮萍，你能带得春归去吧？你能带得赐闲园的新仇旧恨，流到另一境界吧？不，你不能，你是一个弱者，赐闲园也不再愿意受一班浪漫青年的狂吻，她愿意长憩息着，憩息到海枯石烂、地老天荒的一个时代。

在客年的秋天，赐闲园曾到过一批骚人墨客，他们吟过几篇得意的诗词，打破那寂寞凄凉的局面，这就是湘省南社的雅集。无疑地，赐闲园是一个最好吟咏的地方，她没有天心阁的狂嚣，岳麓山的跋涉，容园的繁华。她爱静，山静可以探测花草的生意、小鸟的啁啾、适情的天籁、万物的生机，再创出大自然的格调，这是赐闲园可追忆的一页，如今上巳将临，不知道那班骚人诗客，还会回首往日的一段风情，翩然再来赐闲园畔吧。

闲，我没有，整日在生活圈子内旋转，没有片刻的憩息。一天过去了，两天，三天，又见到中天的团圆月，日子是不站定的，它不住地向前溜过，桃花开了，又见花飘；月儿圆了，又见月缺。上帝赐予人们的，只有牢笼式的岁月、机械的过程，何尝有半点闲呢？我很怀疑园的命名不实，人类为求生存，是没有半点闲的，虽偶有一二位有闲阶级，他们虚耗宝贵的光阴，丧失黄金的青春，但就会忏悔，就会懊恼，就会叹息偷闲的孟浪，何况"一年之计在于春"，难怪赐闲园，稀少了游人的足迹。可是，天心阁、容园、岳麓山，不犹是熙来攘往吧。那么，上帝赐予人类的，是有别了，我很祈祷上帝多赐给我一点闲，去游遍长沙的胜迹名园，让春莫静悄悄地归去，好使我多写几篇应景的闲话。

现在，春将暮了，子规已啼尽最后一滴血，赐闲园畔，忽起一阵箫声，撩动小潭的春蛙乱语，撩动花圃的蝴蝶高飞，撩动春风的吹拂，撩动游子的哀歌。这不是幽咽声，这不是断肠话，这是天地间大自然的清籁，衬出一幅绝妙的画卷。我陶醉了，徘徊在赐闲园内，直到夕阳在山，暮烟绕树，犹不愿意别离这为人所遗忘的清境，预备每天偷闲，到赐闲园，去紧握春未曾归去的一刹那。

（原载长沙《力报》一九三七年四月二十日，原题《闲话赐闲园》）

佚　名：
包围在长沙附近的一块美丽的土地，以使他们心旷神怡的，一块是岳麓山，一块是容园

讲述人生平不详。

春天，风一起，大地便酥软了，阴浓的树木，娇艳的花草卷覆着世界的缺陷。

市民们，蜷踞在都市的角落里，打打牌、扯扯谈，风从窗户间袭进来，吹入他们的心。他们的心是荡漾的，有点愁，似乎又有一点活跃。

市外总是辽阔的吧？于是他们都想出游。

包围在长沙附近的有一块美丽的土地，以使他们心旷神怡的，一块是岳麓山，一块是容园。

容园，从前叫作桃园，是私人别墅，现在开放了以供市民游览，大约也是与民同乐之意。

容园建筑在小吴门外，离城约有两里之遥，那里，有奇艳的花，有丛茂的树，有精致的小舍，有碧静的池沼，同时也有各种奇异的

105

岳麓山名胜麓山寺

禽兽。那花木、那树林、那小舍、那池沼、那奇异的禽兽，布置很有丘壑，叫游人们"读"了，似乎都有一点"巧夺天工"之感。可是，实际上，据说都是出于广雅校长陈熹先生的手笔与心裁。

由小吴门外用七分钱乘公共汽车在十几分钟可以达到容园，马路两旁的"有心栽柳"已快要成荫了。

头门，随着时代进化成富丽堂皇、古色古香的宫殿式的建筑。

头门内空坪从前都是一些杂花，现在是一片如茵的绿草地。

满园都可以开放，唯有正中那三间西式中国洋房没有开放，里面布置很精雅，据说那便是原主人自己游憩之所，游人打那儿经过，颇有点栏外行人之感。

左边，都是桃林，桃花已经萎谢，满园都是阴森森的，连小径都不方便看见日光。桃丛中有一口塘，水色碧惨的，仿佛一个哲学家的脑髓。看着桃林，看着池沼，你会想到"柳塘春水漫，花坞夕阳迟"那一联名句吧？何况池中还有一对灰色的鹤伸着颈项在供给你一点诗材！

桃林的对面，有一个小茶肆，名字叫什么，碧茵室，陈设非常雅致，点心也颇丰富，足下"肚子"（长沙腔）饿了，腿子倦了，顶好到那儿休息休息，喝点茶，吃点面食水果，价钱并不贵，只要你袋子里有一个"大拾"便够摆架子。

园右，花头比较多，有点"小桥流水人家"的景象，路径也宽阔一点。最令人留连的第一要算是那几丛竹林中的小径，第二要算是土堆上那几个亭子，第三要算是笼中那两只灵活的猴子，行在竹

容园

林的小径上，你会呻着："我亦有亭深篁里，也思归去听春声。"站在亭子望着园里的那幽静设备，望着园外那广阔的田野，你一定会说："有这样幽静的环境才可以养成一种廉明的人格，有这样广阔的平原才可以养成一种阔大的胸襟。"看见猴子，那种机警的动作你未始也不想恩及禽兽吧！

游的人，以学生占最多数，几个小学校都在这里作短足旅行。其余如红红绿绿的小姐太太、着长短制服的公务员、大腹便便的商人亦为数不少。

（原载长沙《力报》一九三七年五月二十一日，原题《巧夺天工的容园》）

郭荣礼：

恍然一梦，疑此身置在瑶池水晶之中，天台仙子御风而来给我以片时的安慰

讲述人生平不详。

酷热的太阳，照遍了长沙全城，不可避免的热常常笼罩了全身，在繁华的长沙城，虽有天心阁的悠闲，俱乐部的雅致，容园的华丽，都不容许我长久地留连。

我悄悄地出了经武门，沿着经武马路，看到右手边一带绿色的长堤，除开二三个农家捕鱼的儿童坐柳条荫下，仅有蝉在树上轻奏着它的清音，暮色笼罩着半堤荡漾的澄波，二三朵莲四五片荷叶在青莹秀澈中表现她亭亭净植的本来面貌。我缓缓地找着一块光润的石头，坐在浓荫深处，高声朗读着英文，音波飞遍了一勺平湖，空山回响。此时此地的心情，只有飞翔在半空中的白鸥和游泳在清水里的鱼，可以和我一颗悠闲的心互相证印，想到赤壁赋的"清风徐来，水波不兴"，我精神格外的清爽、兴奋，觉得这里比长沙的一切地方都好！

斜阳渐渐地沉下了山坡，一轮明月高高地挂在槐树枝头，湖中

一团清冰之气袭入衣襟，渐渐凉透了我的心怀，自容园归来骑线车的女郎，匆匆地从马路上驰去，蹁跹的衣裾，飘扬的头发，从我身旁掠过，刹那间，已不见她的踪迹，恍然一梦，疑此身置在瑶池水晶之中，天台仙子御风而来给我以片时的安慰，这时候，心怀多么的开朗呀，思想又如何的沉静。

一声格格的栖鸦，给予我无限的惆怅，想到现在已放了暑假，三十天以前还是各校学生们的游泳池，他们赤条条地在水上喧嘈，而今，他们都已徘徊在山明水秀之乡，可是，每年沉沦在这水底的有两三个同学，他们的灵魂还依稀在丛草中隐现，我不觉打了一个寒噤。寂寞、凄凉，柳堤湖的暮夜，月色虽在留人，此时，我不能再徘徊在这个萧条的堤上。但是柳堤湖没有汗香，也没有粉香，不是人肉市场，更不是歌喉婉转之楼，笙簧交奏之馆，只有蚓奏蛙鸣，燕飞莺舞，常常展开这幅天然的图画，吸引纯洁之青年——柳堤湖的风光，真神秘而且伟大，非凡夫俗子们所能领略。

当我从柳堤湖回到了中山马路，收音机仍在清唱，无数盏电灯依然闪烁它的弧光，包车、汽车、人力车，还拥挤在十字街头，赤腿露臂的女郎还在马路上有劲地游行，戏院子里的梨园子弟依然在狂歌艳舞，充满着难堪——人间罪恶！

我行在街前，还回忆着柳堤湖，纯洁、清闲、可爱，有乡村风味，预备明晨还要去独赏湖上和暖的阳光和湖水的涟漪，我要沉醉在柳堤湖中，永远地不回到城中了！

（原载长沙《力报》一九三七年七月三十一日，原题《柳堤湖的风光》）

四 夫：
湘流河岸，在长沙，在长沙的夏夜，是最热闹的

讲述人生平不详。

晚风，吹破了蔚蓝色的天。

全宇宙已迷漫一层白茫茫的烟雾，柳树梢上，涂上了金黄，一群群暮鸦，飞过涟漪的湘江，找寻它们的归宿，这是夜的侍者——黄昏，她好像是一首绝妙的好诗，一张可观的好画，当夕阳轻轻地从你心坎儿溜过的时候，任你有浓厚的诗情画意，都不能描出黄昏的神秘，只有那金芒色的倩影，永印在任何人的心头，接续呼道："夜来了，夜来了。"

此时，大地也随着安息，薄冥的夜网，笼罩着每个人的心思。夜是静的，然而，都市的夜，不一定静。你看马路上不犹是电灯辉煌熙来攘往吧。商店内的收音机，不犹是播着肉麻的曲子吧。公共汽车的呼声，不犹是像猛虎的狂吼吧！所以，夜在都市，是不静的。他造成了都市的繁华，也造成了都市的罪恶。于一盏一盏电灯下，

而且，如果你硬要问一年中最繁华最罪恶的是什么季节，那我就要答道是夏夜。

目前，春已去了，夏又归来，大街上，拖着蝉翼纱的女人，充满着肉和香的诱惑。饮冰店，也重整旗鼓，贴着惊人的市招，一班中下阶级，每当夕阳西下，便成群结队地上天心阁，或赴湘流河岸。

湘流河岸，在长沙，在长沙的夏夜，是最热闹的。虽然，它没有珠江的夜艇和玄武湖的船娘，但来往纳凉的行人，也如过江之鲫。好像湘水是一位窈窕姑娘，能引动许多人的追恋，只要等得大地阴沉下去了，麓山，现出几幢鬼影，江中异国军舰发出几点灯光，就是人声嘈杂着，从小西门起至金家码头，测字摊、刨冰摊、槟榔摊、纸烟摊，已如星罗棋布，这都是供给一班中下阶级消费者，没有夏天，也没有他们的生活。码头侧的人力车子、排列得整整齐齐的船只，等着进口的汽笛叫了，他们就来揽生意，五角一元的车费，是随口而答，异乡人往往总吃一个顶大的亏。金家码头过了，就是太古码头。这里，比较的恬静，是一个纳凉的好所在。河风，从水面线上扫过来，使你感觉到有一点儿凉意。何况有时，帆船上的少女，唱出几节曼妙异地的歌声，陶醉你那多情的心曲，这是诗的境地，勾动多少行人，欣赏那湘流河岸的夏夜美，在一年中的暑季。

太古码头，现在为英商租了，隔壁一栋浅黄色的洋房子，就是长沙关。关前，有一个广坪，排列着几行杨柳，晚上，多为说书者所独占，长沙讲书不是同故都天桥讲书那样用大鼓词的，他们只要一张利嘴，就可维持一天的生活。所讲的书，不外《济公传》

太古码头

《西游记》《水浒传》一套稗官小说。听的人，比较赤脚阶级的为多，因为他们没有受过相当教育，偶然听见一些行侠仗义的话，就把他当作事实，总要听到"请听下回分解"这话才走罢了。我想有人于夏夜在湘流河岸作几点钟通俗民族英雄讲演，那收效更为不小，这责任，就托付于省市民教馆，望夺回那一班为稗官小说所深迷的人，使他们于剑客飞侠之外，还知道一点民族英雄的事迹。

长沙关过后，就到了义码头。义码头，是义渡局所建修的，为通麓山西岸的要道，日中划子重重排着，不过，在晚上，就被暮色肃静沉默下去了，可惜这里没有几株柳树，没有"柳边人歇待船归"的诗趣。在夏夜的月下，义码头是冷落的，有时冷落得如同一座深谷中的古庙，比起大西门侧的怡和码头，真是不可同日而语。

怡和码头，是湘流河岸夏夜的一个最热闹地段，各种摊子，比较金家码头还多。讲书的和讲评的，鼓着他们的尖喉，麻醉一班游客，环城马路，也修到这里来了。虽然，我没有到过故都天桥，我想这也如同故都天桥一般热闹。人总是静极思动的，湘流河岸的太古码头、义码头两个幽静处，不会如怡和码头的受人注视，这也适合这一句古训。不过，在那里，还有一班生活圈子以外的人——妓女，用肉作她们解决衣食住的工具，这是人间地狱的最可怜者，等于残废乞丐一般的在十字街头乞讨，何况，还要受一班道德君子的鄙视呢！

近来，湘流河岸是渐趋于热闹了，当红日已落下西山，金芒色

115

的光辉，挂在麓山山巅，大地一步一步随着黑寂寂的时候，湘流河岸已印满了长沙人士的纳凉足迹。

（原载长沙《力报》一九三七年六月二十三日，原题《湘流河岸的夏夜》）

王象尧：
说不尽长沙十里洋场夏夜的繁华和风光的旖旎

讲述人时为长沙《力报》记者，具体事迹不详。

"夏夜，神秘的夏夜！富有诱惑力的夏夜！"夏夜的灯光、夏夜的女人、夏夜的商店、夏夜的马路……一切是能够使人陶醉了，说不尽十里洋场夏夜的繁华和风光的旖旎！

江畔巡礼

黄昏后的湘江河岸，充满着神秘的空气，凉风习习，吹拂人面，使人感到轻松舒适，住在江干附近的人们，多在吃饭后，在这里走一走，散散步。夜的黑幕，渐渐地垂下来，江边的暗淡，逐渐地加深，江中的景物，由隐约而被黑暗吞噬了。移时灯火齐明，夜色开朗，"月上柳梢头"。这正是"人约黄昏后"的时候了。在这时我们就可以看见一对对情侣，并肩揽腕，迈着碎细的脚步，出现于灰石便道之上，情话喁喁，蜜蜜绵绵，有时停下脚步，斜倚栏杆，凭眺江心，有皓月当空，照澈水面的时候，景色异常动人，逢到人稀路静，拥抱、接吻，紧张的镜头演出。可是，这些地方，仅限于新河边上、湘春河边，由长沙关到浏阳码头，徘徊逗留的，就大半都是劳动阶级的朋友了！此中工作的人多，散步的人少，来往为装卸货物的码头工人，声声"唷呀"，迄于夜深。同是江干，却显示着不同的景象呢！

中山马路上

长而且宽的中山路，自小吴门外起，到福星门止，在这一小小的段落里，可够得上繁华了。但是在白天，并没有什么稀奇，到了夜里，尤其是夏天的夜里，可就大大不同了。百货店、洋货商，都把玻璃橱中装满了夏季男女应用的货品，像一九三七年式的浴衣、各色的毛扇、精绘图案的花伞、胡椒孔的乳罩、轻薄柔软的衣料、裸足着的皮鞋、巴黎的香水、脂粉……摆设得新奇生动，富丽堂皇，令人目眩，又加上利用各式各样的广告灯，收音机里的迷人节奏，更衬托得使人停步、留恋、心痒，进一步地使你不由自主想走到里面，选他几种，拿回家去，或者送到别的地方，献给爱人。赤着脚拼着命跑的人力车夫，燃着不死不活的菜油灯，像长蛇一般的，一个跟一个，用力地拖着车子，在马路的两旁，跑着不同的方向，中间来往飞驰的，都是虎一般的汽车，两只电炬白光的眼睛和喇叭不断的吼声，在哪都使人目眩，心惊胆战。

辉煌的八角亭

位居市街中心的药王街八角亭，商店比较整齐，又有许多新式店铺，错杂其间，的确是锦上添花、傲视各街了。每当黄昏后，华灯初上，行人特多，肩摩着肩，裙舄交错，如果侧身其间，步行速度必须减低，否则，就有和人撞个满怀的危险了。这一带大商店、绸庄，都把门窗装上亮亮的、最大灯光的电灯，光耀得如同白昼，瑞丰霓虹灯、寸阴金的钟、中国国货公司垂线型的霓虹灯管，都惹人十二分的注意。中国银行的周围装上了浅蓝色的电光，空室无人，神秘情景，有如处女的独坐深闺。其他各处各色灯火煊耀，亦在诱惑行人。新世界、太平洋，挤满了看货多买货少的男女。在九如斋门前，可以看到高级公务员，和富家的公子哥儿、太太小姐们，出入其中，现出得意和骄傲的微笑。

（原载长沙《力报》一九三七年七月三日，原题《长沙夏夜风景线》）

文夕大火前的药王街

老　方：

外国人聪明得很，领事府及住所不建筑在麓山而取水陆洲，也就是水陆洲比麓山景致要好的缘故

讲述人时为长沙《力报》副刊专栏作者，具体事迹不详。

夏天——这是使人感到厌倦闷郁的季节，城市的红尘十丈，整天的嚣喧，烟雾弥漫的龌龊空气，使有钱的人觉得久而生厌了，况且又在盛夏！往衡山、庐山或西湖等地去避暑，路太远，难于跋涉，于是一向被人遗忘的水陆洲，大家都目为理想中最好的避暑地。

有人说水陆洲比麓山的景致要好，我也这样感觉到：它处在水陆之间，兼有水与陆的好处。外国人聪明得很，领事府及住所不建筑在麓山而取水陆洲，也就是水陆洲比麓山景致要好的缘故。

在盛夏里，最适宜居于树荫的地方，水陆洲上极合乎这个条件：美丽的一列一排的杨柳、橘树，密密地满布着洲上，组成了一个天然蔽日的绿色草幕帐，芊芊的芳草铺遍了大地，你可以任情地坐卧；

湘江缓缓地流着，温柔冷艳得好像含苞将放怕羞的美丽少女，当夕阳西下时，你可以赤裸着投入她的怀抱里尽情拥抱着她；再加上田园农舍的间隔，堂皇富丽的洋房的点缀，便把水陆洲一切的"美"，增加了它的成分；水陆洲隔城很近，买东西又非常便利；同时房屋租价甚廉，处处都合乎"美"的条件，在引诱着避暑的人们向往之心。

在东方现出一轮红日慢慢上升的那时候，一层经纱似的金粉撒上了水面、树林和田舍，屋与树的倒影在水中一进一退地婆娑舞蹈着，好像向人们点头作会心的微笑，时常一群白嫩的鸭儿，活泼悠闲地在水面浮游，鱼群也整队儿散着步，帆船或小舟有的静闲地停在树荫下，有的鼓起风篷，追逐着波浪，那是多么美丽的情景！稻田已经全黄了，微风吹来，变成金黄色的漪涟，反射着一天太阳的晨光，这风景正同著名画家的田园清画一般；鸡在高坡上高鸣，小鸟的娇啼，点缀着清晨的沉默，从树林的隙处，疏疏落落的几椽农舍烟囱里的炊烟，一缕缕地浮在清晨的空气里，令人联想到寒刹中的炉香。

黄昏了，更是一天最好的时候来临。太阳好像一天监视的工作完毕了，仍回到它每天的宿舍——岳麓山的怀抱里去了，西天被落日的余晖染成了一片绯红色，竞放着绮丽的花纹，牧童牵着牛预备归栏，村姑挑着担子，荷着锄儿，从田垄边走过，少年农夫哼着山歌，此情此景，不是诗也是图画！晚风一阵阵送来淡淡的香气，把整天的暑气全吹散了，人们经过一天的疲劳，正好趁此时休息休息，

水陆洲旧影

有的蹀着缓步，有的坐在树荫下，俯视鱼儿的浮游、江水的漪涟，或纵目远眺天边的归帆、对河全长沙的轮廓，以及江面的异国军舰，这些奇丽的景致，就是诗人、画家，都不能描写画咏。

每天傍晚，青年男女很多在这里练习游泳，还有异国黄发蓝眼的朋友，也在水中学美人鱼。健康的皮肤、丰满的面颊，穿上一身游泳衣，活像一个运动员。游泳技术高超的很容易就划到河中去，初学游泳的男女，不是怕羞就是怕水，时常听"哎哟！……何得了！呀！……我会跌下去！"的娇笑或喊声，使大地充满着活跃的气氛。

晚上，情景更美化了：月姑娘含笑地照耀大地，使麓山、湘水、房宇、草树都变成了另一幅图画，一切都静静的，只有流水的喃喃声，在诉着宇宙的永久秘密。两性的情话，低语着不可告人的神秘，老头儿在掘古，农夫们在话关于种田的琐事，虽然有着这么多声音，然而不能突破这沉寂的空气。外国人爱跑月，每每在月里带着猎狗四处跑跑跳跳，在那里做夜间运动，这却比中国赏月只顾精神安慰强得多了。

有人把水陆洲比作女人，春天好比是她的幼年时代，秋天好比她已经失去了青春渐趋衰老了，冬天她完全变成一个龙钟的老妇人，只有夏天，正是她生命史上最宝贵的时候，正当青年，像花一般，当苞儿半放瓣儿微展时，最容易使人留恋神往。在夏季，正是水陆洲黄金时代的来临。

（原载长沙《力报》一九三七年七月二十五日，原题《水陆洲的黄金时代》）

老　方：

天心阁，游路，是最适宜于夏季的，都市与乡村的美，她们是兼而有之

讲述人生平同前。

　　桃花谢过了，柳条长得密密的快要成荫了，燕儿肥了，野藤已从矮篱笆爬上屋顶了。一九三七年的春天，又悄悄地在毛毛雨轻轻风中，不复回头地溜去。

　　天上的如一团团棉花似的浮云，一块一块消散开来。对河的麓山，已不似春季披着一层神秘的温柔，现在是正如同一个最开通的少女，展现了新嫁娘大大方方的风度。太阳已没有春时的柔和可爱，照在人们的身上，总有一阵热烘烘的气息，使人感到有点不舒服，渐渐在施展它烈火的强光，好像在对人们示威。

　　只要是晴天，在马路上、在大街中、在小巷里，只要你留心来来往往的每一个路人，偶一低头，便看见皙白的丝光袜子、高跟凉鞋、网球鞋、各种不同白色的脚，很留心很缓慢用脚尖一颠一颠从眼底溜过。偶一抬头，便瞧见袖子那么短短的、衣衫那么薄薄的少爷小

姐、太太先生们得意而骄傲地微笑着，打从你眼旁晃过。他们和她们，感觉力特别比任何人弱：仍是深秋的时候，已穿上了外衣、绒衣，披上了雪巾；还是冬尾，就罩上了薄薄的春衫；夏天刚到，纺绸衬衣、凉鞋，就早已出现了。

在夏天，河边、马路等处，是清晨或薄暮，时常增加了很多男女老幼，在踱着、游着，或静坐品茶，或对立闲谈，解除整天被热气侵袭的内心的疲劳的苦闷，在这炎威逼人的时节已经来临人间的时候。

天心阁，游路，是最适宜于夏季的，正是她们的黄金时代来临了。她的位置恰在没有城市车马的嚣喧，没有乡村的孤寂的中间，可以说，都市与乡村的美，她们是兼而有之，说像都市，也有点相像，说如同乡村，也很有乡村的风味。

夏天高处比较凉爽，天心阁很合乎这个条件；并且她有荫翳的树林、柔软的草地、摩登的饮食处、大众化的民众教育馆第一分馆。假如你觉得身体疲倦了，你可以倚在石栏杆上或躺在草地上。用静静的头脑，看看晨曦东来充满着无限美丽希望的景致，夕阳衔山时的天边的晚霞，浓妆淡抹一弯新月会心的微笑；用敏锐的耳朵细听清风袅动的节奏，远远的人喧车嚣的交响曲，低低窃窃微小的情侣连绵难断的情话。假如你觉得饥渴了，你可以躺在绵软的藤上，喝着茶、抽着烟、食着点心，闭着眼，让凉风熏陶你的身心；你如果感到太愁闷了，可以到阅览室，翻翻报纸、看看书，来安慰你苦闷的精神。总而言之，天心阁是最适宜于夏季的，是顶好的避暑地。

天心阁　摄于 1936 年前

其他的避暑地，民众俱乐部、游路、环城马路，都很适宜于南国浓郁香气吹来的一个盛夏。

游路，大多数为工商人的消夏地，知识分子、有闲阶级（除了妙中的学生与教职员以外），很难得到这里纳凉，这里可以说是"平民避暑地"。这最大的原因，为了游路太偏僻，同时游路的路基，根本很危险，凸凹不平而狭仄殊甚。路的两侧，毫无隔栏，若夜深月落，真恐怕有葬身老龙潭鱼腹之虞。但是茶点取价甚廉，所以工商人，这里占最大数量。

民众俱乐部，名字虽很好听，俱乐部之上冠以"民众"，但其实是名不符实的，一切都差不多是贵族化，戏院票价高至一元二元，最低的也得三四角。理发、吃大菜、拍照，你看，除了几个穿高跟鞋、着西装的阔绰绅士或大人太太们时常照顾一下外，你又哪一次能看见一个挟布伞穿草鞋、蓝大布衣的乡民进去过？最怪的：下棋非会员不能进，打球亦复如此，高尔夫球场，简直没钱的想要见识见识，都不可能！这，要比汉口的新市场都不如，二毛大洋的门票，可以由早至晚看到各种不同的娱乐。然而，新市场是完全商业性质，民众俱乐部是属于民众的呢，这真有点费解！

所以，由上面所述，游路、民众俱乐部与天心阁比较起来，公共场所往热季走要算天心阁最热闹。

在一般有钱的人，夏季到了，又朝远处想了：麓山或水陆洲空气清新，气候凉爽，风景又十分好，房租也不贵，于是，有些人在夏季移民到那里去了，秋凉又移回来。

现在，早晨的天气最好（除了雨天）。一般酷爱国术的人，又重现于天心阁、游路等处了，什么马道人的邬家棒、吴老头的太极拳，记者连数也数不清楚了。

再隔上十天，天气再热一点，以女招待做招牌的咖啡店、饮冰社，又应运而生了，一班有闲心的人，又将大选其"咖啡皇后"，大出其咖啡选集，依我的意见，不若用四个最好听的字"咖啡救国"，还冠冕堂皇些。

好！夏天是已经到了，我老方也不得不把这件民国元年做的驼绒夹袍脱掉，换一换朝，可是，刚把夏布长衫拿出来合一合身，长仅齐膝，袖子大得像道袍一样，非再另制一件不可；但是制衣的钱呢？回头一想：算咧！将就穿穿吧！人家笑我，倚老卖老罢了。

（原载长沙《力报》一九三七年七月二十八日，原题《夏天里的长沙》）

老 方：

他把瓜瓢在井里舀了一瓢递了过来，他那种坦白而诚恳的态度，使我不得不领受这人情

讲述人生平同前。

虽然是初夏，太阳已没有和暖的温柔了，照在身上热烘烘的，简直使人感觉得有点发烧发热的。风已失去了她的慈爱，吹在脸上手上，觉得怪不舒服的。当我走到白沙街的时候，汗珠儿像落雨般的直从汗孔里钻了出来，我不得不把穿在里面的衬衣减掉一件。

到底是上了一把子年龄的人，爬上白沙街那个石级坡儿，就觉得气喘喘的。小岭上的居民，差不多全是一些穷家小户。每一家的门前，都摆着一口大缸，高高矮矮、大大小小，像一队刚才招来的新兵。来来去去的人，以挑水夫占大多数，宛如过江之鲫忽往忽来，只听见后面高喊着："靠左！靠左！你这个老头儿！"前面又在嚷："喂，靠呀，靠呀！水来了。"地下又湿，前后夹攻，眼睛一面望着鞋子，怕被污泥弄坏了，又要顾到挑水的，委实上了年纪的人，有点头昏眼花，难于应付。

过了铁路，便是握着全市人民生命的白沙井了：井有四口，每井都用麻石堆砌的，形状为长方，一尺来阔，三尺来长，左边的两口井挑水的人很少，右边的两口井，人特别多，好像过旧历新年那几天的司门口样，人挤人桶挤桶。当时我觉得有点奇怪，很想问一问这个原委，首先找了一位坐在井口的后生子，我怀着满腔的热情，希望他告诉我所要知道的，可是到底是"后生可畏"，他老是不开口，碰了一个很大的"螺丝"。最后，终于找到了一位老头子。在同等年龄的人，是最相投的，尤其是喜欢追恋往事的老年人。于是，我便在一块洁石上与那位老者对坐着，开始攀谈起来："贵姓？"两道花白眉毛往上一皱，刻着无数生命的痕迹的黑脸上，浮着一丝和蔼的微笑。

　　"不敢，姓方。"我因为急于想知道这个疑团，但很快地问了这么一句："左边两口是私人的吗？"

　　"不是，不是，这儿四口井，左边两口是供给长沙市全市茶铺酒楼的需要的，右边那一口井凡各机关学校都可以挑，另一口，则全属于每个人民的权利。在这儿我们同业挑水的少的时候，又可以卖出。"

　　"啊，每担水大约可以卖几文钱？"

　　"两个大铜板。水蛮好啦，又蜜甜又香美又干净，做茶水是再好没有的了，所以远住在北门的，都往这里来挑水，莫说是南门。你先生试一试这水看看？"老头子和气得很，他把瓜瓢在井里舀了一瓢递了过来，他那种坦白而诚恳的态度，使我不得不领受这人情。

喝过几口之后，委实觉得胸心畅然，知其好而不知其所以好，于是我便带着赞美而感激的神气说："你老人家说得不错，真是甜而香，谢谢你这样多情。"

"哈哈……"老头儿得意地笑了，"好，老先生。没陪，我坐在这儿已太久了。"老头儿起身担了水桶，一跛一跚地去了。我独个儿坐在石上，静静地欣赏这井的神秘：舀去一瓢、一桶、一担，无数担接一连二的水，可是水的来源，似深远无涯的海洋，直往上不断地涌着。最可怪的，很久不去理它，水也不盈出井口，始终保持它固有的深度。

卖水夫从白沙井等了很久很久的时候，才挑得一担水到城里，最多还只卖五分钱，如社坛街、里仁坡、吴家坪等处，还只能卖得两分钱至三分钱，有很多人家，为一个铜板也尽量和他争执唉！想着，要等待如此久的时间，要挨过如此远的路程，为一个铜子去争执，这是多么残忍的行为呀！

（原载长沙《力报》一九三七年五月三十一日，原题《白沙井的神秘》）

第二编

市井工商

老　方：
长沙哪块地方最热闹？八角亭！

讲述人生平同前。

　　凡是到过长沙，稍为熟习长沙情形的人，你去问问他："长沙哪块地方最热闹？"他必不迟疑地答道："八角亭！"这是谁也不能否认的——八角亭是长沙繁盛程度的代表地。

　　八角亭这条街，并不见得"既大且长"，而且他还是一条短而窄的道街；不过路道十分整齐，十分壮丽。我们站在端履街尾用镇静的头脑睁开眼睛看看吧：麻石路是如何平坦！商店是如何热闹！车辆是如何的多！行人是如何的拥挤！大绸缎局有"日新昌""大盛""瑞礼丰""九福"；大百货店有"国货公司""新世界""太平洋""三友"；大钟表行有"寸阴金""华成"；大西药房有"南洋""五洲"；还有一个顶著名的南货号——九如斋（据说"九如斋"三字的来历：因先有"三吉斋""三泰斋""三新斋"，三三如九，九如斋），单就他们门面的装饰而言，高高的西式洋房，矗立云霄，又庄严，

长沙街市　摄于 1927 年前

又精致，又雄壮，还用最时新最摩登的样品陈列在玻璃窗里，多华贵！多惹眼！处处闪耀生光，绚烂夺目，表现得穷奢极欲，尽"诱惑"的能事。假使穷人们身历其境，真会不期然地觉得自己渺小、胆怯，同时感到莫名其妙的惭愧，使穷人们不敢逼视。就是你放胆量进去见见世面，店员"先生"们也不得许你在那里有"立锥之地"，因为看见你那个样，疑心不是"小偷"，便是"疫神"，动不动给你两个"山"字请出。倘使你穿得漂亮一点，尤其是坐着包车进去，店员"先生"们，不但"打拱作揖"，还得亲亲热热地叫声"你老人家""老爷""太太""先生""小姐"。就是你不买他的货，他也是恭恭敬敬地"迎进送出"的。在这个时代，只要有钱，饭桶可变为才子；无钱，才子可变为饭桶。富人的屁都是香的，穷人的话是臭的，只要有了钱，甚么东西都尊贵起来了，这难怪一班"前辈人"常说"世道衰微，人心不古"了。

在那里，我们时常看见摩登青年男女，扭一扭地露出得意的神情，与穷人们作一团颤抖不已的哀愁的神情，混合在一起，显出不调和的姿态来。摩登男女的"格格"的皮鞋声，与车夫的草鞋赤脚"达达"的响声，互相应和，形成不调和的节奏，使人惊心动魂！脑海里留着不可磨灭的阴影。

到了晚上，电炬齐明，真如同白昼，到处射出强烈的灯光，交相辉映着，霓虹灯有的是绿的，有的是红的，有的是花的，老远望去，真像五光十色的万花筒的集合体，身入其中宛如到了琉璃世界。还有几座收音机，不时放出抑扬顿挫的歌声，陶醉了每一

个行人的身心。这些，真可以使见闻鄙陋的人们，骤见了，疑惑
是在做梦咧！

　　总之，长沙繁盛的代表物——八角亭，是长沙的精华，也就是
湖南的精华。

　　（原载长沙《力报》一九三七年七月二十五日，原题《八角亭速写》）

老　方：
南大马路的名字，几乎没有不知道的

讲述人生平同前。

在十年以前，也许在六七年以前，整个南大马路，还是如普通村落一般的荒凉寂寞，为一般人所遗忘。时代的轮齿，不住地向前推动，才几年的时间，南大马路一变而进化成一个热闹的地带了。它，好像是一个村女，在城里住了几年，就有着奢侈的习惯，变为一个摩登的姑娘。南大马路的名字，在现在提起它，确是只要关心长沙进化史的人，几乎没有不知道的。

南大马路不仅现在是繁盛的地带，而且是很重要的地方，粤汉铁路经过这里，长潭公路也经过这里，左边有军事上最重要的子弹库，从乡里到城里来，这儿几乎是必经之道，所以开明公司特地在这里设一辆或二辆汽车，专门载这条路上往来客人。因为南大马路有这样重要，同时虽然热闹却带有不同城里红尘十丈、烟雾弥漫的气象，因此一般阔佬便互相竞争般你起一栋房子他起一栋房子，如雨后春笋一般出现着，其中的洋房最大要算罗师长的公馆了，光说地皮都足有五六百来方，里面有篮球场、停车处、花园，一九三七年新型的洋房，齐整的树木，修饰得特别美好，真不愧要人的公馆。沿马路入打靶场那方走，罗公馆附近有段坟山，这山上却形形色色，许多不同的表现，因山是黄泥层当然黄泥最多，穷孩子们的足迹几乎遍满了这整个的山，所以这儿在穷孩子的眼中看来，是他们生活富源的供给地。其次，它给死人的地方宽阔，又在野，极宜于烧灵屋、烧包、烧钱纸的——这是它第二个般用。再为了这儿是义山，许多穷人，便在这里用草、用篾，或用木板，随便地搭起一座临时公馆。屋的形式，大约像帆船式或圆式，间有屋式者。里面的主角，多系他县或他省逃难到长沙来的，他们的职业，男的多卖黄泥，拖砖物，或做小生意，女的则多替人家缝衣或沿街乞讨。为了写这篇稿，我还亲自到那里去参观参观，他们所住的屋极矮小，吃饭睡觉大大小小男男女女，都是在这一间屋子里休息工作。被帐污秽不堪，里面的人，无一不蓬头垢面，走拢去，一股怪难闻的气息，直冲上来，真叫人作三日呕，这种人，又如何知道要讲卫生，又如何能够讲卫生呢？

三月天，东南风一阵阵地吹来，吹动了风筝的翅膀，在清晨或夕阳下山的时候，时常有疏疏朗朗的蜈蚣风筝或彩蝶风筝、鹞子之类的风筝，在天空飘荡着。还有一般穷孩子们，买不起风筝，同时又没能力扎，只得做一个极简单、极容易的瓦片风筝，在许多又美丽、又高远、又有意义的风筝间，夹杂着一片矮小的瓦片风筝，显得特别的可怜，然而在小孩子们脸色中，可以瞧出他们并不觉得自己渺小，觉得惭愧而羡慕人家，这种不为物利欲所诱惑的心恐怕只有纯洁的小孩子才有的吧！

山的那边，是育才中校，由于走山上比走马路要近些，故每日于早晚时常可看见青布青年在山上蹦蹦跳跳地一来一往，在他们的神气中，显示着富有无限的生机，像一朵含苞待放的鲜花。

雨天，南大马路有点不好的地方，便是路上烂泥太多，行路颇感不便。晴天，汽车往来时，飞尘四起，有碍卫生。然而，南马路将来的希望是无限的，依着过去惊人的进步，谁又料想到在近年内不会改成柏油马路呢？朋友，大家期待着吧！

（原载长沙《力报》一九三七年四月十日，原题《南大马路速写》）

老　方：
游路，好比是纯洁无瑕的村姑，没有半点俗气

讲述人生平同前。

夏天，只要稍有闲时闲心的谁肯整天闷在屋子里，只要一到烈焰般的太阳渐渐西沉的时候，大家都必得到外面去逛逛，兜兜风、歇歇凉，以安慰整日的疲劳。

天心阁虽然是兜风歇凉的所在，但那是一个罪恶的渊薮，她好像是一个极美丽、温柔的妓女，本身是被玷污了而失去她的纯洁的，每天必得有若干西装革履，梳着光滑的上等司丹康，就是蝶姐儿嗅着香气也不能不停留片刻的摩登男子，在独个儿徘徊张望，或携着情侣在谈情话；更有若干女人，把头发烫得卷卷的微波形，薄薄的绸衫，袖子短短的，短到几与肩部平行，露出雪藕也似的肉臂，脚上是一九三七式的高跟鞋、短袜、衬裤，走起路来，扭扭地，她全身的轮廓随着步伐波荡起来，一阵风吹起薄衫，就好像没着裤地露出皙白的粉腿，香粉气随风送来，陶醉了每个人的心身，她们总是

笑眯眯地对着她理想中所看到的男人们，眼珠儿斜溜着作会心的微笑，或是骄傲地跟着男人缓步游览，或吃着苦茶在娇笑。总之，那是可以加上"人肉市场"的称号，全是诱惑、欺骗、虚伪、罪恶的制造厂，构成黑暗的因素——表面是美丽温柔的。

于是在这种场合情形之下，多数人歇凉的目标地移往游路上。游路，立刻占着每个人的纪念——除开不为避暑而另具用心的人吧。

游路，好比是纯洁无瑕的村姑，没有半点俗气，绝少如天心阁上我上面所描写的男女，绝少虚伪、险诈、诱惑、罪恶的现象，而游路的景物，也纯出乎自然。

游路是一条长约三里曲折的道路，从天心街起到妙高峰上，从前道路十分崎岖难走，现在已大部分修筑好了，但是还有多数地方，凹凸不平，同时两旁太简单，没有树木，也没有栏杆，全是光秃秃的，而两旁有的是坟地、深塘，有的是很低的地方，从上面望下去，很有几分危险性，这是游路最大的缺点，未免美中不足。

一到黄昏，游路上的游人便摩肩接踵，但是在这里歇暑的，大多数是小商人、工人，或中等社会，最多是下等社会层的游客，没有十个以上的摩登男女，没有所谓有闲阶级。路的两旁，摆着四方桌凳的饮茶处，茶资便宜得很，一百六十文一大壶，比起天心阁的一角钱一壶的茶，相差得很远，至于饮冰处、咖啡店，这里压根儿找不出。游路，完全是朴实、简单、坦白、纯洁地过着新生活的地方，纯粹的平民社会相。

游路上的风景线，我认为最美丽的要算妙高峰，妙高峰为全市的最高峰，比天心阁也许还要高，站在峰上，全市的景物可以尽收眼底，任你的眼睛支配着：麓山静静地躺在那里，湘江上的船只，很清楚地在那里上下浮游，风帆鼓起了，使人联想到鱼肚！那么相像的。灵官渡的黑铅炼厂、电灯工厂、电磁厂的烟囱高插在云霄，以这局部看来，很可以与英国格拉斯哥并驾齐驱。

南园下现在有一处新的点缀——潇湘一览亭，已经快要建筑成功了，亭全是石质的，颇有古代亭阁风味，据说此亭的建筑费为四千元，福王墓预定建筑费六千元，将来全部成功，长沙又加了一个名胜地。

但是，一万元去花在复古，用于修筑死人的坟墓，起个劳什子潇湘一览亭，未免太不聪明，太不值得，为什么不拿去做实践的工作，与社会发生伟大功效的工作？我这般忧郁地想。

（原载长沙《力报》一九三七年八月十二日，原题《游路上的风光》）

144

四 夫：
长沙人，在夏夜，总是赴中山马路与城南马路，去欣赏夜赐予人的温娴庄静美

讲述人生平不详。

夜，沉静的夜，阴森的夜，富有粉红色诗意的夜。

当深灰色夜晚，笼罩着大地的时候，全宇宙已随着静息了，这时，只有都市——伟大的都市——还奏着夜的交响，好像夜神，是人间唯一慈爱者，在蛾眉月下、在电灯下、行人道上、饮冰店中，还有不少的人们在蠕动，在探讨夜的神秘，在领略夜的清幽，在感受夜的愉快。所以长沙人，在夏夜，总是赴中山马路与城南马路，去欣赏夜赐予人的温娴庄静美。

城南马路，是寄居长沙南城一带人们的夏夜散步处，与中山马路，是不可同日而语的，因为她没有中山马路那么多的铺户与伟大的建筑，她只有两旁成行的柳条，她只有一些颓败不堪的穷人窟，她好像是一位没染都市脂粉气的村姑，虽然有几栋洋房子，但还是如一个雪白脸儿，生上几点黑痣，所以城南的人，就把她当作个夏

夜纳凉散步的好所在。

　　强烈的夏日，慢慢地在西山落下去了，夜，沉静的夜，又姗姗地来到人间，温和的晚风，拂着碧绿的柳丝，踏着曼妙的狐步舞，这时，城南马路，已恢复那春日行人拥挤的故态，从南门口，汽车声是那般怒吼着，但有时还不能叫开一堆一堆的行人。刨冰担子、西瓜担子，也是如湘流河岸的一样星罗棋布，雄峙城南高处的天心阁，如一位咖啡店女侍者，带着媚人的倩笑，招徕主顾，阁上的游人，一时拥挤得多了，后来者就不得不放弃天心阁，沿城南马路走去。

　　马路上，最多的，除行人外，要算茶铺子，热天喝茶，本是件最愉快最舒服的事，不过，听说茶铺子，是不顶大讲究卫生的，喜欢在那里吃茶的人，并不是一班卢仝、陆羽，品量一些什么龙井雀舌，他们权只暂借为躺躺凉罢了。生意最好的，要算是望心阁和普天春，最后，佛教居士林前，也开了一个露天茶园，借作一班士女的纳凉所在，想生涯一定也不恶，还有一批野鸡茶铺子，是开在马路两边的，桌子、凳子、藤椅子，如国货陈列馆的货品陈列，间或在树杈上挂一两盏电灯，以破夜晚的黑暗，我深羡他们在树荫下煮茗，有一种世外桃源野人炉火的诗趣，只可惜这里有喧嚣的市声，有太俗的茶客，没有点田园泉石、绿树青山自然生活的伟大气象。

　　经过了天心阁动物园，在右边，就看见一块市招，周围装着几十盏电灯，衬出一种辉煌灿烂的景色，这是南大露天电影场，也是一件临时的投机事业。城内的戏园子，久够闷死人了。在城外，办一个露天娱乐场所，当然可以招来不少的观众，何况电影没有湘戏

146

样的锣鼓声，没有扮演者的尽力叫喊。夏夜，是需要清凉的，看电影，是夏夜最好的一种娱乐，所以就算南大电影场映放的影片是极端陈腐，但每晚看客还是车如流水马如龙地络绎不绝。如果没有雨天，他们就不肯停止一夜的营业。

蛾眉月，静悄悄地一步一步上升了，它悬在天空，俯瞰着大地，照着都市，照着都市每一个夜行者，有的在望着它流泪，有的在望着它鼓舞，但是，"月有阴晴圆缺，人有悲欢离合"，谁人又能够出脱这苦恼的世界呢？故南城马路，在蛾眉月下，游人总是有几百千种忧乐，不同的心绪，直到夜色深沉了，城南路，才恢复以前的静默状态。

目前，蛾眉月，又将变得面团团了，闷人的暑气，正是卢沟桥敌人的凶残，咄咄逼人，我们要征服敌人，就要如同征服夏的炎威一样，不屈服的苦干，那么，城南马路，才有凯旋旗帜悬挂的一天，在沉静的夜，在富有粉红色诗意的夏夜。

七，十七晚，速写于城南

（原载长沙《力报》一九三七年七月二十日，原题《城南马路速写》）

王象尧：

南墙湾，据闻这里也有些风月场所，最便宜的两角钱都可拉铺

讲述人生平同前。

入夏的天气，流汗的人们，加上毒辣的日头熏蒸，愈显出汽车阶级的尊严高贵，那气喘吁吁、汗气熏人、着犊鼻裈的人们，更显低落、卑贱了！

天空虽然是满布着灰色的朵云层，一层而至于千百层密密地凝结着，日光虽然是没有透露出来，可是，温度侵袭着人们，除掉张口喘气以外，还有汗液像泉水般涌出。在这样一个氛围中，我骤然想到去巡视一番，做一个有趣味的探讨，于是乎决定去游历一个长沙市区域，在河岸的一个街，地名南墙湾。

在十里洋场，是号为热闹之所，土沥青铺就了光滑的道路，汽车飞驰过也远逐起轻微的软尘，高大的建筑物矗立在云表，虽然不像圣经里所说的天堂，至少也可说是一个小乐园，哪里还能意识到有这样一个所在，是与地狱差不多的所在呀！

148

假若是你向中山西路尽头展望，伟大的建筑物和清洁的街道，都使你神清气爽，你必自认荣幸，居住在繁华的都市，你要回过头来一看转左边湾巷内，虽然是些带着油垢的矮小建筑物，和含有特殊气的污水沟油，更夹着人见欲呕的货店。在前半部犹能使我们忍受，再向上走，虽然有一所类洋场中的建筑，可是，屋顶上多一个或两个冒着白气的鼻子，在它的下层，又沾了些红红绿绿彩色纸片，上面还印着些字句，什么生生堂包治百病，天福堂一服见效。再看两旁的房屋，不是锅里煮着长一段短一段猪肠（不知是什么，与猪肠类似也），汤是灰色，同时面上还浮着白色泡沫的小酒楼，就是盘子贮着红的、青的、黑的，带着腐败臭味的饭店，再就是木板架楼，满摆上桌子板凳，论情说公理的道场，敲诈斗殴的发源地。

再向前走，有一座板楼矗立，这板楼就是所谓公道场的大华楼，这里的顾客，大都是大自然派的信徒，拖鞋、披衣、赤脚、大蒲扇、张嘴"妈的×"，就是这些人的口头禅，所办的事物，不是张家借李家的钱，张家恃强不还，凭人说理，拉桌子，就是报仇雪恨，示威、吃讲。是老长沙，大都知道，南墙湾也就此出名了，深深地刻画在人们的脑海里。再就是械斗，间常要发生，原因是，有许多箩码头工人争夺饭碗问题，来解决吃的生活，但是，械斗的事近来是不多见了！

据闻这里也有些娼窑，最便宜的两角钱都可拉铺，进门去，没有香烟茶水，没点缀陈设，只半张床板，一个女人。苦力们进去，总是赔笑脸、扯谈（俗称搭桥）、男女之事，三部曲，片刻奏完。让人担心的，这儿是梅毒的大本营，暗娼、野鸡，此地也是不少的，触目皆是。

在醉生梦死的人们脑海里，绝不能意识到有这样一个所在，即或看到，也不过掩鼻而过了！仅仅只添下了恶意识，也绝不会有所感觉——不过也不需要他们同情，只请负改进社会责任的人们，设法去改善这个环境吧！

去救救可怜的人们啊！

（原载长沙《力报》一九三七年八月二日，原题《逛逛南墙湾》）

骈：

仓后街，可以说是上海的望平街，其原因，就是报馆多

讲述人生平不详。

天天走仓后街过身，仓后街之一切，似不可无记，爰作仓后街小记。

仓后街，可以说是上海的望平街，其原因，就是报馆多，君如不信，屈指一算，《大公报》之外，来上一个《市民日报》，《市民日报》之外，再得来上一个《晚晚报》，转一个弯，又是《国民日报》。

仓后街，有一个总商会，是全市商联，也是全省商联，商会的会议厅上，有一块匾，匾上说"赖及万商"，这倒是真话。

商会里面，附设了许多的会，看到了头门口的墙头壁上，纸糊的、木刻的招牌，便可以找得证明。

进商会的门，便可以望见许多的包车，他们真正的是有车阶级么？

商会里有一条蛇，据说是守仓的，有神蛇之称。

从商会的前面进去，可以去远东（咖啡店），但是，却又有此处不通远东的纸贴儿，其原因，大率是人太多了！

仓后街，有一家算命的，叫作谭逸子，你先去算一算命，如果算命先生说："先生，你的八字不大好，今年恐怕要有不测之祸。"

你听了此话，不必慌，也不必忙，赶快到隔壁上林寺，请和尚替你念上一堂经。

要是，算命先生的话果然不灵，那么你一时气愤打上一架，自有西三分所的巡官，为你解纷，因为，仓后街还有一个小小衙门呢！

假定你真的病了，那么，有办法，仓后街有医院，精益中医院找何南生先生。要何先生也说没办法，不打紧，仓后街有的是棺材店，有了棺材，不打紧，还有裁缝店，可以缝寿衣。入了殓，有黄白串钱店两三家，多烧一点，到阴门发财。另外，请上林寺的和尚，为你做佛事，做完了佛事，还不打紧，有兼善堂呀，扛行公所呀！管教你会有人抬。

假定你入了殓，做了佛事，抬上了山，你如果有名的话，还有新闻纸替你发新闻，登恕讣不周。

你如果是要人之后，要借青年会开追悼会也近。

所以，仓后街，倒与死人有一点关系，有人说，可以叫作"慎终街"。

从前很狭隘，现在宽了一点，每天的黄昏，常常是车如流水马如龙，到青年会的，到远东都打从此地经过。

　　仓后街就此结束，明天写八角亭。

（原载长沙《国民日报》一九三二年十二月十八日，原题《仓后街小记》）

骈：

皇仓街的人，别的消息不大灵通，可是起火的消息，他们却又有优先权，因为第一救火队，便在皇殿坪

讲述人生平不详。

写了仓后街，似乎不可不写皇仓街，皇仓街是一条很短的街，虽然是一条很短的街，可也有值得一写的所在。

资产阶级的结婚，买木器一定是要到坡子横街，或者是要到登隆街新华昌，可是小资产阶级之流，谈何容易，梳妆台一只，价洋八十元，铜床一具，也是三百之数，那么，当然不能不另觅出路。如是，皇仓街也者，便是小资产阶级结婚买木器的一个所在，它若无产者流，产既无矣，那么，买木器更是不急之务，纵令想买一点撑撑场面，也不会光顾到皇仓之街，而会到东长之街，与乎流水之沟一带了！

皇仓街，有的是木器店，店子里的木器有坡子街一带的新奇，而没有坡子街一带的价钱，话虽如是，可是只有错买，没有错卖，原来皇仓街的木器，可也有其他的劣点，漆水不好，不能耐久，容易脱省，所以，有许多的人，还是忍痛到坡子街去。

皇仓街的人，别的消息不大灵通，可是起火的消息，他们却又有优先权，因为第一救火队，便在皇殿坪，所以，起火的消息，皇仓街不会落后的。

我们不能不为皇仓街打住的诸位先生表示安全，因为有了救火队，纵令不幸失慎，也无庸远求，远亲不如近邻，更况近邻是专管救火这一件事的呢。

皇仓街的人，可以大胆，可以放心，可以自豪，皇仓街有的是水龙。

皇殿坪，又有一家报馆，同行之间，我不想说什么，如果读者说我左袒的话，等我找到了可说的事情的时候，再说一下。

皇殿坪有一个关帝庙，在皇仓湾里面，这一次，朱总指挥绍良，到咱们湖南，便打住在那儿，不过，可没有蒋老板来时那样的神气，也没有熏香，也没有油漆，不过，据说多少要比乞丐收容所的设备，要考究多些，因为一在人间，一在天上，总不会如鸽子笼式一样的狭隘恶浊。

从前，今之华佗的詹法师，据说也是住在那里面。

那里面，又是国术训练所，自然，有许多的英雄豪杰，托庇在关老先生之下。

十八师的办事处，也在那里面，从前，长沙有名的胡福珍，据说也在那里面安身。

皇仓街，有一个医生，据说是有名之士，他和西医余严，打过一场笔墨官司，中医中药之未曾废除，这位先生实有大功，若论他的名和姓，他便叫吴汉仙。

此外，就要写到远东了！远东是今非昔比，据说电影生意，已赶不上《医验人体》与《火烧红莲寺》的时期，汉剧如今是偃旗息鼓，理发店是维多利的前身，咖啡店虽然增加了"丢那妈"式的点心，侥幸没有人骂"丢那妈"以出门，只有五角钱一客的西餐、便餐，那还说啥，楼上的中餐，不便说，也就无可说。

皇仓街，还有一个大特色，就是有一个女子合作社，不过，合作到什么程度，有什么成绩，记者非女人，至今还是疑问。

另外，还有一个税收机关，有两家旅社：一、星照楼，星照楼的前身，是日新女子美术学校；二、渌江，星照楼的生意，据说赶不上渌江，其原因，正就是渌江是渌江人的渌江，如今的渌江人多呀！这话，又近乎嚼舌头，打住吧！皇仓街小记，就此完结。

（原载长沙《国民日报》一九三二年十二月二十六日至二十七日，

原题《皇仓街小记》）

骈：
药王街也者，如八角亭一样的是一条太太小姐之街

讲述人生平不详。

从八角亭朝上走，便是药王街，不提起药王街，倒还则可，提起了药王街，又令人恼恨，因为药王街也者，如八角亭一样的是一条太太小姐之街。

买鞋子去，那么，不用说，一定是到药王街，药王街有两家大鞋铺，一头是云飞，一头是美利长，这两家鞋店，总算是承太太小姐们的青睐，造成今日的一个局面，若是到了星期六、星期日，柜房里的伙计，更是手忙脚乱，有许多的女学生，都上这里买鞋子。

女学生全是买鞋子穿的么？自然，时至今日，跳舞与写情书之不暇，又何暇及此，于是乎"球鞋"一物，成其为鞋店里的出口大宗了！

太太小姐们，在八角亭买了衣料，做了新衣，打了香水香粉，再上此地买一双鞋子，收拾打扮，不可无以纪念之，那么，在鞋子

买就之余，便不用转路，药王街有的是照相馆，头一家，就是金粟影，再走过一点，就是裕新公司，此外，白绘素楼、锦华丽，再走一程，又有镜中天。

假定你到裕新公司照相，"大总统徐世昌"，他不慌不忙地替你照上一张，管叫你满意，照完之后到唱机间去坐一忽，告诉你，高亭的、百代的、胜利的、蓓开的、梅兰芳的、王凤卿的、马连良的、言菊朋的，要什么有什么，买一架机器，选择几张片子，留在家里，消遣也是好的呀！

由唱机间下来，更有许多太太小姐们所需要的在。

从裕新出来，对门一个大纸烟店，你家老爷爱抽茄力克，无妨买两厅。

再走一程，又是广昌，广昌的东西不少呀！小孩子的帽子、衣，应有尽有，虽然，价钱不太公道，横直你是太太，好在他是少爷。

有时候，广昌又被许多男女学生所光顾，球鞋呀，三元六的外套呀！网球呀！另外，再有克罗呢呀！好不好，这，我不敢说，不过，有人说，有点含灰。

东跑西跑，你肚子里感到微微的饿意，那么，隔壁就是南国酒家，吃点心也可以，吃菜也可以，天气冷吃边炉似乎合算，还要经济一点，两个人，吃两客鱼生粥，下午，无庸泡菜，二角二，四角四，六分钱小账，还想经济一点，就来一客炒面，只三角钱就够了，另多叫茶房捡十个包子，每个五分五，回去给小毛吃。

阿四在南国门口等生意，看到一切的客，吃得红光满面，便不

158

觉垂涎三尺,等到他掉头一望,对过有一个卖粉的,他那一口锅子里,包罗万象,有一个个的蛋、一块块的油豆腐、一束束的细粉。

假定你是大少爷,从南国出来之后,那么,我又告诉你一个捷径,南国的对过有一条高家巷,高家巷里有许多的女人。女人之中,有一个湘君,虽然是俎上之肉,但是,你得又小心一点,因为新闻界中,有赏识她的人。

镜中天的对过,有一个教会,今天正女礼拜,后天又大礼拜,明天是圣诞节,也许是它的一年的全盛时期。

在药王街照相店子的宝笼里,可以看出各式各样的变迁,从前,是什么样人当道,现在,又是什么人当道,因他所刊出的小照,便可以证明,现在所有的是蒋介公的小照,张不抵抗将军的小照,无疑的,他们是政治军事方面的要人。此外,裕新公司,有一张"女作家谢飞鹏"女士的小照,有一张"唐夫人黄行芳女士"的小照,虽然,左邻右舍,是小桃、爱花之流,可是,得笼之玻璃,也无异笼之碧纱,总算不可一世。再说,就有清风道人的小照、柳森严的小照,在各种名人要人女人照片之下,便不知有许多人的崇拜,不过,我告诉你,所有的照片,只好了一张刘福屏的和一张林敏东小朋友的,其余,是盛名之下,其实难副,人犹如此,相何以堪。

药王街还有一家特大的绸缎店,天申福。此外,还有福康,民隆、华丰的另外一个门面,也在此地。

写到这里,似乎遗落了一家美华利,告诉你,美华利有漂亮的电灯泡、电灯盖，也有留声机，太太小姐们所需要的，也似乎应有尽有。

　　药王街，不想写了！有什么可写呢？只不过是替他们做一次义务广告。

（原载长沙《国民日报》一九三二年十二月二十四日，原题《药王街小记》）

骈：

八角亭，在长沙要算数一数二的阔街，黄金之路。它是绸布业的大本营，也可说是有闲阶级与资产阶级的街

讲述人生平不详。

普通的人，都以为八角亭也者，在长沙要算数一数二的阔街，黄金之路。其实，一眼看到八角亭的最下层，那么，就整个的长沙市看去，第一把交椅，还是要数到坡子街，八角亭是繁荣则有之，说到阔，那么是"则未也"。

八角亭是绸布业的大本营，这一头是大明，那一头是大盛，大盛对门又是华丰，两大之间，还包含了日新昌、时新昌、九福、大纶昌，另外再来上一个自命不凡、麻雀虽小肝胆俱全的诚记。

绸布业之外，就要轮到百货业，大五洲、新世界、罗威、太平洋，另外再加上晋泰隆的前身的大中华。

此外，还有两家药房，大华、华美，太平洋据说也有药买，至于中药店，可就只有一家。

再以外，就要数到吃了。无庸说，先要数到九如斋，九如的生意，是好得其不可形容，九如斋之外，就要轮到昌兴公司，昌兴公司的广东月饼，有一个要卖八十元钱。

八角亭之中部，有一家面馆，叫作清溪阁，据说是数一的面食店子。那头的半雅亭，以前是不可一世，现在是关门大吉了。

这一条街与穿、吃两字，倒有密切的关系，在这一条街上，成日地看见买绸缎的小姐太太，买食品的少爷老爷。

穷人们，望了八角亭，只有叹气。

穿了新衣的姑娘，要在八角亭出风头。

摩登的大少爷，要到八角亭找工作。

包车、汽车、摩托车，来来往往。

有时候，也有穷人在阔人跟前讨钱，不过为着关系市容，自然有警察的驱逐。

这一条街，是有闲阶级与资产阶级的街。

带了你的姨太太从南门口进门，先在大明扯衣料，不合式，还有时新昌。有了衣料，就得买粉、买香水，间壁就是新世界。在家里的时候，大毛说了"妈，我要糖"，那么，再到隔壁。隔壁是昌兴公司，再走一程，大中华拍卖，不妨再买一点，对过是九如斋，九如斋的东西多呀！走出了九如斋，抬头望寸阴金的钟，已经四点三刻，那么，到百合便路，到远东也便路。

这一头在白马巷看了皮货，王三说："小毛，扯面子不？"

出口，便是大盛，大盛是货真价实，左先生更会拉生意，大盛对过，有大华，香水、香皂、七块钱一盒的粉、五元钱的袜子，要什么有什么。

"小毛，吃便饭。"

从新街口转弯，有同春园，同春园再过去一点，有半仙乐。

小毛说："不去呢！"你无妨再劝一下，走青石街转弯，还有徐长兴，还有玉楼东，还有奇珍阁。

女人们所喜欢的东西，全在八角亭，你如其要和一个女人要好，请你先带她上一趟八角亭，她的心，便被你拿走了！

有许多孤零零的女人，对着八角亭店子里的一切，在发愁，在叹息。

许多的男人，在诅咒这条街。

八角亭可以看见各式各样的怪人，闻到各式各样的气息，领略到各式各样的面孔。

末了，告诉你，到了晚上十点钟，或者十一点钟，八角亭有最便宜的晚报，每张只有六十分，但是，你可要小心，它是昨天的。

（原载长沙《国民日报》一九三二年十二月二十日至二十一日，

原题《八角亭小记》）

骈：

举凡郭沫若、王独清、叶灵凤之流的大作，经常是在泰东书局的宝笼里发现

讲述人生平不详。

这一条街，与知识阶级之流，要发生了一点关系。这一头，从走马楼，或者从万庆街，或者从皇仓街转弯，开始一家石库门面，便是大东书局，大东书局的对门，便是鸿文书局，大东有大东的书，鸿文又有鸿文的书。

从前，大东书局，似乎没有什么书，最近，新书是比较多了一点，因为开明有中学生，大东如是便有现代学生，鸿文有的是书，大东除书之外，还有运动器具，还有文具。

从前，是只有绸缎店廉价放盘，可是大东书局，有时候，也廉价放盘。

南阳街的中部，从前有一个泰东书局，专销创造社的书籍，举凡郭沫若、王独清、叶灵凤之流的大作，经常是在泰东的宝笼里发现。不知道为着什么，这个书店在我们之前，没落下去，最近又在

164

大兴木工，据说是开明书局承租了。开明书局，原在此地，因为改建门面，又与府正街的民治合并，此刻新屋既成，那么，回光返照，是必然的事了！与开明在一块儿的，还有一个湘芬书店，湘芬书店，原本开在荷花池。

开明书店，有《开明活叶文选》，一共有古今名人的文章七百余篇，每页只有三厘钱，选讲义的教员，既然便捷，读书的学生，更其容易购买，只是，开明的伙计有时也有点"不文化"，多选几次，多换几回，便会有点不高兴了！

在那一头，还有集美堂，以运动器具为出卖品的大宗，书籍是少而又少。集美堂隔壁，便是世界书局。世界书局，是 ABC 书局，不信，打开世界书局的书目，左一本《民众教育 ABC》，右一本《财政学 ABC》，在 ABC 群书里，要什么，有什么。

在另外一边，就有锦章、广益。书店里，也最会投机，有《东方杂志》，便有《世界杂志》；有《中学生》，便有《现代学生》；有《妇女杂志》，便有《新女性》；有了《开明活叶文选》，便有《广益活叶文选》。不过，广益的实在是"不活"，是一本一本地卖，而不是一张一张地卖，既然如此，又从何活起？

就南阳街所有的营业去分析，书业固然列于第一，眼镜店可也就不少，自然地，南阳街的眼镜，要比寸阴金，精益便宜多多了！

在南阳街，有一家南阳馆，因地得名，据说菜既可口，价又便宜，不过此系得之传闻，确否碍难负责。

在南阳街，还有一家不可遗落了的陈嘉庚，陈嘉庚的饼干最好，八角洋钿一盒，只可惜贵了一点，套鞋，也是陈嘉庚的出品，不过，比其他的套鞋，又要贵一点点儿，车胎、高跟鞋、跑鞋，应有尽有，另外，有万金油、头痛粉，与通便锭之属。

在南阳街，还有一家硕果仅存的邮政支局，在邻近府正街这一头，在暑天里，有家皮鞋店子，又常常卖冰。

写到了"皮鞋"二字，南阳街的皮鞋店子多呀！也比较其他地方的便宜，女皮鞋既漂亮，又姿式，每双只有二元八，这我尝试过，胆敢介绍。

南阳街还有一家啡啡伞店，伞与皮鞋，皆为雨具，买完了皮鞋，便去买伞。

另外，还有一家记不清招牌的宝号，它有人参燕窝卖，它也有香肠牛肉卖。这，总算是别开生面一种混合生意。

女学生买皮鞋，似乎要到南阳街，出得价的，上陈嘉庚，出不得价的，还有其他数家，男学生买书、买文具、新年到了买卡片，也要到南阳街，新书买不起，转一个弯，便是玉泉街，玉泉街有的是旧书。

这几天，南阳街是络绎不绝的男女学生，再过几天，邮政局里的先生，会忙得不可开交，因为新年到了，他们忙着在南阳街卖拜年卡片咧！

（原载长沙《国民日报》一九三二年十二月二十八日，原题《南阳街小记》）

小　玉：
在我们的回忆里，司门口确是一个值得留恋的地方

讲述人生平不详。

　　司门口，在长沙是一条神秘之街。其所以神秘，第一它是最短而且最有名的街道，第二它能象征中国社会体态的各阶段。

　　当我们从人多街窄的八角亭走出来时，眼前忽然觉得开敞起来，一座金黄色的建筑，威武而且稳健地盘踞在宽阔的街旁，这便是现在的司门口。司门口从前做过专管杀人的臬台衙门。据古老的传说，长沙所有的官衙，都是向南，独只臬署是向东方的，这是因为专司刑曹的象征。

　　光复以后，臬台大人没有了，衙门改了警察厅，警察是维持治安的，当然和臬司有所不同，不过在执行法律方面，职务却略有相同，于是在某一时期的司门口，曾经做过刑场，不管是土匪、政治犯，都捉在司门口的照壁下斩头。听说，尤其是汤芗铭督湘时，差不多每天都有革命党在司门口被杀，并且还把头颅挂在电杆上示众。

167

从前长沙人有句骂人的话，说是"你要到司门口去的"，其含义就是骂人家去砍头，后来刑场移到浏城外的识字岭和曾家冲，这句话才慢慢失去了效用，而"司门口"这名词，在一般人的记忆里，也无复有恐怖的存在。

　　司门口的本身，虽然是短短的一条街，但它四方为邻的，都是些热闹的街道，所以介于八角亭与红牌楼之间的一段地面，也连带得十分繁华，只要你跑到司门口看看，纵使是那么宽的街市，也显得十分拥挤呢。

　　然而司门口的繁华，并不是在平时可以见到的，每当旧历过年的前后，司门口便格外地令人向往，尤其是小孩子们，到了司门口，便好似入了他们的天国，因为那里有的是各种玩具与灯彩。

　　在我们的回忆里，司门口确是一个值得留恋的地方。旧历元宵以前的半个月，这条街道，以及从前照壁里边的广场上，满布着玩具摊担，密密地、一层层地摆设着，连人都挤得走不通。这些玩具，有"刀枪耀目，剑戟森严"的各种木制武器，也有洋货的火药手枪、汽车的模型、气球、假面具、胡须，凡是适宜于小朋友们的玩意儿，都是应有尽有，无美不备。

　　还有灯彩，也是以司门口为集中的市场。这些灯都是本地装潢纸扎业的手工艺制品，在年前的一个月中，早已预备好了，只等到开年，便挑到司门口处卖。灯的形式有最精美的彩灯，用上等质料如绫绢之属制成的，多半是"独占鳌头""麒麟送子"这一类的故事，这种灯普通人买的不多，大约都是供给新添了儿子的人家用的，这

司门口省会警察局前的广告墙

可以说是陈设用的灯彩。

适于小孩子玩的灯，大多是用纸料扎成，大的有丈多长的龙灯，精巧的有活动的走马灯，新颖的有虾蟆、飞机、坦克形的灯，最普通的是龙灯，有红纱的，小得很，也有纸的，上面写着"主席""总司令"一类的官衔，这大概还遗留着一些封建时代官员出来都用衔灯的色彩。

在灯市中，有一种新鲜的玩意儿，是用萝卜雕刻的小型灯，这种灯是用大的萝卜，挖空内部，外面雕成鱼虫的形状，涂上颜色，再以小油缸放在里面，点燃了分外美观。不过这东西的雕刻很不容易，非精巧纯熟的手艺不成功的。

灯市，从除夕到元宵，要整整热闹半个月，因为过年，小孩子们都有几个压岁钱，大人们口袋也比平常充实，利用这些花花绿绿的灯，奇奇怪怪的玩具来吸引小顾客。于是许多双小眼睛，自然望着他们的玩具发呆，许多的小手，自然会伸进钱袋里去。

相信我们的读者们，多少是经历过这种时代的：小时候过年，拜完了年，睡醒了觉，结伴跑到司门口，目迷五色地东张西望，这样瞧瞧，那样掂掂，结果，一大把的玩具捆载而归，钱袋算是如数解决。

这几个日子，正是过年的当儿，不信，你们到司门口去瞧吧，哪一个卖玩具的不是张口笑？哪一个小朋友不高高兴兴地向司门口跑？要看年景，除了司门口，找不出第二块地方。

从前的司门口，还有熟食担子是最有名的，米粉、油条、烤红薯，这些担子也占有不少的地面……于是司门口简直成了一个小小的市集，大有取火宫殿而代之的趋势。

不久，公安局建了新屋，在移居大发之后，第一步便驱逐了这些小市场的摊担。接着中国银行又起了新行址，于是连照例的灯市，也被赶到臬后街去了。

如今的司门口，一眼只看见中国银行的黄色建筑，这伟大的建筑，像一条大鱼，把整批的法币，一口口地吐出，又一口口地吞进，较之从前的小市场中的一分两分的小交易，显然有天渊之别了。所以今日的司门口，已经不是大众的司门口，只有灯市仍留旧观而已。

我说司门口代表了中国社会的各方面，何以呢？过去它是封建势力的严刑峻法的执行所。有一个时代，又做过劳苦大众的集中地，如今却是新兴资本银行的势力范围。它为一般小孩子所爱好，同时也是许多英雄志士流过血的所在。它把中国社会的进化形态，十分明显地写出一个缩影，研究社会问题的先生们，让司门口来给你们一个正确的答案吧！

（原载长沙《力报》一九三七年八月一日，原题《司门口缩影》）

第三编

茶馆与交通

亦　骈：

假定四五个人坐在一块，闲得不耐烦，吃，便在这时候应运而生，我们吃馆子去

讲述人生平不详。

吃，在长沙人的心里，似乎是一种消遣，其实，不只是长沙人，上海人、苏州人、北平人、南京人，也全如此的。

假定四五个人坐在一块，闲得不耐烦，吃，便在这时候应运而生，我们吃馆子去。

讲到吃，吃在长沙，我们可以分作几个阶段来写。

先统计长沙所有的酒楼，大一点儿的，你瞧：育婴街，便是望峰对峙的有潇湘和怡园；青石桥，青石街，有徐长兴，有玉楼东，有奇珍阁；走马楼有曲园，又一村的国术俱乐部内有民众食堂的川菜馆，国货陈列馆内，再附设有三和酒家；吃下江菜，有金谷春；吃广东菜有南国酒家，次一点儿的，有健乐园，有远东；西餐，有万利春；喝咖啡，有新亚、青春、易宏发。此外，吃面，老牌有清溪阁，后起之秀有甘长胜；吃粉，有爱雅亭，爱雅亭的对道，再有个新开的馄饨店。就整个的长沙说，吃在长沙，总算是有相当的发展。

潇湘的老板，是宋善斋，据说是四大金刚之一，潇湘是从商余俱乐部内蜕化而来的。奇珍阁，据说是新闻界一捧成名，徐长兴至于今日，可落伍了，不能够迎头赶上，也不能够与潇湘等并驾齐驱，可是，讲到吃鸭子，却仍是不能忘记它。

在徐长兴的那一边，另外有一个叫福兴园的，据说，也是以卖烤鸭相号召，他是从徐长兴分着出来，而想夺取徐长兴的主顾的一个组合，不用说，价钱比徐长兴来得便宜。于是有人说，它终是赶不上徐长兴。

吃鸭子，据说有"一鸭五吃"的说法，包薄饼是天经地义，此外，便是以"鸭油"去蒸蛋，鸭肠子炒酱椒，鸭肉烧白菜，鸭架子煮豆腐汤，像这一种吃法，可以说剥削无余。

川菜馆，是附属于民众俱乐部内，四个大字，表明了它是民众食堂。但是，在半年之前，有人说，那里是民众食堂，简直是食民众堂。

南国，是吃广东菜的所在，有人说，真正的广东菜，南国还没有，正如同票友的京戏——湖南京戏，而可以名之曰湖南广东菜。

讲到曲园，这倒是一个挺老牌的酒馆子，朋友，别小看了它，它有它的长处，许多人结婚做寿，一定要借重它的地方，而在它那里举行，正就是任凭一个大到什么程度的场合，它都可以应付有余。

金谷春，是吃下江菜的所在，从前，长沙还没有女招待的时候，

民国时期的曲园酒楼

金谷春有几位女小开，便替她们做了开路先锋，有女（女人也）万事足，不用说，自然宾至如归，现在我们还可以不时看见一个烙头发、点口红的女人，那便是最后工作的"五姐""骆老五"。

如果是有船从上海来，从汉口来的那一天，你到金谷春，朋友准定可以吃上一些"生菜"，"生墨鱼"呀、"生蛏干"呀、"黄鱼"呀！这，是金谷春的一家货，值得他自豪，也值得在此介绍。

写到这里，似乎感到以上所写的几家，仅合于"大吃"的条件，现在得掉转笔头，写一点关于"小吃"方面的。

讲到小吃，我们便不能舍开远东，舍开醒园。远东与醒园原来是一家人的，不知怎样，分着成为两家，远东、醒园，其所以有今日的地位的原因，最大的原因，是为着他有虾蟆，有乌龟肉。

从前，长沙卖田鸡的地方，只有一个青年会的会食堂，那时候，是一家货，后来，火后街有一家醒园，异军突起，便将"只此一家"的原则打破了！从前的醒园，是狭隘龌龊，来往的客，是下层社会的居多，抽完了大烟，走来吃一客饭、一碗汤、一个菜，四毛钱，少而至于两毛钱，也就得了！此外，泥行、木行的工人，为着一笔大生意的成交、上梁，都在这里"享乐"。

后来，大率是田鸡的号召力强，生意便蒸蒸日上，便将门面修饰，扩大，便有了今日的地位。

远东的老板，是醒园老板的兄弟，那一个又高又胖的人，我们上得楼来，便可以看见他。

到远东，最大的目的，是吃田鸡，田鸡有两种吃法，一种是麻辣，

178

另一种是黄焖，普通的价是四毛八，尽是腿的话，那么，便得七毛六。有时候，你如其是一个人，那么，可以关照他，来上一个半份，便只有二毛八了！在其他的地方，健乐园、潇湘，便非七毛二不可。所以，到一个地方，应该吃什么，我们实在不可不知。

乌龟肉，也是远东的"看家本领"，龟羊汤，一份是一元六，据说，这东西，可以滋阴可以补肾，只是，另一部分的人说，吃多了倒又冷精。这些，好吃的朋友，却不能不知道。

另外，再告诉你，十七八九的这几天，虾蟆是缺货的，你要是去吃，一定会没有，其原因是有月亮。有月亮，怎样捉虾蟆呢？捉不到，无疑的是缺货了！

健乐园，也是有龟羊汤的，价目也是一元六。

讲到健乐园，便使人记起我们的谭故院长。健乐园的老板，姓曹，便是四大金刚中的曹厨子。健乐园有祖安鱼翅，有祖安鸡，有祖安豆腐。以祖安作幌子，要是谭三先生泉下有知，也许会微微地在笑了！谭故院长留给人们的，难道就是这些么？

吃完了田鸡，便得吃牛肉。吃牛肉，是舍李合盛莫属，李合盛在三兴街，走到了三兴街，便可以看到许多牛肉馆子。李合顺、哈兴恒，只是牌子老，还是福源巷的老王天顺。

吃牛肉，也有吃牛肉的时候。朋友，你如其问我，什么是吃牛肉的时候呢？那么，我答复你，现在正就是吃牛肉的时候了。

在鱼塘街、箭道巷交叉的地方，有一家叫半仙乐的，现在，可落伍了！朋友，倒别轻瞧了它，它也有它过去的历史的。

在若干年之前，长沙时髦着捧女戏子，戏院在箭道巷，叫条子与吃馆子，有连带关系。近水楼台，自然是非半仙乐莫属，因此，半仙乐的生意，便盛极一时。至于今日，戏子既不值钱，半仙乐，也就跟着它一道每况愈下了！

从鱼塘街下去，大率是新街口吧。新开张的，有一家长沙酒家，长沙酒家是同春园改的，同春园吃鱼，在以前，大家都有这样的概念。同春园改为长沙酒家，长沙酒家有什么好，小可便不知道了。

关于小吃方面的，信手写来，便写上这么多。下一期，我将写一点关于早上喝茶、晚上消夜的一切，以完成这一篇《长沙之吃》。

（原载长沙《力报》一九三七年七月八日，原题《长沙之吃》）

阿　某：
麻辣子鸡汤泡肚，令人常忆玉楼东

讲述人生平不详。

一般人只赞美着"吃在广州"，而我乃写吃在长沙。其实广州固吃无可吃，长沙是否亦吃无可吃，也还待公评。而我之写吃在长沙盖缘于颇于"莼鲈"为恋耳。虽然长沙也只能算是我的"第二故乡"。

记得抗战期中，匆匆逃出长沙，八年不来，对长沙风味，乃更有恋念之感。我在八首《忆长沙》的打油诗中这样写："令人永忆长沙味，手背水鱼四两鸡。"

长沙人吃水鱼吃鸡，以小为贵，取其嫩而鲜也。水鱼虽然不一定小至手背一般，子鸡虽然也不必只是四两，然其偏向于小，则可知矣。配合着湖南人吃辣子的口味，于是"麻辣子鸡"便成了长沙的名菜。"麻辣子鸡"以玉楼东为最有名，这有叶郋园德辉之诗为证："麻辣子鸡汤泡肚，令人常忆玉楼东。"这诗，到如今还是嵌在玉楼东的壁上的。

长沙之吃，各有"专家"。玉楼东，"麻辣子鸡汤泡肚"之专家也。牛肉专家首推李合盛。吴主席奇伟，也是为之题"别有风味"四字，摆在堂中，以广招徕。到长沙来的人，无论达官贵人、文人学士，大概都要光顾李合盛一尝异味的。

"鸭子专家"则推徐长兴。徐长兴的鸭子，有一鸭四吃之法，烧鸭则以"肥嫩脆色香味"六德俱备著称。他们自己夸张着说：徐长兴的鸭子系承继陈海鹏而来；吃者云：陈海鹏清末长沙一武职大员也，家住新河，备鸭最肥，烹调有异味，于是"新河鸭"之名遂脍炙人口。当时有一副名联是："欲吃新河鸭；须交陈海鹏。"

小吃则推火宫殿。这里原来是摊担之场，小贩苦力，在饥肠辘辘之中，到这里来一碗馄饨、一客饺饵，阔一点的，二两白干、一小碗猪血、一碟蹄花，便能够受用了。长沙一把大火之后，市面日趋寥落，相反的，火宫殿里那些小摊担，却已搭成棚户，俨然成了闹市，小公务员、小资产阶级、吃租的大少爷、长沙里手之类，因为物价高涨，生活一环一环地紧缩，上不得天然台、奇珍阁那些高贵一点的酒馆，于是大家走向火宫殿。火宫殿为了欢迎这些高贵一点的顾客，尽量做出它的拿手好菜，于是"价廉物美"几个字便挂在"火宫殿"小吃之下了。一直到今日，火宫殿小吃，还保持它的荣誉，第一还是"价廉"，第二才是"物美"。于此，可以看出抗战以来人们经济生活的没落，物质享受愈趋愈下，长沙的吃，也就一代不如一代了。

吃的工具在长沙，沈从文认为这是一个特色。外省人经过长沙，对长沙留下的印象，在饮食方面必然是大盘、大碗、大调羹和大筷子——这一长沙的特色，也有长沙的味道。

品，或者为吃而品题，这是文人墨客风雅之士的事。长沙"吃的名人"近百年来，恐怕还得推为玉楼东，推"汤泡肚"的叶郎园。郎园之于吃，是有诗为证的："好吃无如叶大麻，未曾上桌口先喳。常将二箸夹三块，惯耸双肩压两家。咬破舌尖流赤血，拨开碗底现红花。最是酒阑人既散，斜倚栏杆凿版牙。"

叶大麻子，郎园先生绰号也。据说诗为湘绮先生作，确否待证。长沙尚有"叶大麻"之流者乎，对于"吃在长沙"写来必头头是道，说来必更津津有味。尚希为长沙之吃表而彰之，亦盛事也。

（原载长沙《国民日报》一九四七年九月八日，原题《吃在长沙》）

刘大猷：

长沙人的习惯是一大清早便要上茶馆去喝茶的

讲述人生平不详。

闲暇时，邀二三好友上茶馆去泡一壶茶，一面呷呷那浓浓的茶汁，一面悠闲地清谈着，这是多么的写意呢。

长沙的茶馆似乎也开设了很不少：每条繁华的街道、十字路口，以及沿河一带差不多都有茶馆的设立。它们规模的大小虽不一律，但它们营业的性质，以及内在的设备等等，都是大同小异的。

普通茶馆建造的形式都差不多：楼上是专坐茶客的，所以面积要比地下层来得大几倍，大一点的茶馆有两层楼，上一层的顾客是比较高级的人，所以一切设备也就比较舒适。夏季里，有藤靠椅、布风扇、大竹帘等，茶是真正的"龙井"，茶杯、手巾，这一切的用具都很精致而清洁。就因为这设备的精美、舒适，所以价目是要较下层的昂贵些。

下层的主顾大半是那些车夫、菜贩子、工人这一类的苦力，设备一切是远不及上层的；一间房子里满满地排着一些油湿浸透的桌凳，虱子和臭虫布满了每个空隙，黑色油迹的面巾简直与抹布没存多大的区别。但，不管这层是如何地肮脏而不合于卫生，而那些贫苦的主顾们还是感到非常的满足。

长沙人的习惯是一大清早便要上茶馆去喝茶的，同时菜贩子们将他们从城外挑来的满担的菜蔬换取了代价之后，也要上茶馆去吃点点心，所以这时的茶馆可说是生意鼎盛的时候；一群群的各式不同的人，从它的门口穿进涌出，楼上楼下挤满着人，每张带着睡意的面孔上流露着闲适的微笑。高谈阔论声、兑开水声、剥瓜子声、茶壶被击着的响声，打成一片，异常嘈杂，煞像夏夜池畔的蛙声。

除了泡一壶茶外，还要吃点点心，点心的名目也就"繁多"：鸡蛋糕、油饼、汤包、锅饺……这一类鲜美的食品是只有上层的人们尝试的。下层的苦力们，他们是不忍牺牲较多的血汗金钱来尝试那种不合算的点心，他们所吃的是那些便宜而"结实"的包子和糯米烧卖。

似乎是一种通俗吧，只要泡上一壶茶坐定之后，他们便拉开了话匣子，三三五五地谈论起来，就是从来不爱多说话的也要天南地北地和人谈笑。据长沙的闲茶客告诉我：上茶馆喝茶要慢慢地喝，要坐得久，是喝茶的"老里手"，没有等一壶浓浓的茶汁冲成了白水是不走的。

至于谈话的内容，那是从来没有一定的，像某某与某某的诉讼、某人的妻子养了孩子、某店子又亏蚀倒闭了等等，真是宇宙之大，苍蝇之微，无所不谈了。然而，自从卢沟桥事件发生以后，他们的谈锋便转移到这方面，我们时常可以在茶馆里听到一些关于抗战的理论。当然，有一些不免幼稚得可笑，但是说得至情至理的也不少。

正午时候上茶馆的要比较早晨的少多了，这时来上茶馆的大半是一些久别重逢邀来互诉离情的，或者是肚子里感到饥饿，上茶馆去吃点心果腹，再不然，便是借着泡一壶茶作掩饰，而躺在椅子上午睡。

除了普通的茶客外，茶馆里还有一种意外的生意，这意外的生意便是"邀茶"。所谓"邀茶"者是许多人被邀集来上茶馆，例如本团上出了什么事件，急待解决而又非有一个大众集会讨论的地方不可时，便由双方的当事人出面邀集本团所有的人物，如团总、街坊、保甲长等，一同去上茶馆解决。茶资是要经过事件解决以后，由缺理那一方面的人付给偿清。

关于茶馆可以说的话，本来不止这么多，例如茶房的同道等等，不过因时间的关系也只得搁笔了。

（原载长沙《力报》一九三七年八月十七日，原题《长沙的茶馆》）

涤 予:
三三两两，围坐一席。茗茶、细点，摆龙门，上下古今，无所不谈

讲述人生平不详。

　　住在长沙的人，往往喊出了"沙漠式的长沙"的口号，这不是过分的形容，因为没有适当的娱乐场所，即使有几家电影院、几家湘剧场，但太不高明，又太陋了；而且供不应求，因此大多数的人，是以茶馆为娱乐场所了。

　　记得扬州有句俗话，形容当地人的生活："早上水泡肚，晚上水裹身。"茶馆澡堂生意十分地好，长沙虽比不上扬州的富庶，是盐米之乡，但是"水泡肚"的风气也和扬州一样，不过扬州那种风气，是形成了一种奢靡的习气的，而在长沙，却又是目今大众生活正常的需求。

　　在长沙，早上上茶馆成风气，大半也是为了解决早餐问题，因为在长沙居家的人家，是用煤火，为了省煤，大都先晚封了灶，大清早要起身上办公室、上工厂、上学校、赶生意的人们等到家中生

了火，再烧开水煮食物，时间已赶不及，感觉太不方便，所以大家都借重茶馆，求解决一切，因为那里有现成的开水、茶点，直接方便。一般中下级的公教职员、工人、单身汉等形形色色的人，大都这样挤满了每家茶馆的早市。

在长沙，也有不少闲散惯了的人，他们上茶馆，却是成为习惯：一起床，就要爬上茶馆，一有空闲，更非上茶馆不可，一坐就是几个钟头，三三两两，围坐一席。茗茶、细点，摆龙门，上下古今，无所不谈，有时也变新闻天地。比较客气点的茶馆，都设有内室，因此一些年青男女们，也利用此作交际场所，静坐密谈，星期天出入茶馆的小姐们，大有人在。

另外也有一种习气，如果甲和乙出了纠纷，张和李出了纠葛，都要邀人进茶馆，谈情论理，排难解纷。做生意买卖的人成就了一宗交易，也进茶馆，老朋友见了面，也进茶馆。

现在长沙的茶市生意，是相当蓬勃，街巷都开设有茶馆，大约有二百多家，最著名的像大华斋、双品香、洞庭春、徐松泉等几家，茶点相当好，颇负一时声名，每逢星期闲散，来此作消遣谈天的人们，常是嘉宾满座。新近八角亭口可园商场，新成立的绿萍书场，也是仿沪、汉茶厅先例，备有游艺，而只卖茶票，日夜两场，场场客满。到此喝茶的人，都是有闲阶级，用意是在欣赏，已不是讲究在"茶"了。

因为如此，长沙的茶馆竟有一个特点，不但是饮食场所，也是娱乐场所了。不论上中下三等人物，多喜坐茶馆，摆龙门阵，这也从另一方面，说明了一般人感觉缺少好的娱乐，只得坐茶馆了。

（原载长沙《大公报》一九四七年三月十六日，

原题《长沙的茶馆——大众的娱乐场》）

严怪愚：

长沙的茶馆不是士绅阶级，不是有闲分子的消遣的地方

严怪愚（1911—1984），原名正，湖南邵东人，著名报人。曾任湖南力报社总编辑、中国晨报社副社长、实践晚报社社长。

喝茶，在南京成为有闲阶级的消遣方法。提起喝茶，我们总忘不了南京的夫子庙。夫子庙，有清唱，有大鼓，有说书。清唱、大鼓、说书的目的，当然是供给士绅先生们除喝茶以外的另外一种娱乐。可是近来到夫子庙去的人，并不是去喝茶，而是欣赏歌女们的酒窝了。

这是世风的转移，世风使南京的士绅们的神经似乎不是一杯浓浓的茶所能沉醉。士绅们所需要的刺激，已经由一杯浓浓的茶转移到肉感的大腿、迷人的笑眼上去了。

然而夫子庙到底也有专门供人喝浓茶的地方，那地方没有清唱，没有大鼓，他们的生意却仍不亚于有清唱有大鼓的歌楼。

我记得最清楚的是飞龙阁。

飞龙阁的规模的宏大，似乎不是我们所能想象得到的。那里，

有几百张茶桌，有各色各样的社会相。从早到晚，几百张桌上总是挤满了人，用十六个铜板买一杯清茶，用十几个铜板买一包花生米，从早坐到晚，并没有人来干涉你。

有的在高谈阔论，有的在傲笑狂呼，有的在娓娓耳语，再加上卖报的、卖小食的，以及茶房的叫喊，你简直比处在广大的群众大会中还感觉得热闹。所以，在南京人的心目中，飞龙阁是南京政治变动的总枢纽。

在长沙，也有喝茶风。不过长沙的茶馆不是士绅阶级，不是有闲分子的消遣的地方。长沙的茶馆只不过是劳动阶级的业余休憩处，是无业游民饱肚的地方而已。

这里，我想举出老照壁的徐松泉来做个例子。

徐松泉的老板叫作徐宋申，绰号"满胖子"，为长沙名人之一，现在已死去多年了。当满胖子时期，生意并不见得怎样好。满胖子死时，甚至于还亏欠六千元的旧账。死后，全店由后妻经营，后妻年龄不到四十岁，富经济才，几年工夫，便把亡夫六千元的旧账偿清，现在每年可得一两千盈余了。宋申有子名亮彩，为民国十六年湖南工运四大金刚之一，民国十八年被杀了。现在铺子里偶或可以看见一个摩登少奶奶，便是他的未亡之妻。

到徐松泉喝茶的，我已经说过，是那些无业游民同劳动阶级，间或也有几个准士绅之流。拖车子的、工厂的工友，身子疲倦了，市中又没有公共花园供他们休息，肚子饿了，袋子又不允许他们上酒席馆、进咖啡店，于是他们便一个人或邀集几个朋友到徐松泉去。

徐松泉茶馆里的茶客

进铺子，帽子歪歪地戴着，屈一只脚到凳上，茶房马上便走拢来，问你需要什么："包子乎？瓜子乎？烧饼乎？"茶当然是不要问，只管拿来！

工友的父亲，车夫的父亲，年纪来了，不能上工厂，也不能拉车子，他们成了儿子的寄生虫，枯坐在家里没有事做，阔气着的地方去不成，于是也约着几个老朋友，跑到徐松泉来，喝一杯茶，抽一支烟，吃两个包子，以消磨一天的无聊。兴趣来潮的时候，又谈谈隔壁邻舍的琐事：某人的老婆行为不端啦，某某小姐的风流趣事啦，谈得一脸高兴。假如被邻席坐着几个准士绅之流的人听见了，明天马上又可以在小报上看见一段妙章。

小党羽、小流氓，有什么预谋，有什么商讨，在自己家里不方便，由主事人发出命令，定某日某时一齐到茶馆里集会。在人声嘈杂里，边喝着茶，边紧急地谈论着——等不上几天，长沙市上不是发生小劫案，便是发生拐带案……

还有大街小巷发生了小纠纷，缠不清楚，便得投报区坊保甲，左邻右舍，邀集张家大爹、李家二爷、赵老保、钱甲长，到徐松泉喝茶评理，这便叫"吃讲茶"，这在茶馆里是每天不可少的节目。

劳动分子、流氓、无业游民……都爱惜徐松泉，因为徐松泉的地方集中，价格便宜，食品也还可口。茶每杯六分，包子每个两分，瓜子每碟三分，纸烟每支一分，大合他们的经济条件。一两角钱，便可以坐三四个钟头。徐松泉所以爱惜劳动分子、流氓，便是它由他们那些破旧票中，每年可以赚一两千块钱。

另外，据说徐松泉还有几个特点：

第一，客一上桌，每桌为你送上六支烟来，多退少补。一个人是六支烟，十几人也是六支烟——这大概是他们的习惯法了。

第二，该店自制的银丝卷与烧饼最为著名，几乎可以与柳德芳的汤圆同时垄断市场。

第三，夏季一来，全店中只有一架大布篷作风扇，扯风扇的立在街上，用力地把绳子一扯，全店里便凉爽爽的——的确是特别作风。

由喝茶我们想到夫子庙，由夫子庙想到飞龙阁，再由飞龙阁我们便想到徐松泉。徐松泉虽不可以与飞龙阁比，可是在长沙与其他的茶馆比起来，它也许比南京的飞龙阁还要重要，还要著名。

有暇，我请你不妨到老照壁看看，看看徐松泉店里那各种各样的人生。

（原载长沙《力报》一九三七年五月三十日，原题《茶馆里的众生相》）

宇 昂：
这时人越来越多，茶房们提着嗓子，来回地穿来穿去

讲述人生平不详。

　　民众国术俱乐部的跑马场现在是热闹的夜市，是有钱阶级纳凉消夏的好地方。

　　宽广的空场上摆满了铺着白布的矮桌子和藤椅，从进口到出口，从中心到四极，都被桌子和椅子占领了，连灯影扶疏的柳枝下也没有一点空地了。桌子倒摆得整齐，一列列地并排着，像晒在太阳下的白豆腐。每只桌子都占领着一个或两个以上的各色各样的人，躺在藤椅上，伸长着脚，或把腿子架在腿子上，摇呀摇的，仰着头，望着乌蓝的天，悠闲地喝着茶，剥着瓜子，有气没力的，慵倦的样子，看来倒是怪舒适的，好像这世界一切都平静，都舒适，没有一点意外的事情似的。淡淡的灯光照着，照着每一张悠闲的倦怠的面孔。收音机播送着令人沉醉的舞曲，一阵一阵地，荡漾着每一颗轻松的心，这场面真有点"天下升平"的气象啦！

为了领略领略这种"风趣"，于是我们也踏进了那儿去了。

　　这时人越来越多，茶房们提着嗓子，来回地穿来穿去，安排好了这儿，那儿又进来一伙，这个口进，那个口进，可没瞧见有几个人出去。人多了，桌子多了，椅子也多了，空地却更少了。场内也有点杂乱了。然而场面的人尽管多，总比不上来往在场子外围的行人那么多，他们尽伸着脖子向里望呢。

　　"喂！茶房，找个地方。"

　　"对不住！嘻嘻，你老格，毛得地方了，对不住！请你老格自己找找。"茶房提着热水壶，满脸堆着笑容，"对不住"老挂在嘴上。说后就匆匆地走了。我翘首一望，果然没有一张空桌子，于是叫茶房临时又加添了一张。躺在椅子上，我细细地打量着四周的人。我原是茶客之意不在茶，茶房老久不送东西来，我也不着急。我瞧着那些逸然自乐的人们，心里倒像喝了一杯冰激凌似的凉快。我探视着每一张桌子，那上面差不多同样的几杯清茶和一两碟瓜子，抽烟的，有一盒白金龙，喝冰的或吃别的东西的很少很少。茶客原不是来吃东西，只是在这儿混时间，纳凉消暑。懒懒地坐着，躺着；谈着，喝着清茶，剥着瓜子。开水不断地加上来，为的开水是不要钱的。

　　茶房送上清茶，一两碟瓜子，于是我们也可以在这儿坐个通宵了，一直到散，假如我们高兴的话，坐在这儿真过瘾，有茶喝，有瓜子剥，有香烟抽，还有醉人的音乐听。一阵阵的晚风拂过来，沁人心脾，令人感到慵倦的愉快和陶醉。在疲倦中，我们可以无忧无虑地打一会盹，茶房不会来捣麻烦的。

空气虽然平静，虽然悠逸，虽然有点晚风不时地吹拂，带给人以轻快的心情，但因了人多，总不免有点污浊，有点令人感到窒息。

我站起来，用敏锐的眼光扫射着场里的每一处，我想计算一下这场子里有多少桌子、椅子，有多少沉醉在夏夜的晚风中的人们。我想着天心阁、湘滨及别的广场上，不知还有多少躺在悠闲中的人们。我又想起在街上、旷野上，横着多少同胞的血肉模糊的尸体，那里是否也有如此安闲的怡然自乐的空气呢？平津的同胞是否也和我们一样有着轻快的悠逸的心情？

时间在悠闲中偷偷地溜了过去，我抬起头望一望俱乐部高处的大钟，短针已指着十二点，我们到底没有坐到散场的那一把劲，于是我们起身走了。

"前线的空气是紧张的，而后方却是那么闲逸安静！"

在归途上，我这么想着。

（原载长沙《力报》一九三七年八月十七日，

原题《民众俱乐部露天茶园一瞥》）

龚　觉:
当时著名的电影明星胡萍就在远东咖啡店当过女招待

讲述人生平不详。

开咖啡店,这个事业,在长沙似乎来得蓬勃(应该是过去的话),尤其是在去年的一年,长沙的咖啡店,几乎如雨后春笋。于是乎咖啡报纸也、咖啡皇帝也、咖啡皇后也,开得真是满城风雨,糊糊涂涂。咖啡店被视为人间的乐土、理想的天堂,咖啡侍女则被敬为西天的王母、南海的观音,亲之近之不管日夜,爱之捧之唯恐不周,名之曰"咖啡恐怖",谁曰不宜? 至公安局有召侍女训话之举,而教育厅则有禁学生入咖啡店之议,其实并非人心不正,确为好奇心之所驱。都市繁荣,咖啡店之设,亦不免之事业也,唯以长沙伊创(从前虽有远东咖啡店,惟并未引人入奇),方至有此弊端,时至今日,"咖啡热"则远不如前矣,因为这正是跟随着人们好奇心的一种事业,于是乎咖啡店之设,乃难论其寿命之长短。即以开设于南门正街的"青春咖啡店"而言:当其伊始也,气势汹汹,大有握长沙诸咖啡店

在远东咖啡馆当过女招待的电影明星胡萍

牛耳之概，然而曾几何时，青春其乃"青春"，不到半年，即告关门大吉，推其原因，以当初伊创，一方面固为投机，而另一方面则为兴趣所致，兴一来，本钱未曾顾及，及至门前冷落，而内部又告空空。再有女招待漂亮，亦足促生意之兴隆，女招待不美，亦可使顾客遁迹，青春咖啡店开张之时，亦纯以女招待揽顾客，及其女招待（漂亮的）去矣，又有上列原因，当然只得关门。其他的咖啡店，不是"生意清淡"，便也是"关门大吉"。其他"易宏发""杏花村""芝加哥"，因为以"咖啡店"为副业，当然还不致如何。那么在长沙的咖啡店，也还只有远东咖啡店算资格老，资本好了。远东咖啡店之设，远在六七年之前，现在仍然屹立在皇仓坪之一角，天时、地利、人和，远东咖啡店都得之。得之时乃在长沙诸咖啡店之先，能得人之信仰；得地利，乃在湘剧场电影院之侧，看完了戏的人，疲倦了，可以就近到这里来坐坐；得人和，远东咖啡店的老板交游广，交际好，而几个女招待又都还来得落落大方，得顾客们的欢喜，现在红极中国影坛的影星胡萍，听说也是从做远东咖啡店女招待出身的。远东咖啡店的几个侍女也的确能忠心于它的主人，我们看现在还是"张珠珍""刘文燕""杨淑兰"几个人在服务。其余物美价廉，都是能使远东咖啡店坐到长沙的咖啡店第一把交椅的原因。月之初二晚七时，我做了新年的第一次光顾，也是我放寒假后第一次的光顾，惭愧得很，我又是犯着禁令来的，我是学生，教育厅禁止学生入咖啡店，不明违反了它的禁令吗？不过，我是来解决民生问题的（饱肚子也），我既没有另一种原因存在，当然我还是可以坦白，踏进门之后，张珠珍笑盈盈地引进在第八号房间坐下，这时正是人满满，生意兴隆的时候。远东咖啡店的面又好吃，又便宜，同来的还有两个同学，我便要她来三份面。一边等着面来，一面我开始留心着这别后月余的远东咖啡店，果然又不同了，中间从前摆着的几张旧桌子，都换了簇新的，样子比较也摩登了一点，桌面都是簇新的绿绒用玻璃镜裹着，其余的小房间也都用了新的绿布幔子围绕了，天花板上，小房间里，都是用着不十分强而又不现黯淡的紫色灯光，反映在绿色布幔上，是极臻艺术色彩了。置身其中的人，也觉得是有飘飘欲仙之感。远东咖啡店虽不大，然而布置艺术，座位舒适，女招待温和而不现妖媚，淡妆而又出落大方，来往顾客中，不使人讨厌，东西又都可口便宜，种种都可以够得上"宾至如归"的条件。吃了面，又来了三份通粉、三块吐司、一碟腊味、一盆鸭片炒饭，肚子算饱了，一杯清茶做了我们休息时的陪伴物，一边饮着茶，一边说着笑着，陶醉在这么一个温柔的环境里，也算是人生不可多得的幸福时间，足足地消磨了两个钟头，才算了账出了店门。这时我笑问着两位同学道："你们觉得进咖啡店是罪恶吗？""我是来饱肚子的，有什么罪恶？假使我不是来饱肚子的，那也许存在有'醉翁之意不在酒'的意了。"两位同学也笑着这样答复。真的，开咖啡店应该是名正事正，为什么有人定要把它看作一个神秘的所在？尤其一些无耻的人，在得意忘形的时候，拿女招待来开心，她们也是有父母的女儿，她们跑到社会上来谋生活、谋自立，不想社会上尽是污浊的，平白要遭着男人的侮辱，她们不感到痛心吗？况且当女招待也是妇女的一种职业，只要她们真的是秉着一颗纯洁的心，以自己劳力来谋生活，她们的人格也并不低下，反之，她们的人格也还是高尚的。可耻是一些无耻的人要去摧残她们，这才是真正无人格的人。记得我一位朋友从上海回来告诉我说："京沪一带的咖啡店里的女招待，她们也有女学生充任的，大夏大学一位女生，她因为无力升学于是趁着暑假，投身到一个咖啡店里来当女招待，两个月的时间，她居然从她的劳力中获得了求学的学费。"这我们也能说她是无耻吗？她能勇敢地踏入这被一般人畸形想象的咖啡店，能保持一颗纯洁的心，从她的劳力中获得了求学的代价，我们还要敬佩她。社会本来是畸形的，而人们的想象有时也跟着畸形，这些是不对的，用无谓的谤诽去诽谤一个人，这更是没落了德性。最后也告诫做女招待的一句真言："只要你们是真的保持一颗纯洁的心来劳力，谋自己的生活，那你们人格还是高尚的，你们也还是可以获得社会上应站的地位。"

（原载长沙《力报》一九三七年二月二十日，原题《谈谈远东咖啡店》）

严怪愚：

长沙咖啡店。跑进去，灯影辉煌里，几间小房子透出它引诱的颜色

讲述人生平同前。

门外，用弧光灯、红绿灯点缀着街景。忙碌的人们一经过这地段，心里总不免感到一点轻松，记得自己是生活在新的都市中，或者说，记起自己对都市的新设备，应当用一种什么心情去欣赏。跑进去，灯影辉煌里，几间小房子透出它引诱的颜色。女招待们总是在纷乱地窜走着，穿了适乎身段的服装，服装上系了看护服式的白裙，云鬟纷披着，仿佛柳丝覆住两池映着落日的春水，那便是她的眼睛。年龄，都不到二十，为适合顾主们的欣赏欲，两颊上都涂了红，涂了黄，媚荡荡的，你板着脸，她也是笑。

小房间里，四周扯了绿色布幔，假使中间不摆一个小桌子，在神经过敏的先生看来，那一定是幽会室。小桌上，铺满了茜色的绒，绒上敷了一块厚玻璃，玻璃上厚绒中间，嵌着菜单。两张大大的纸，用四五六各号铅字夸大地记满了时代的点心名目、山珍海味名目。

玻璃上摆着一瓶花、酱油瓶、味精、白糖、牙签筒等等。你坐下去，女招待马上便递热手帕来，依到你身旁，轻轻地问你吃什么家伙。你告诉她，她便轻燕一般地飞去了，再来的时候，你可以问问她的身世，问问她的一切。看着她们那露在外面的圆肥的手臂，你想摸一摸或者捏一捏并不是撞祸，她们没有关系，你自己却不要脸红。是老顾主，天天来，甚至于坐着不肯动，她们也不讨厌你，有干爹资格的，为看看干女儿而来，泡一杯清茶，占了一间房子屈一只脚，同干女儿清谈清谈，一坐就是一下午、一晚上，据说仍是无关宏旨……

这便是咖啡座。

长沙有这样的咖啡座，近两年来，忽然增加到了十几家之多，那便是青春宴饮社、远东咖啡店、万利春、易宏发、芝加哥、杏花村、新亚、南国酒家、广东商店、上海商店、巴黎、楚社等等。

这中间以远东、万利春、易宏发三家资格最老。芝加哥、杏花村、广东商店、上海商店，都是由食品商店添设的，南国酒家是酒筵居，据说是聘用女招待兼做咖啡生意。楚社、新亚、巴黎成立不过数月，青春宴饮社呢，仅仅是在上个月三号才开张。可是就目前的情状，以记者这不懂行情的眼光，而且站在极客观的角度上看来，生意却要以青春比较佳，远东呢，次之，新亚又次之，其余都是在疲敝的市容下维持它疲敝的生命。商业是争夺的，以争夺为理由，所以有些时候不一定要适合供求定律才看见增加店铺。市面上有闲阶级、有钱阶级只有这么多，而这些有闲阶级、有钱阶级的钱又因为整个社会破产的关系，日见减少。既以争夺为条件，则这一批顾主被我抢到了，你当然会门庭冷落。被你夺去了，我也只好望洋兴叹。于是各咖啡店老板不惜勾心斗角，想尽天下之妙法，以夺取咖啡客。如雇用漂亮的女招待也，精饰房子也，减低价格也，选举咖啡皇后也，制造有闲阶级也。这些，无一不表现他们的骄傲渐渐减少，内心的痛苦日渐增重。

这里我们想提几个比较有地位的咖啡间来谈谈。

远东，开设已经近七年，为聘请女招待之先知先觉者。现在银幕走得最红的胡萍，便由这里出身。虽则胡萍自己现在上海竭力否认曾在长沙当过女招待，可是记者那时正是远东的老主顾，天天看见她，与现在的她，并没有两样，所以我仍是说胡萍确在远东当过女招待（不过那时叫胡瑛罢了）。除了胡萍，还有郭氏姊妹，都是那时候的长沙闻人。后来郭氏姊妹嫁了人，胡萍出了省，远东便渐渐没落了。今年旧历正月一日，王巧生、王味秋、丁子敛、柳厚民一干人等，不忍视国事沉沦，遂振臂一呼，大有"别开新门面，重振旧家声"之概，结果，终于他们得到了成功。八九月来，每天总是顾客满座，门庭喧噪无宁时，开食品八折之先河，除小费加一之恶例。女招待呢？有咖啡皇后唐云，现在"走"了。有聪明的吴慎宜，现在"改"了。现在存着的还有娇小的刘文燕，"梅龙镇"的张利真。提起刘文燕，谁个不知，哪个不晓？

从前，远东选举皇后，刘党的人，大捧特捧，为着有劲敌当前，结果，仍然是落选，落选的落选，当选的唐云，倒又打入了冷宫了。

远东之外，我们得介绍易宏发。易宏发的资本，最初仅只有二十元，以二十元摆上一个冰摊子，卖刨冰，卖汽水，为着"鸿运当头"大获利市，便有了今日。

　　易宏发虽然有了今日，但是它的今日也得来不易。他们是"一家人"从事咖啡事业，老板上街，老板娘便坐柜，可是，老板娘当垆，并不因其貌如花，自然也不是活招牌，不过虽然没有"意想不到"的效力，却可以免除利权外溢的弊病。儿子有两个，一个在堂上行走——酒保，另一个便在厨房行走。有儿子，便有女儿，便有媳妇。远东有女招待，易宏发也照例有，它不用到外面去聘请，家里有的是。有时候，闲着没事，选选虾仁，选选寒菌，往来无白丁，一门兴盛，这样谁赶得上它？

　　银真，便是从易宏发出来的。银真从易宏发出来，便到广东商店。那么我们这一支笔，也跟着写写广东商店。

　　广东商店，实在是到了没落时期，从前，有陈菌，有银真，有淑纯，倒还可以支持。现在，一切的生意，看着被别家抢去了。

　　这里，得写一写杏花村，杏花村在易宏发对边，在广东商店的附近，不用说，是想将易宏发、杏花村的生意，一股脑拿过来。结果，并不如他们的理想，生意并不门庭若市。有人说，北门的咖啡店，要真是吃点心的话，那么只有一家易宏发。杏花村不行，广东商店仍然不行。

　　北门写完了，便得向南门进攻。第一家便数到青春了。青春的老板是周翊襄。据说，青春的一切，都是新生活运动化，只是究竟如何？那么，恕我不客气：不敢恭维。不过青春的女侍者，却倒是集长沙女侍者的大成。你瞧，银真、叶红、淑纯，真是人才济济，蔚然大观。因为这样，青春的生意，倒是后来居上。其实，靠女侍者来维系营业，这是多么危险的事情。

写到这里，记取了一家新亚，新亚是银行的几位小开组织的。反正是消遣，那么，生意的好坏，满不在乎，新亚有一个女侍者叫郭萝芹，大家都叫她"废票皇后"。现在，已经不是女侍者，大率是从女侍者而走上了其他一个阶级。

万利春，也是有女侍者的一家西餐馆。但是，女侍者不甚有名。所以说女侍者，倒不一定数到万利春。其实，真正喝咖啡，吃大菜，还是舍万利春莫属的。

有人说，女侍者不少呀，南国也有的！本来南国也有，岂止南国，就是爱雅亭，以至于爱雅亭的对边那一个小小的馄饨店，也是有的，反正这一个年头女侍者是不值钱的。

许多的人，不一定喝咖啡，而是吃女侍者。约定到青春，便看到有人指明要"叶红"来，走到远东，"刘文燕呀，刘文燕呀"的呼声也就最高。叶红拿着口琴，吹一曲《桃花江》曲，银真唱一折《苏三起解》，你想，这是什么况味？不过，话得说回头，你得具备特殊资格，你得有钱。

末了，我们肯定一句，咖啡屋，仍是有闲阶级的享乐窝，他代替了许多人的鸦片烟，代替了许多旧式的茶楼。

记者按：今天有点病，也许是懒，特写便请了"长沙精"作顾问，由他讲述，我整理的，即使是我不病不懒，对于各咖啡座的情形，他比我熟悉，所以他一谈，便谈得入行。我写的，不过是点皮毛，几句空洞话罢了。

关于叶红，我似乎还想加添几句，因为我喜欢她，喜欢她活泼、漂亮、天真烂漫。喜欢她叫人看了，不生邪念，而能生一种莫名其妙的快感。年龄还不到十四岁。读了一点书，小学毕业生，你进去，她活漾漾地依到你的身边，仿佛女儿见到了爸爸一般。跳一阵，又叫一阵。她并不觉得她自己是一个女招待。在咖啡店里，她仿佛在自己家里。不畏葸，不偷懒，也不媚荡。总而言之，我喜欢她。没理由，也没邪念。从前不进咖啡间，近来有了叶红，间不上两天，我总得到青春去坐坐。不多花钱，同时也不浪费时间。一句话，是专为欣赏我的叶红而去。我将尊我的叶红为"长沙的灵魂"。

（原载长沙《力报》一九三七年八月十五日，
原题《长沙咖啡店的几个镜头》）

严怪愚：

到浴堂里去，睡到盆中，用水浸着，一浸又是几点钟，才提着鸟笼回家去，这叫作"水包皮"

讲述人生平同前。

　　描写江南人生活有两句话："早上皮包水，晚上水包皮。"早上，披起衣，南京人第一件要事是到茶社里去喝茶；慢慢地谈着，慢慢地喝着，一喝便是几个钟头，喝到肚子里不能再藏了，才提着鸟笼子到菜畦麦垄间去捕小虫喂鸟子，这叫作"皮包水"。晚上，吃了饭，抱一包衣服，到浴堂里去，睡到盆中，用水浸着，一浸又是几点钟，才提着鸟笼子回家去，这叫作"水包皮"。

　　江南人便是这么悠闲，这么恬静，这么带有六朝金粉气。湖南，据说是一种特别民族，据说要中国亡，除非湖南人死尽。问理由，无非是：良以我三湘多铁血健儿，精悍刚直，富牺牲精神。可惜的是在我这不想拍卖民族，不想做官的人看来，三湘的特别民族，特得并不整齐，精悍刚直的人有，不精悍刚直的人似乎也有。不精悍刚直之外，甚至于还寓感慨于悠闲者亦复不少。

以"水包皮"为例吧，咖啡座、高尔夫其次也。

三湘七泽染了这习惯自什么时候始，廿四史中并未记载，湖大文学系的考据教授也不曾考据过。就我与长沙发生关系时的记忆算起，我只记得宜新园同太湖春。宜新园现在改浴华园，太湖春被火烧了。那时到宜新园去"水包皮"，因为生活程度低，只需一两百钱，擦背也只要六十文。说起来，诚令现代的人摇首赞叹。后来生活日高了，宜新园便施巧术，极力聘用湖北"你家"擦背，极力改良外容与内佣，擦背的由湿擦而干擦，由干擦而轻摸，擦背之外还来一个修脚趾剃头。宜新园宜新了，顾客们差不多每晚玉体满堂。主人有生意，市价亦随之而涨：洗澡的由三百文涨到两三角，擦背的亦由六十文而涨到二三角。擦得舒畅的时候，有的先生甚至于愿意一掷五元，像叶开鑫将军便是一例。盆堂生意一旺，趋利的市人们便接踵而起，不数年间，在长沙，你便可以看见星沙池、曲园、天乐居、三皇池、健身浴堂、又新池、民众浴室、长沙盆堂、登瀛台等等盆堂。还有，中山路有一个什么"玉洁坤盆"。坤者，女也，似此女的也可以露天表演了。盆堂一多，你同时便也可以看到长沙一步步在江南化，悠闲的先生们一步步多了。在这里，我顺便声明一句，我并不是说到澡堂里去的先生，一定都是悠闲阶级，可是能够用一两元钱，花四五个钟头来洗澡的先生，不悠闲，至少也有相当悠闲吧！洗得快，为清洁的先生们当然不在此例。

据最近的统计，全长沙的擦背"你家"同"妯娌"约计三百多人，失业者约一百二十余人，附带在里面擦脚剃头的百余人。"马

長沙獨一無二之精美浴堂　健身浴堂

特點

最新建築　精美雅潔　富麗堂皇　清潔衞生

器具消毒

汽水過濾

週年紀念　**特別減價**

特別設備　冷熱汽管　溫度適宜

伺應週到　招待溫和　歡迎試嘗

浴資一律三角

地址　國貨陳列館內

電話　一九五

《力报》刊登的浴堂广告

日事变"以前，本有八个澡堂工会，事变后，这机关便无形中停顿。最近据说正在重新筹备中，他们自认这是七十二行之外的"七十三行"，叫作"尽头饭"，非有工会，不足以维持工友利益及行中规矩。

关于盆堂，有一个经济原理，那便是客愈多，平均的开支便愈小，因为除了多几担水之外，其余的设备及开支都是原有的，用不动的。反过来说：客愈少，平均的开支便愈大，因为除了少用一点水之外，其余的开支仍都要开支。所以客愈多的盆堂，所得利润愈大，客愈少，便愈蚀本。与商场的交易，一件物品只能购一件物品的钱的情形是两样。生意旺的盆堂一个晚上可以收三四百元，三四百元中，足足有三百元是利润。倒霉的盆堂，一个晚上只能进一二十元，一二十元，有五六十元要贴本。你一定不懂这个原理，好在连我自己也不大明白。

至于擦背的呢，却有几个"特别镜头"值得介绍介绍：

第一，每年到十二月二十四日便停止擦背。要擦，也是随便替你揩两下，原因便是顾客太多，擦不及，而且他们也应当做几天"大人"。

第二，毛巾肥皂都由他们自备，老板恕不负责，所得代价都要"二八""三七"拆账。

第三，他们有句口头禅叫作"胖子不好擦，瘦子难擦"。良以胖子脂肪太厚，抵抗力太小，瘦子骨骼太多，轻重难以下手。

第四，擦脚与剃头的所得的代价除了与老板"二八"拆之外，还得与擦背的"三七"拆。

第五，擦背费照例是两角或三角，小费听给，他们讨到的小费又得与"同志"合分，老板却不能揩油了。

第六，玉洁坤盆，真正只擦背上，其余各部分不便"探险"，还得请小姐太太自己"下手"。

一切大概是这个样子，错的地方当然很多，困难之处，大概也不少。本想好好写一下，不料今晚的兴趣，不知为什么特别不好，总是写一句想一句。而且有篇讲演词也放在这块地方发表，多了，便没有地方刊。等几天，我想还请"长沙通"写一篇，因为他对这中间的情形比我熟悉。

此文约写于一九三七年前后

（《严怪愚文集》，岳麓书社一九九九年一月初版，
原题《长沙浴堂演进史》）

胡人章：

洗澡，可以躺在洁白的大洋瓷盆的温水中悠闲自得，也可以睡在休息室的沙发上和朋友瞎扯上下古今

讲述人生平不详。

抱享乐主义的人，曾经把"洗澡"也列入享受之一。尤其是洗澡堂的洗澡，有擦背，有按摩（长沙一般洗澡堂称捶背为按摩），有捏脚……可以躺在洁白的大洋瓷盆的温水中悠闲自得，也可以睡在休息室的沙发上和朋友瞎扯上下古今。虽然比不上杨贵妃的"春寒赐浴华清池，温泉水滑洗凝脂"，但多少也是另有一番滋味在心头。这些我们姑且不谈，总之洗澡是有益身体健康，这是谁也不能否认的，只要是一个懂得洁身自爱的人，谁也是愿意能够时常洗洗澡。可是话又说回来，生活在今天这个米珠薪桂的年头，尤其是居住在一个热闹繁华的都市，在一般中下层阶级的人们的生活环境里，一家数口挤在一间房子内，或者是感觉不方便，或者是缺少了热水，或者是怕寒流的袭击，虽然是一个极小的问题，可是也感到并不容易解决。于是大家都想着，到洗澡堂洗澡去。

长沙有洗澡堂，已经有二十几年了。说起来，这也是一笔蛮好的生意经。一个简陋的洗澡堂，通常分盆堂和池堂两种。并且还有理发、修脚、捏脚、按摩等设备。规模较大一点的澡堂，还另外设有女浴室，所谓"男女盆堂"，并且座位方面，也有"特座""便座""雅座"等区别。里面附设有食品部，点心水果应有尽有。民国十几年的时候，小西门一带有亚细亚等几家大旅馆，还办过所谓"家庭浴室"，可以容纳两个男女在里面洗澡，后来经人发觉，说有一班不肖之徒，在里面叫条子（长沙花场中的术语，称嫖客写条子叫某妓女来为叫条子）。于是一致攻击，政府后来也就下令禁止了。

那里因为社会安定，物价便宜，商业繁荣，人们花个三五角钱，乃至三五块钱并不算一回什么事。所以做这个生意的兴隆一时，发了财，起了大洋房，讨了姨太太，红得发紫。

（原载长沙《国民日报》一九四七年十二月二十八日，

原题《杂写长沙澡堂》）

琴　庵：
因为只有这么宽的地方，自无需甚么电车马车之类了

讲述人生平不详。

　　一个斗大的长沙城中，关于便利交通的车辆，虽不能算为应有
尽有，总也可说很够需要，因为只有这么宽的地方，自无需乎什么
电车马车之类了。要有的话，除非像伦敦、纽约一样，另想法子开
辟空中轨道或地下隧道，就还可以有摆布的可能，否则行人就要只
准坐车不准走路便罢。单就现在所有的车辆而论，已经够使行人感
觉许多的不便，所以我特指着长沙的车，把那要求其便的几点，书
写一些出来，以待公安当局的采择。

　　人力车得改换钢丝轮，固已明白规定，分期令其照办，在最近
的将来，自可都成为一律，也无待乎旁人斤斤为虑，只是还有许多
未曾改换的木轮车，以及推动货物的板车，那轮轴滚心两旁突出，
黑油狼藉，每每挨近人旁，擦身而过，动辄污及人的衣裳，此乃常
常习见的事。尤其是有些人力车夫,挽着空车,在那没有岗位的所在,

216

行人拥挤的当儿，他偏故意要走不走，夹在人缝中间，似停非停地梗塞着，不管行人有不有路可走，会不会被挤相触，脏坏人家的衣裳，这更像存心去惹人家相碰以为快事的样儿。此种行为，虽不认为可恶已极，对于这件事的救济，最好是由公安局严令各车行，凡是尚未到达改换钢丝轮期限的木轮人力车，以及各有板车的店铺行栈，都要限制他们在车上两轮突出的滚心上，另加一个木盖，并须用螺旋盖紧，上油时取下，上好油了仍然盖上，如果过了局令的限期以后，还有依然不做盖的，得随时由各岗位一遇见了，即予扣留处罚。这也实在是关于公益上一桩应做的事，记得从前也曾有过这样的提议，不懂何以并未实行？在当局看来，或者认为事过于小，似乎不必那么注意。这诚然不错，在他们都有包车可坐，这类害处，挨不到他们的身边来，这些走路的人，谁叫你不都去钻营一个所谓官儿做做，凑合成一个中华官国，那就也是同样大有包车可坐，这件不好的事，自然就不会轮到你去碰着了。不过也要想到平日皇皇文告，或是堂堂演词，开口闭口总离不了要说为人民谋福利，那是应当不管事的大小，与本身有不有什么利益，一见到就要去做的，并且凡事尤宜体察入微，万不可以其小而忽之，这才合乎国家设官分职去替人民做事的道理。不然，要它何用？我并不是要借着这个车子的小小问题，来在这里借杯浇块，也实在是身经目击，觉得现在我们人民除了要什么捐税就有我们的份儿以外，其余讲到保障权利等等，即如东佃纠纷，房捐尽管出了，主权被人侵犯，有谁真个食禄忠事，出而伸张公理？就只惯在耳边听得如是云云，实行的却踏破铁鞋，都无觅处，所以不嫌事小，也来一下大声疾呼地呐喊，或许比较容易惊动那责有专司者的耳膜一点，也不算是那样说到题外去了吧？

其次谈到旧式街道行驶汽车，这是公安当局明令禁止的，我在报上和文告所见到的，恐怕还不止三令五申，然而日常在旧式街道上所遇见的汽车，仍然不在少数。在那样狭窄的旧街中，除了道旁住户中的小孩，多有一群群在街上玩的跑的以外，其余没有成人带领的小学生，一天上学回家，要在街上经过的，更不知有多少。试想一任汽车如此冲来冲去，其中是怎样的危险？所以公安局禁止它的通告，这实在是知所当务，谁都认为是保障公共安全的要举，只是不懂这个禁令何以独不能行之于汽车阶级，尽然被他们视如无物，驰骋依然，发行禁令的机关，也绝对不思树立自己的威信。一味地缄口结舌，装痴装聋，从没看见一回有干涉制止的执行，若说是只许州官放火，不许百姓点灯的话，只要遏止了点灯的，放火的却有点恐于未便，果然如此，那政令还行得通吗？并且在长沙这个小小地方，私人备置汽车的，仅有极少数是富商或职业团体中的，此外恐怕都是平日对人民常这也用令，那也用令的人居极多数，试问他们自己还不能奉行政府的法令，又怎样可以叫一般人民遵他们的令、信他们的令呢？同时也须知道诸先烈当日抛头颅洒热血以缔造构成的民国，是为着完成国家法治、创造人民福利，绝不是为这班人赚取今日搜括民财威福自恣地享受而去牺牲的，倘竟悍然无忌，不服取缔，在这中央快要完成统一的时候，迥非害虫割据称雄的那种暗无天日可比，我愿时下所号称为自矢硬干的当局，秉着"硬干快干苦干"的三原则，严厉地实行一下，不要如此畏首畏尾，堕政令的尊严。语云：其身正，不令而行，其身不正，虽令不从。愿当局和这些居高位而不守法的人三思之！把这旧式街道行驶汽车的禁令，赶快实行起来。我想昔日君权极大和珅势盛的时代，还有烧车御史的快人快举，难道现在这些坐汽车而目无法令的，会比和珅还恶还凶吗？我可不敢置信了，照情理的推测，行与不行恐怕完全在乎执行禁令的有不有勇气徇私情和是否真具决心与毅力为断吧！

再次我却要提到脚踏车了，这种车在非马路的街上行驶，也曾听过是为公安当局的禁令所取缔的，并且也看见过长久实行干涉阻止的事实，也不懂是什么缘故，慢慢地就居然通行无阻了，而行驶的快与数目的多，那更甲于各种车辆之上，几乎无论在哪一条旧式的偏街僻巷，无不有它的踪迹，叮当叮当穿梭般的来去，也常发生撞倒老年人或是小孩的危险事情，讨嫌人自讨嫌，它却到处可以去得，对于行人，确是有同样的障碍。我想象这一类人，大率没有多大势力，为何没法子可以制止呢？有些人说是因为抽了捐税的缘故，所以只好任它横行，这或者是妄测高深之谈，不足据以为实吧？然而到底它是根据什么而敢如此到处直撞横冲？那也只好暂时存疑罢了。

又次，还有少数的摩托自动车，虽说不多，然而以它那种速率和危险性，在旧式街道中，似乎不能因其还少，就可以任其行驶。它对于行人的危险，与汽车没有多大轻重，若是长此放任，后来越添越多，汇合那些汽车脚踏车并道而驰，在那旧式街道中间，到底还让那些步行的人有不有行走的权？我要请问市政当局，对于人民的权益，是不是应当漠视？否则敢请拿钱吃饭以外，也须要替人民做一点想做的事吧！

此外，环城马路的公共汽车，也有一些有待改良的地方，顺便在此附带叙述一下，首先对于来往车辆应当尽可能地设法调匀，比如现在常常由南而北，就所有的车都同时一路鱼贯地由南而北，要搭坐由北而南的车，非等到往北门回转的车，候至三四十分钟之久不可，然而在这时候，那要由南而北的人，也是一样地苦力相待，这样车上的收入，既因车辆来往调节不均，不免要受一些乘客望望然去之的损失，而搭车者时间经济上，亦觉很不合算，可谓彼此均蒙不利，不论就便利交通或发展营业上说，都是急需要改正的。又车中机器发生毛病，须立刻进厂修理时，就应用白布书写进厂待修或只开小吴门字样，挂在车头，以便乘客一望而知，如果要搭往小吴门过去几站的人，就自然不必上车，近来常有已经上车始知车正待修理仅驶至小吴门为止，想要跳下车而车已开，只好坐至小吴门，又再下而复上，另搭后面继续驶至的车，在此一上一下之间，乘客无端又添麻烦，甚望公司方面，对于为乘客谋便利的事情，总须随时随地遇事留意顾及，以达到完善的地步为好。

（原载长沙《大公报》一九三六年九月六日至七日，原题《长沙的车》）

余学文：
长沙的公共汽车，在战前是由开明汽车公司独家经营的

讲述人生平不详。

长沙的公共汽车，在战前是由开明汽车公司独家经营的。大火以后，该公司损失甚大，单说汽车一项，就被当时的市政府调用了十来部，而一直到现在都无法追回。

长沙光复以后，有钱的人还是有办法，开明公司又开办了。可是开办不久，该公司行驶环城马路的公共汽车，就被人力车工人全部打毁了。打汽车当然是违法行为，但是人力车工人的反问是："难道我们就该饿死吗？"这也许正是他们打汽车的理由。本来，一个人或是一群人，在逼得没有办法的时候，是有点难控制住自己的情感的。

经过社会处市政府及地方法院的努力，这个打汽车的纠纷算是解决得相当圆满，结果开明公司也很开明地表示让步，将环城马路的公共汽车停开了一个时候。主使打汽车的工人，也被法院判了

徒刑。

直到行政院的命令传来，说人力车的使用，太不合人道，要严格取缔。于是，正如全国各地一样，长沙三千一百一十三个黄包车夫，顿时着了慌。当然，他们不懂得所谓"人道主义"是什么，他们只知道政府要取缔，这碗饭就快吃不成了。因此他们就成立了一个"长沙人力车工人转业筹备处"，按照行政院的指示，也来办公共汽车。他们的办法是：每个车夫出资二万元，大家集资来搞。结果他们初步成功了，与开明公司协议后，租了两部汽车跑"南北线"和"环城线"。

人力车工会的公共汽车一开办，当然免不了要抢掉开明公司的一部分利益，自然也就使开明公司不高兴，而人力车工会也因为过去与开明公司有了那么一个"不愉快的事件"，两个之间总有点"那个"。

开明公司说人力车工会违反协议，说他们在市上跑的汽车不止两部。而人力车工会转业筹备处的人，口口声声说："我们是依照行政院的指示办的。"并且表示他们将继续增加车辆。而事实上，人力车工会已装好的公共汽车实在也不止两部。

开明公司似乎也有点不多的理由，要求人力车工会的汽车要先取得他们的同意再行驶。这原因是对于取得长沙市内的行车权，开明公司曾付出相当代价的，当年环城马路铺柏油，开明公司就出了七十万元银洋，而光复后各路站牌，以及调度站的设立也费去了很多的钱，而且他们每天要以百分之二十的收入，捐献给长沙市政府。

事实上，开明公司的现状，也不见得怎样好。全公司的员工，一共一百多人，这样庞大的组织，过去又投下这么大一笔资本，如今靠十一部公共汽车的收入来维持，实在也很困难。据该公司一位管营业的人谈，目前每部车每日只收入十四五万元，又说："如今每月要亏一千五百万到两千万之谱。"这句话我们"姑妄听之"，但开明公司"不景气"，这是可以相信的。

　　人力车工会的汽车呢，也因为资金收不齐，感到异常棘手，这其中主要的原因，当然是要每个车夫一口气拿出两万块钱，不容易，但是大家对于主办这事情的人不信任也是事实。一星期以前，有很多车工，在总工会集合，反对缴这笔股金。他们认为公共汽车办得好，与他们并无好处。有一个车夫告诉我说："现在的这个理事长是个卖鲜鱼的，根本不是什么人力车工人。"昨日我去访问他们的转业筹备处，一位先生告诉我说："前几届的理监与现任理监之间有些儿不调和。"这说明了这个问题的另一面。

　　人力车工会的汽车是向人家租的，这笔租金的担负，也很使他们伤脑筋，他们办公共汽车的目的，是想让车夫们慢慢学习司机，学习修理，将来赚了钱，办工厂，使大家有碗饭吃。但是这是他们的理想，他们至今并无具体计划，这也许是他们的危机，因为在目前来兴办一种企业，如果没有远大的眼光，没有妥善的办法，光是凭一个美丽的幻想，是不成的。

　　关于上述的一些零碎的事实，至今仍不尽为人所知。但据一般明了内幕的人的意见，他们认为，各个人或各个集团事业的发展，是要以长沙市一般的繁荣为基础的。因此，不管是开明公司也好，人力车工会也好，都要真有企业家的远大眼光，都要认清：要大众有办法，个别才有发展。所以必须只容许在营业上竞争，而不可在事业上相互排挤破坏。因为，把人家打倒了，也不一定就是你自己的出路。为了长沙市的繁荣，一般人建议：

一、市政府应该重新考虑对开明公司的百分之二十的税率，以示扶持之意。

二、开明公司应扶持人力车工会的行车事业，因为这直接间接关系着万多穷人们的生存问题，大家都是为了吃饭，为了自己的事业，为了这个都市的繁荣。不然，万一造成了社会的不安定，对你们事业的前途也大不利的。

三、人力车工会负责办汽车的人，应该以事实来博得工人们的信任，使大家相信办公共汽车是为了大家的生路，不是为了少数人饱荷包。

四、人力车工人，也应该认清自己的利益，踊跃缴纳股金，如果认为办事的人靠不住，就发动全体的力量去监督他，或是罢免他。社会上主持正义的人，一定同情你们的。

总之，社会要和谐才得安定，要安定才得繁荣，各个事业才有发展，各个人的问题才得解决，这个道理贤明的企业家们必须知道。

（原载长沙《大公报》一九四七年一月十九日，

原题《长沙市"公共汽车"简史》）

兰 心：
长沙老字号众多，择其有名者述其小史

讲述人生平不详。

余太华小史

坡子街余太华银楼，于清乾隆年间开设，当时生意极小，完全是一种手艺性质，多做多得，少做少得，故生意不甚发展。及至咸丰年间，湘中名将打开南京，饱载而归，始有大批金器换入换出。

维时该店柜台尚系土砖所砌，老板余芬芳自己每日下炉工作，家室尚在江西未来，每年回家一次，视为常例。店中生意渐渐发达，一连三载未回江西，遂在湘省另娶一沅江妇人贺氏为室。事为江西正室夫人所闻，于是乘坐江西车星夜赶来湘省，与余芬芳大起交涉，住在店中，不许芬芳出雷池一步，自供炊灶，余以贺氏单独居外，又不敢前往歇宿，遂劝贺氏另自从人，贺氏不允，并要求入店同住。余极言其大妇之严厉，万万不可如此。贺氏谓余曰：彼虽严厉，我

余太华银楼内堂

以服从自处，想不至无故将我置之死地，请与大妇试言之。余不得已归商大妇。大妇忿然曰：她不惧凌磨，就来同住。余以贺氏之言直告，大妇慨然允诺，遂在自住之房楼上设一铺位，上下须由大妇房中经过，另无便门，贺氏自入店中共居，不许余上楼共宿，家中粗笨污秽之事悉令贺氏为之，贺氏毫无怨言。独宿三载。讵大妇忽然身患重病，痛苦不堪，贺氏殷勤侍奉，大妇心为之动，忽谓余曰：我病已深，恐不能起，贺氏贤德。我死之后，可将她作为继室，必得好儿女之报。回头向贺氏曰：汝来我家三年，我待汝甚薄，汝德行厚，能忍耐，到今日我始知汝，甚觉赧然。请勿念旧恶，我愿以姊妹相称。随瓷壶中有银钱锁钥一并交与贺氏掌管，贺氏感激流涕，大妇旋即去世。贺氏大为哀痛。

嗣后，贺氏生两子，一名南陔，一名介卿，人旺财兴，数十年，获得巨万，汉口常德湘潭等埠皆有余太华分店。至光绪七年，余卒，其子介卿、南陔续承父业，利益日增，余太华招牌已京省驰名也。随后，将湘潭支店与南陔，常德支店分与堂侄某，坡子街店则为介卿一人所有。延至光绪末叶，店事渐渐衰落，将有不支之势，后因以湖南银行纸币做永康福盐号，大获利益，遂恢复原状。现将永康福盐号改为新康福盐号，即设在余太华本店内，资本极为雄厚，近来房屋建筑一新，人谓皆贺氏夫人福德之报。凡与余家有亲故者，无不在此一段小史云。

朱乾升之小史

自清末以来，湘人几无不知有朱云谷堂者，商界则无不知有朱乾升者。朱乾升为朱云谷堂发迹之商号，现尚设长沙太平街。主人名朱昌琳，号雨田，原籍安徽，自乃祖迁移长沙，落籍业经数代，传至雨田，业儒，应小试，两发佾生（清代朝廷及文庙举行庆祀活动时充任乐舞的童生，文的执羽箭，武的执干戚，合乐作舞。又叫"乐舞生"，简称"佾生"），以未获得青衿（科举时称秀才为青衿），为生平一大恨事。年二十七岁，在省城藩府坪唐荫云家教书，三十二串钱一载（唐曾任云南藩司）。唐家广有田地，是年新谷生芽，佃户多以芽谷送租，价极廉，只卖五百钱一石，无人承受。有人劝朱囤之。维时朱父在草潮门开一小碓坊，商之父。父以无钱未允。转告唐。唐笑曰，只要先生承受，明年卖出后，再兑价可也。朱见东家慷慨，遂将所有数千芽谷一并囤之。讵次年大荒，芽谷卖至二千七百文一石，朱大获利，倍价以兑谷账，唐不肯收，仍照原议一石收价。朱甚为不安。唐见朱善于理财，遂由教读兼司会计。

朱昌琳在唐家当教读兼会计又数年后，眼见已至三十岁，于是辞馆出，领官票二百余张，做黑茶，由安化办茶叶运至陕西泾阳县，设立茶庄，取泾阳之水做成茶砖，运往新疆西藏内蒙古一带销售，大为蒙回藏人民所欢迎。当时有非朱乾升之茶则不要者，获利不可以数计。于是，在省城太平街设朱乾升总栈，汉口、汉阳、陕西、甘肃、新疆塔城等处设分栈，安化设总茶庄，汉口、泾阳、羊楼洞、

太平街乾益升粮栈旧址

西安、兰州等处设分庄，雇用人员不下数千百辈，凡各处荐来之人，首先派在总栈，写各处往来号信，四百钱一封，另给月费钱二串，年终分红利酬劳，视书信之多寡按等分给之，通盘计之，每月亦可获八九串钱之谱，在总栈居一年后，察得性情诚实，然后派往各分号分庄派事，方开支正薪，三年回来换班一次，凡在分号分庄办事者，无不获利而归。

余肇康（余尧衢，一八五四——一九三○），字尧衢，号敏斋，晚号倦知老人。长沙人。一八八六年（光绪十二年）进士，任工部主事。后升武昌知府，迁汉阳知府。在任修荆州万城堤、永丰峡江道，注重农田水利和民生事业。又办荆州驻防中、小、蒙养、方言、工艺诸学堂十余所，政绩甚著。升山东按察使，改江西按察使。一九○六年因南昌教案罢官。后起复，授法部左参议。以姻家军机大臣瞿鸿禨罢官受牵连而免职。回湘后任湖南粤汉铁路总公司坐办、总理，主持修筑长株段铁路。辛亥革命后不问世事。一九二七年迁居上海，后病卒。著有《敏斋随笔》等。余尧衢、胡绍虞一贵一富，即由该分号分庄出身者也。当是时，黑茶固属获利，兼做有乾泰顺盐号，自有盐票三四十张，又租得盐票四五十张，极盛时做过盐近百票，南县乌嘴一带定为乾泰顺专岸，他人不得运销，盐票又获利无数。在湖南方面共买田租一万八千余石，在安徽南陵县方面共买田租一万余石。至省城房屋，有太平街乾升总栈一带地方，又有金线街、高井巷、孚家巷、伍家井等处，不下数十栋。至长沙乡镇房屋，有纯化镇之塘坡，绵亘几坡几岭。北门外丝茅冲之公园，周围约近十余里，为长沙各私园之冠，在前清时代为湖南头等富翁，几乎无人不知有朱云谷堂，功名保至候补道。

生子四，长鄂生、次乔生、三菊尊、四梅勋。乔生以候补道在广东代理一次镇台。菊尊名恩绂，最有名，在江南曾署藩台一任，鄂生、梅勋均捐有候补道职，至举人秀才，子若孙，不下五六名。朱雨田先生生平无其他异人处，惟好善乐施，他人所难能。提出田租一万石谷，在四乡设保节堂、育婴局、施药局、施医局、麻痘局、鳏寡孤独局，设义山、设义学、施棺材、设义渡、发年米、施寒衣……种种善事，应有尽有，皆一人捐资独办，而四房子孙亦能仰体善意，对于以上各慈善事业，年年捐助私财，以步雨田公之后尘。现在塘坡及丝茅冲巨大房屋，均提出作为慈善事业之机关，地方人士歌功颂德，有口皆碑。雨田公生道光壬午（一八二二），享寿九十四岁（应为九十岁），至民国四年（一九一五）（应为民国元年一九一二年）物故，及民国七年（一九一八），四子始分居，每房分得田租四千五百石，分担亏欠他人存款三十万。闻刻下均已偿清。四房之中，惟梅勋善于理财，惜乎不寿。民国十年（一九二一），兄弟三人同年而死。近年无多事迹。此朱乾升发迹之小史也。

魏德裕之小史

长沙人无不知有朱雨田，亦无不知有魏鹤林。无不知有朱乾升，亦无不知有魏德裕。魏德裕设在长沙朝阳巷，主人即魏鹤林。魏鹤林祖籍直隶柏乡，于元朝时迁移湖南，世居长沙大贤镇八甲竹坡地方，世代豪富，传至魏鹤林，系三代单传，祖遗田租四千余石。年十九岁，因家请之账房，是年亏欠八百余金，遂将该账房开除，自理家政，井井有条。因见当时做盐做茶，发财者多，遂亲往扬州淮南一带调查盐务，编成盐法小志六卷。又亲往陕西泾阳一带调查黑茶销路，编成茶法小志四卷。返湘，在省城朝阳巷购置房屋，创办粮栈，专做米生意，颇为顺手。以粮栈之余利，足供家中岁用开支，遂将祖遗田卖出三千余石，转买盐票十张，黑茶票三百余张，专事盐茶生意，将德裕栈改为盐茶粮食栈，除自有盐票十张外，又租他人盐票二十余张，做德裕盐号，汉口扬州一带增设有号庄，获利甚厚。又在安化设立茶庄，专办粗茶叶，运往陕西泾阳县，就泾阳县之水做成茶砖，运销甘肃、新疆、蒙古、西藏，以及俄国等处，均设茶号，用人不下数千百名，贸易与朱乾升栈并驾齐驱。

北五省一带无不知有朱乾升、魏德裕两巨商之名号，在陕甘一带坐庄号友都捐有功名，与该地督抚避道通往来。当时省城有官盐地八家者，须请有官牙帖方能开设，魏德裕占做盐行六家半，营业之大，获利之巨，当时惟朱乾升可与抗衡，而朱魏两人性情各有不同，亦各有见地。朱雨田之性质对于所用执事人等，喜诚朴，不喜奢华；魏鹤林之性质待己异常质朴，对于所用执事人等穿着奢华，用度扩大者，在所不忌，凡往来执事人等无不衣冠楚楚，势利惊人。魏夫人见之，私相告语曰，我家执事人等皆如此侈张，恐于我家不利。魏答曰：彼等侈张，正为我家扩大门面，何惧之有。不数十年，获利数千百万，在南州卖田租一万余担，从前卖去之田业，一概收回，省城所置房屋不下数十栋，捐一花翎候补道。分发广西，却未到省。

生子四，长名文斐、次名笛峰、三名渠初、四名舜庸，均捐候补道，悉未出仕。查魏鹤林生平长处，慎言语，有信实，精明过人，遇事默算不欺人亦不受人欺。对于慈善事业，亦甚慷慨，于育婴，捐助三四千金以为之倡，于恤孤，捐谷一百五六十石作为基金，于童媳，捐银一千余两，凡贫家小户有童养媳者，给费以补助之，种种善举，受惠者至今犹称道勿衰。自魏鹤林卒后，生意渐渐收束，家中用途扩大，现在四子均已分析，合计尚有租七八千石，朝阳巷德裕栈一带房屋提作四房公有，每年佃钱收入犹不少云。

章生明眼镜店小史

走马楼章生明眼镜店，年来兼在对门开设大明眼镜公司，门面扩张，家资巨万。近日该店老板八十大寿，于是街谈巷议，群述该店历史。先是该店老老板于咸丰年间，家世甚微，提眼镜沿街发卖。维时有一安徽高姓者，亦提玉器珠宝沿街发卖，与老老板时常相遇，遂相识而结为契友，后老老板在走马楼佃立门面营业，牌名章生明。该安徽老板遂寄居店，仍日负珠宝出街叫卖。该客来湘贸易已三十余年，忽一日思家念切，将所有珠宝箱寄存该店，飘然而去，十余年不返，维时老老板年近古稀，时常多病，一日谓其子章光明（即现在做八十岁之老板）说：高姓客人一去不返，寄存之物今已十余

233

年，究系何物，从未启视，余老矣，曷启示，见个分晓，章光明遵命启而视之，尽是珠宝，约值数千金。老老板谓章光明说：高客人十余年不返，不知生死存亡，不如将珠宝代为变价，购置产业，如返湘，以产业偿还之，想不见责。遂决定将珠宝变价，购置田产六百余石，代为保存，老老板病危，嘱光明曰，高姓客人久不来，余不能久待，我死之后，每年将出租提出二百石做善事，以报答高姓客人，并表明我们绝不贪他的财，还有就是我们的老店，绝对不能迁址，以后高姓客人或他的后人找来，能够找到我们的店面。言毕而卒。

章光明谨遵父命，每年提谷二百石专做善事，至今未敢稍休。章光明生数子，其一即现任湘乡检察厅厅长章希煦，号子篁；其一即现充长沙总商会会董章子翘，现任大明眼镜公司总经理。章光明现年已八十，夫妇齐眉，子孙众多，生意兴旺，年有盈益，并置有大公馆数栋。八十岁的章光明犹复长守章生明眼镜店中，不离寸步，店中事务时相过问。其子若孙，尝劝其归家安享，章光明说，此老店乃我家发祥之地，并且父亲要我等待安徽做珠宝的高家人，我应当生死守之。终不肯离去，家人亦无可如何云。

老郑大有小史

坡子街老郑大有有三茸号，原先牌名上无老字，店主姓郑，以制造一粒金丸及戒烟丸起家，沿江各埠均有分店。迄今已五十余载。

老店主死后还有三子，长名南寿，分得南昌九江长沙三支店。至光绪二十余年，次子又来长沙，设一郑大有分店。兄弟遂起龃龉。后经长沙县署判断，于南寿所管支店招牌上加一老字，以示区别。仍准兄弟各营各业。其案乃寝。

不久新郑大有因生意不佳，收束回籍。长沙方面唯有老郑大有巍然独存。至宣统二年，政府厉行禁烟，该号所制戒烟丸亦在禁售之列，营业上大受影响，遂改制一种戒烟丸药，不用烟胶参和，谓系以三茸燕桂诸补品制成。闻着歆之，生意遂恢复原状。后为杜他人假冒起见，特在农商部以寿字商标呈请注册立案。该号因此生意日隆。现又兼卖中国人丹。五卅案发生以后，华人抵制仇货，中国人丹盛行。该号获利不少云。

湖南火柴公司小史

湖南和丰火柴公司系前清光绪二十二年省城巨绅张雨珊、杨绍会、王莘田等所创办。集股十几万，购买北门外地皮，建筑厂址，购办机器，开张营业。又在益阳购置枞树山数障，作为盒片火柴棍子之原料。规模宏大，养活贫民不下数千。

当时湖南铜元局尚未开办，该火柴公司每日需用零用钱开销工资，无法周转。遂用篾筹，上盖一百文、五十文、二十文火印，作为零用钱使用。合成一串，兑省票一张。嗣后改发和丰火柴公司二三百文票币，通用城乡，信用昭著。火柴销路，常德、衡州、洪江及江西等处销用极广。生意正在发达之际，奈票币出多，应兑不及。以致公司大受影响，营业停顿。随后添招新股，归浙江人戚咏笙经理。添资独做，将旧股本划分，派人清理，作为该公司股本之一。厂屋机器家具亦作为股本之一。新添股本亦然作为股本之一。红息官利，分别新旧股按分。继续营业三年，又大失败，不得已复行停业。已经数年。现由纺纱公司董事张民苏将该公司新旧股一律收回，拟一人捐资独做。刻下正在清理厂务，修理房屋器具，大约明春可以开张复业云。

麓山玻璃公司

湖南麓山玻璃公司，系民国元年、二年间，由文经纬、萧仲祁、萧利生等集资创办。其始议招股本五万元。民国八年，续招十五万元。合计股本二十万。所出货品，日益精美。每年出口货，已达七八十万元。正当生意发达、销路畅旺之时，该公司一部分股东，意见不合，致启纷争，遂将大好公司闹得几致停顿。结果，该一部分股东将股本折出，另组实华玻璃公司。实华公司为营业竞争，将所出货品低价发卖。以致麓山公司定价不二之货，不能畅销，亦只得放价发卖。公司利息，不如从前远甚。至前年，宝湘玻璃公司发现，又落价贱卖。麓山、宝华两公司生意又大受影响。宝华、宝湘两公司，规模不大，出货无多。而麓山公司工厂宽宏，出货较足。奈成本太大，周转维艰。现虽加有新股，顾因工匠过多，吃食昂贵，门市生意冷淡，货价无法增高。积货如山，推销之术颇为周章云。

肥儿糕求更正启

敝店之设立，系在前清光绪初元。制肥儿糕之法，由福康传来，乃数种珍贵药品之混合而制成。但绝无美国之疳积糖在内（可由化验证明）。形为腰圆，而非方形。敝店之肥儿糕，屡经事实之证明，其功效不仅杀虫，并可消积补脾，乃治小儿成人各种杂症。近假冒者虽多，但俱为李等姓，实无一真正姓姜者。兰心君称有姜姓者误。敝店历在各官厅化验立案，并经明文认定为真江永寿堂。以后如再有假冒者，则同姓不能开永寿堂牌名，异姓则不能冒充江。均有执照及案卷可稽。

陈力新之小史

竹枝词吟道："理问街前车马停，纷纷仕女问碑名。由来力曲传永久，闻得知名是寿星。"小城专卖神曲店之"陈力新"不下十余处，有所谓真陈力新者，有所谓老陈力新者，有所谓陈立兴者，有所谓陈立新者，有所谓沈力新者，更有所谓程力新者，似是而非，布满街市，孰真孰假，莫名其妙。兹经详细调查，真正陈力新神曲店，开在理问街，铺面坐西朝东，系前清乾隆年间，长沙陈姓所设。当初以卖水药为主，兼卖神曲，后以神曲生意畅销，遂弃水药生意，而专卖神曲，销行各省，有四六开之利益，获利甚巨，于是仿造者乘风而起，冒牌夺市，以致构讼经年。后经官厅判断，以理问街剃头店对面为真正陈力新，代为布告通衢。该店即以布告刊碑，勒石于店铺门首，包神曲之纸面上，亦将告示印载。声明本店开在理问街剃头店对门。自此以后，远近皆知，生意大畅。

及至民国元年，谭延闿督湘时，在理问街建造官钱局房屋，收买陈力新所管对门剃头店房屋，陈力新不允，声明系本店商标，与营业上大有关系，后经谭都督亲书"寿星"二字，商标匾一方悬于该店门首，又将商标呈准农商部注册备案，陈力新然后将剃头店房屋卖与公家。现以寿星商标为特别标识。官厅核准有案。查陈力新从前生意极旺之时，因本店房屋窄小，在寿星街置买大公馆一栋，改设作坊，寿星商标之命名，即此用意，现在该作坊内，即以陈皮一项，亦起仓十架装之，该项陈皮非过十年之久不用，每年开作，即须用陈皮一仓。随即填满，又经十年，方始开用，每年用陈皮一仓，即进新货一仓，更番周转，不许紊乱。祖传十余代，毋或敢违。每年对于各药材来往生意，不下万金，而货色非精良者不要。从前神曲只卖八文钱一块，现因原料昂贵，涨至六分洋一块，而需要者仍络绎于途，此真正陈力新实在之小史也。

马明德堂酱肘来历

省城马明德堂，系苏州人氏，主人原以开设糟坊为业，后因糟坊营业失败，将店收束，剩有酱油数缸，不曾卖出，乃佃居福源巷小三开间房屋一栋，专以酱油制造肘子为业，始得每日送往各同乡销售，价格极廉，其味甚美。各同乡贪其价廉物美，无不前往购买代为游扬。生意渐渐推广。该堂于是大开作坊，每日限定只卖一百个，从前生意未发达之际，仅一百二十文钱一个，及至生意发达，涨价至一百六十文，常有缺货之叹。随后肉价增长，遂由一百六十文涨至二百四十文，至近年物价腾涨，铜元低落，现需五百六十文一个，而光顾者仍甚拥挤。该堂主人现已年逾七十，居然团团一富家翁云。

詹彦文墨店小史

省城坡子街詹彦文墨店开设最古。于前明初年，由安徽徽州转移湘省。始在衡州设店营业。即移省城坡子街，营业数十代，流传近千年。当科举盛行之际，生意极为发达。店中所有帮伙，以安徽籍居多。至光绪初年，在火后街创设作坊。原料由安徽徽州转运来省。做工制法，不肯传人。各府州县无不知有詹彦文三字。一由开设久远，一由货真价实。长沙城内铺店之老，推为第一。而支店分设各埠者，亦不下十余处。至外府州县假詹彦文三字招牌发财者亦多。凡老于坡子街之人大都知该店历史之长久。乾元宫推举总管值年，该店必居其一。

东西协盛药号之小史

长沙坡子街东协盛西协盛两药店，东家均系河南籍。自前清康熙初年来湘开设，迄今近三百年，生意异常发达，货物向来归真，故远近驰名。查两店之生意能持久而不衰落者，良由店规极严。该店中帮伙均系河南籍，世代遵守。照店中规，每人每年只准回家一次。平日在店，无事不能出门一步。即有事出去，必经管事者许，限定钟点，否则扣罚薪水一日。店中自帮伙及管事，均着一色布服。禁止绸绫衣裳并禁穿马褂。唯管事人因对外起见，得穿马褂一件。对内以穿领褂为礼服。至帮伙人等薪水，平时只能支取零用钱。所存薪水，由管事人按月汇寄各人家下，店中代贴邮费。年终红利分得极重。故人人贴心做事，希望分红。该两店因是营业数百载，获利不下数百万元。

钱清汉楼小史

查省城卖香粉业之清汉楼，计有多家。有名清汉楼者，有名青汉楼者，有名清漾楼者，有名精汉楼者，似是而非之招牌，充满街市。无非以鱼目混珠之手段，欺蒙乡人上门。以夺真清汉楼之生意。即住省城之人，亦不知何家为真，何家为假。

兹经详细调查，真清汉楼姓钱，系苏州籍，于前清乾隆年间来湘，开设青石桥口。铺面坐北朝南。从前招牌系清汉楼三字。嗣因生意大获利益，冒牌者多。曾与假清汉楼为冒牌事，发生诉讼。官厅为分别真伪起见，判令真清汉楼于招牌上冠一钱字。故招牌名曰钱清汉楼，由官厅立案，布告通衢，讼事乃寝。钱清汉楼遗传十余代，至今仍系钱姓所开。获利之大，假清汉楼虽数十家，终莫能与抗。良由货真价实，顾全招牌信用故也。

董同兴之小史

长沙董同兴剪刀店不下数十家，究以谁家为真，谁家为伪，局外人无从证实。有名董同兴者，有名老董同兴者，有名董正兴者。无非鱼目混珠，假他人之招牌，谋自己之利益。外府州县只知长沙董同兴之货物优良，莫分真伪。而真董同兴受此打击，损失当为不少。

查真董同兴自乾隆年间开设在南门正街学院街口。前清科举时代，各县来省赴考之学子购买剪刀等件，乃至学台出棚，随棚往各府州县贸易者，乃假冒董同兴牌号，谓为分店，获利甚多。于是省城亦有伪董同兴之开设。真董同兴不服，构讼经年。由官厅判断，布告通衢，证明真分店在外。将此证明布告，刊牌勒石于店中。对于非真董同兴，亦准其各营各业，以保存其生活。据此，董同兴之著名，其原因正与劳九芝相同，而皆得利科举，殆资本雄厚，不易开设专店。

德馨斋之小史

省城德馨斋，大街小巷到处林立。除德馨斋三字外，又有称为德香斋者，有称为得馨斋者，种种名目，不一而足。兹经详细调查，真德馨斋，省城只有一老店、一分店。老店开在青石桥，铺面坐南朝北。分店开在辕门上，铺面坐北朝南。招牌上均有浙绍俞德馨斋六字。先是浙江绍兴人俞老德，于前清乾隆年间来湘，开设德馨斋于青石桥。后因生意发达，又开一分店于辕门上。每日生意有三次拥挤，即早饭、午饭、晚饭以前。相传十余代，获利不计其数。

至民国反正，俞姓因人丁单弱，无力经营，遂将原有招牌租与马姓，仍营旧业，局外人不知，犹以为俞姓所开。名存实废，业经数载，而生意依然发达如故。可见百行生意只要招牌著名，不限定东家之真伪也。而假冒德馨斋者虽多，终莫能与真德馨斋相抗。故商家以招牌为最值钱。

三吉斋之小史

徐三吉斋开设省城青石桥，东家系苏州籍，以专心卖点心著名，尤以元宵为最邀赏。每逢正月十五元宵令节，欲买该店点心者，须先期三日预交定钱，否则届期无元宵可买。故每至正月十五，该店拥挤特甚。过早饭后，即无元宵应市。而同业元宵堆积，过问者寥寥。此已成为长沙一种习惯。该店自嘉庆年开设以来，获利不计其数。相处多代，房屋田地购置不少。

乃至民国反正，因人力单薄，店事无人经理，乃将三吉斋招牌召顶。将徐字除去，居然有人承顶，而且出备重金。现在三吉斋招牌虽然如故，早已非徐姓所有。现在系招股生意，营业尚甚发达。元宵之行销，仍如原状。该店招牌却无人假冒云。

吴大茂之小史

人多知有吴大茂洋货店，而不知有吴大茂针店，更不知吴大茂针店为吴大茂洋货店发祥之。查吴大茂针店，系嘉道年间所开。专以卖针为业，迄今百有余年。门面极其狭小，不过两张方桌大之地位，而每年生意极其发达。除开支外，年有余积。至光绪十余年，少东家吴德安在该店对门扩张营业，开设吴大茂洋货号，兼卖钟表。不数年，获利巨万。现已将该洋货号买归自有，老针店一带房屋一概全收。在省城置有房屋数栋，乡间买有田产不少。洋货号生意亦甚发达。店内帮伙约二三十人之多。今年拆街，将门面重新建造。而对门小小老针店门面招牌依然如故。该针店年恒获利千元之谱。而该洋货号生意虽大，开支极重。两相比较，反不如小针店之生意年年有余而落实。此吴大茂之小史也。

长沙香业之内容

湖南香业，最著名者，有顾闻远。其余则有柳福泰。顾闻远，于前清时代即京省驰名。该店所以著名之原因：历代相传，作坊伙友，不洗手不许做工。原料不真，不许做货。斯名传出，一般迷信神权者，遂纷纷照顾。八月朝南岳时生意尤为发达。省城营香业者，不下百余家。生意只有伊家最旺。同业有颜姓者，因生意做他不过，乃取一似是而非之招牌，名曰颜开达（繁体"颜開達"，编者按），乡人不识字者多错为顾闻远。该店得此便宜不少。顾闻远探悉后，呈控颜开达冒牌，酿成诉讼。顾闻远卒至败诉，由官厅判定各营各业，讼事乃寝。该业同人因联络同业感情起见，特创立香业公会。按户抽取牌费捐洋五元，作为公积金。公举总管以管理之。又公举值年四名，帮同总管办理会务。每年办财神会一次。现尚无会址。年年办会，即在总管家举行。

顾闻远香店小史

长沙顾闻远香店开设最早，原籍苏州，于乾隆年间来湘开设。该店老板最信神道，对于造香一切原料异常郑重，如破竹子不许工人用脚跨越其上。如和香粉，必令工人洗涤两手方准工作。采购原料，必选实在真货。诸如此类，无不格外存心。老板既以诚敬为怀，对于帮伙一切不清洁之举，干涉不遗余力。帮伙等无不厌恨，每于

244

散工之后在左邻右舍议论其干涉事实，认为吹毛求疵。而言者无心，听者有意，咸认定该店香品清洁，彼此相传，声名因此渐广。

湖南人最信朝南岳。该店每年至秋八月后，各处香客生意，无不照顾伊家，系由清洁二字所招徕。该业同人见伊家生意独好，于是有冒顾闻远三字招牌另开一店。事为该店老板所闻，控诉官厅。经官判令假冒者将招牌更改。该假冒者亦异常狡猾，遂遵官示将顾闻远三字改为颜开达（繁体"顏開達"，编者按），生意亦颇兴隆。顾闻远无可奈何，乃遗嘱子孙存心作货，毋忘教训。传至于今，尚未改初常也。该店尚有一秘传方药，善治痈疽疔疮，不取分文，每年施济不少云。

柳德芳汤圆小史

省城柳德芳汤圆店，开设息机园横街口。该店主人名柳德芳，系咸丰年间人。起初并无铺店，肩挑汤圆担子沿街发卖。当咸丰兵焚之后，在城外某南货店购买灰面一篓，负之而归。倾出过篓，于灰面中得元宝一个，重五十三两。柳德芳前买灰面时见该南货馆共有灰面七篓。闻系由过路客手中买来。得此大宝后，遂不动声色，并将所余六篓一并买得。归家倾出，每篓得大宝一枚。不胜窃喜。（查该灰面所自来系兵乱之余，该路过客于靖港口河中空船上拾得，运省贱价卖去。）遂佃得息机园口铺屋两间，仍理旧业。对于所做汤圆，比他人略大，而包心略多，为一般顾客所赏识，终日其门如市。柳德芳汤圆于是传满湘城。不数年竟将该店收买为己有，并在乡间置有田业。柳德芳死后，其子孙继续营业，门面未改初常，招牌亦复为旧。至今生意犹未消云。

江永寿堂肥儿糕店小史

肥儿糕一物，从前向无此种药品。至前清末年，有尚德街江永寿堂以美国治小儿打药之疳积糖捣碎，和以米粉白糖，制成方块，名为肥儿糕，编发广告，谓为自造肥儿糕，专治小儿腹内虫疾。一般小儿有虫疾者买而食之，果可出虫。屡试屡验，于是招牌远近驰名，不数年间大获利益。有姜姓者，见而羡之。知其所造肥儿糕之秘诀，遂照样仿造，牌名称为姜永寿堂，生意亦颇发达。江永寿堂以冒牌夺利，控之官厅。后经官厅判断以有姜江二字之区别，准其各营各业。但对于江永寿堂之肥儿糕令加以商标，有官厅注明备案布告，方寝其事。现在该项肥儿糕生意异常发达，乡人不知谁家是真伪云。

纪梁姓发明之圈眼饼子小史

省城圈眼饼子业只有一家，开在小吴门外出城右手，系一梁姓老翁与一孀妇两人所创造。梁姓老翁系浏阳人，于光绪初年，因妻亡子丧，与其媳同居。其媳系油货店之女，在娘家学做河南饼子，嫁到梁家不数年而夫故。翁媳两人贫难自给，遂买灰面做成圈眼饼子，在缸灶内用火烤熟，加以白糖芝麻粘贴其上。其硬如铁，中一穿眼，可以绳穿

246

之，以供小孩买食。每一枚可食许久，因其坚硬难嚼也。各公馆住户凡有小孩之家，无不前往购买。不数年间，居然大获其利。由是生意日见发达，每日货无屯留。各公馆住户至有先交钱定货者。梁姓族人见其富有，争相承继。旋为孀妇继得一子，择配一媳。将做圈眼饼之秘诀传之于子若媳。该老翁孀妇先后去世，竟置有田租数百亩，不改初常。并不带学徒，恐其秘诀为他人所学，省城仅此一家云。

爵禄斋小史

省城爵禄斋帽子店，系光绪初年一王姓者所开设。维时省城各帽子店，只知制造旧式男女缎帽，不知改良办法。该店主王胖子，因事去北京。调查一切北京时新帽子，并带各种式样回湘仿造，改修门面，扩张营业。当时庄赓良为湖南粮道，最爱京式装束。省城各店均无京式官帽，唯爵禄斋有之。庄遂与订购各帽品，在官场中极力提倡。一时湘省各官僚，从前购买官帽须去北京托买者，皆就近在爵禄斋订买。一唱百和，绅商各界，均趋之若鹜。不数年该店大获其利。光绪末年，王胖子去世，生意日渐衰落。有周姓者出资顶牌接做，又随时改良工作，生意复为之一振。乃至民国反正，周姓歇业，又转顶与黄姓，牌名仍系爵禄，店主已易三姓云。

（原载长沙《大公报》一九二五年九月至十二月，

原题《长沙老字号及行业小史》）

第四编

文化姿态

张文博：
一般市民的生活，还是相当地保守着古朴的风尚

讲述人生平不详。

长沙虽然是在现代化过程中的都市，却还依然充满着中世纪残余的意味。因此，一般市民的生活，还是相当地保守着古朴的风尚。就是那些少年的官吏和绅士们，也有几分老绅士的神气。他们很少像江浙人那样好着西服的，身上着的大半能够符合最近六中全会规定的服制，长袍马褂，衬托得十分雍容儒雅似的。他们见了人，免不了作揖打拱；到人家贺寿吊丧，自然是遵用清朝的跪拜礼节。

谈到妇女问题，他们很憎恨恋爱自由和女子再嫁的事，对于节妇烈女，是要赞叹几句"可风末世"的。可是他们并非"戒之在色"的孔门信徒，他们流行的口号是"做人"——就是"讨小老婆"的切口。

他们说："凡是有点狠气的，都要讨两个以上的堂客。"其理由是"人生行乐耳"。不只是做小小官儿的，就是中学教员，多兼了几

个学校的课，也要尝试尝试。小老婆与包车，几乎是新兴绅士们必备的两件玩意儿。

长沙汽车很少，大约是要师长以上的官，才有自备汽车。所以自备一辆包车，在斗大长沙城中，也相当的神气。即使老爷们不常坐，让太太们乘着到亲眷家里去实行"新生活"，也是好的（"新生活"是长沙流行的新语，意思是"搓麻雀"）。

太太、小姐们的打扮，自然又是一条路线，她们总是朝着现代化一方面，但道地摩登的还是只让汽车阶级，据说这是经济条件使然。维持风化、褒扬节烈的事，当局不遗余力地在做。有某机关女监印官，为一个男性公丁所爱，女监印官不高兴那个公丁，那个公丁疯狂似的单恋着她，常常在办公后归途中和她纠缠。于是女的报告警察，把男的捉去吃了一顿官司。哪知他一出来，依然到街上去纠缠那女子。官厅里也知道是个疯子，只好把他再捕来关起。后来当局为维持风化起见，特提出枪毙，以儆效尤，罪案是"蛮恋"。

今年七月，长沙各报载省府褒扬节烈，颁发匾额的地方有数处。这种匾额的样子，我没见过，但以颁给长沙一个百岁农民的匾额为例，便是一块白竹布，上面写几个字。那个百岁农民所得的匾额，是写的"葛天之民"四个字，这大概恭维他是一个原始社会的人，真正也古得可以了。

长沙县教育界出版的《长沙周报》，对于提倡节烈，尽了不少的力。六月三十号出版的一三九期，登载周烈妇静元殉夫事略，以后各期连载这个烈妇的挽联、挽诗、哀辞、传记等。事略是县教育局科员写的，据说烈妇的丈夫叫作"周韵歧，中学生，供职县教育局，其尊人味秋先生，笃行好学，于古今人之忠孝节义，及凡言行之可以警动末俗者，日必纪之于册，烈妇辄取而展诵以涵濡之"。因为受了这种旧礼教的束缚，所以在丈夫病死之后就自杀了。事略的作者又一唱三叹地说："烈妇出自义门，固天性纯焉，而其翁其夫又皆服膺礼教，涵濡诗书，其挺身为女界放异彩、挽颓风，夫岂偶然也哉？夫岂偶然也哉！"

同报第一三四期载《王淑纯女士清操可风》一则，事实是：淑纯为何淑峰嫡配，淑峰另纳宠妾，对淑纯颇疏隔，后凭戚族将家财分析，与夫离居，作有夫之寡妇。编者用四六句写两行小题目道："作有夫之寡妇，艰苦自守；挽末俗之颓风，贞操堪夸。"

该报于记载周烈妇事后，不久又有一段新闻，标题为《又一殉夫的女子》，因为事不出在长沙，没有做许多的文章。

《长沙周报》有文艺一栏，除烈妇挽词外，又见有该报社社长四十初度的寿诗，七律若干首，是该县名人和社长原韵之作。

风雅如不绝，湖南的士大夫当居首功，好几个做过县长或科员的遗少，都用上等中国纸精印诗文集赠送亲友，甚至连小学生时代的得意课卷，如《民生在勤说》之类，也印了上去。所以这样的事，并非《长沙周报》的创举。

在周报中，我既然推举了《长沙周报》代表，那么，日报就要推《通俗日报》了。《通俗日报》名为通俗，又是省立民众教育馆出版的，顾名思义，应当是很大众化的吧，可是文字大半是文言体，副刊里面的识字课，都搬来许多《说文》上的话，还有"白语讲经"一栏，每天只是沉闷地写着"诗云……子曰"。"介绍好书"栏内，所介绍的书是《女子四书》之类。有一天把前面讲的那个周烈妇的遗书真迹制了铜版，印了一幅插图。他们一定觉得这对于国粹主义文化运动，有重大的贡献。

这些报的报头也不寻常，不是何键题的字，就是朱经农题的，他们都署了名、盖了印的。

在国粹主义文化运动之中，各学校国文教员，大部分都换了旧日的举人秀才。喜欢谈谈新文艺的渐渐减少，他们说这些人至多教教初中学生罢了。有一次，一个亲眷家里的学生，问我应当读什么书，才可以学到许多实用的文字，譬如韩元嗣的《博弈论》。我觉得他所举实用的文字的例子很奇怪，但湖南，无论是机关上考试雇员，或学校考取新生，都要求被试者作这种文字，似乎这种文字真是很合于实用的。

有个朋友告诉我，长郡联合中学的招生章程，规定国语以能做二三百字的记叙文为度，但考试时国语试题是"敏而好学说"。有一个投考的小学生写得很有趣，他制造一个敏儿读书的故事，把敏儿描写得非常用功，终于获了良好的成绩。文章是很好的，可是看试卷的认为文不对题，要不是大家都差不多，早已把这个"能做二三百字记叙文"的投考者的入学资格取消了。听说那些试题曾经教育厅方面审查过，有人质问厅长朱经农：为什么小学还不曾读经的时候，中学入学考试老早就考经书了？他自然知道这是疏忽，而且是在那一环境里很寻常的疏忽。

其实朱厅长在湖南文化界还表现了一些阻止开倒车的作用，因为他是一个主张忠实执行教育部令的人。关于中小学读经，亏了他的主张召集教育界人士举行各种会议讨论才没有强迫实行。他又曾请胡适到湖南演讲过一次。虽然胡氏不过讲的"中国将亡于贫、弱、贪、愚"那一套，可是这位做过白话文运动的宿将，到现在的湖南走一趟不是没有意义的。胡氏临去的时候，有人赠送他一首对联，写着曾国藩的"行事莫将天理错，立身宜与古人争"那两句话，自然是大不满意。

在教育部通令采用简体字的时候，湖南各校都正在禁止学生写俗字和省笔字。部令到了以后，有些学校采取一种绝妙的折衷办法，就是，除作文簿外，一般的笔记簿准其写俗字或省笔字。他们很着急学生子将正体的汉字忘记了。近来报载有几百学生代表要求电请教育部收回简字的成命，当然不是偶然的。

因为要防止新思想的输入，并集中学生精力准备会考的缘故，有些学校是禁止学生读杂志的。他们说，只要把正课范围以内的工作做好了，就了不得，哪里还有闲工夫读外面的东西呢？

在文化封锁的局面下，在校的学生只是为考试而读书，校外的知识分子便吟诗作赋，或者编本把国学入门书呈主席批阅，也有获得奖金的希望。至于颇负时望的老先生如李肖聃之流，就忙着"绛帐传经"，大有"满城桃李尽在公门"的神气——他除在各校授国学课外，在家还开班讲学，各校教员和各机关公职员，不少前去听讲的。他们说："如果我没有国学常识，恐怕人家说起来，在大庭广众之中要丢脸的。"

此文写于一九三五年前后

（《吾乡风情》，上海书店出版社一九九七年一月初版，
原题《长沙的文化姿态》）

立　人：
在长沙，旧书店是集中在玉泉山和府正街、南阳街一带。每一家的书架上，线装书、洋装书堆得满满的

讲述人生平不详。

　　当你买不起新书而想看书的时候，或是想得一部绝版书的时候，你便想起旧书店来，在这里，也许可以达到"马儿好，而这马儿又不吃太多草"的愿望。

　　在长沙，旧书店是集中在玉泉山和府正街、南阳街一带。每一家的书架上，线装书、洋装书堆得满满的。从中国的古文到教科书到洋文，也都有一点点缀着。也许在你打从这些书店经过时，见着那个可怜的样儿，会想道："这有什么生意呢？"可是奇怪得很，他们那数口之家，完全靠着这些生活，而且他们也活得过去。

　　他们生意最旺的时期，是学校开学的时候，学生们拿着学校里的购书单就向旧书店里冲，实在找不着时，才向其他书店去买新书。除了一年两度的开学时期外平常生意就比较淡了。

　　旧书和新书的价格，相差四成甚至一半，如果是有价值一点的

民国时期的书市

书，或者是还有几成新，相差比额，也不十分大。不过，在普遍的贫困下，纵是便宜一点点，也还受着人的欢迎。

他们旧书的来源，大约可分为"明市"与"黑市"两种，所谓"明市"，是当你贫困时，或远行不便携带时，就将书本向旧书店里割爱。有的学生们读完了这一期，就将书卖出，买进下一期的课本。所谓"黑市"呢，那就是偷人家的书卖，这在有些学校里，也常发现。有些品性不好的学生，就将同学的书偷出向玉泉山、府正街一带跑。在学校的同学们，你如果发现书不见了的话，立刻向这一带找，十之八九可以找回来。不过东西既到了书店，你认识你的书，你的书认识你，可是没有钱，是没有法子赎它的身的。所以有的学校，为此特刻一个章，"××学校学生用书，一律禁止买卖"，在每一本书上盖着。当然，这并不是强迫盖的，打算学期终了卖书的学生，仍是可以不盖章。

操旧书业的人，也还要具一种眼光，看准哪些书容易推销，就收购那一类的书，不然也会贴着老本儿的。

现在正是他们兴旺的时候，不过买了书的人也要留心，不然它又会回到娘家去的。

（原载长沙《国民日报》一九四七年九月十七日，原题《长沙的旧书业》）

佩　广：

民国十四年方克刚等发起于山巅建一公开性质之图书馆，命名南轩，以示景仰先贤之意

讲述人生平不详。

我住在城南，南轩图书馆是时常同它来往的。一则因为近，再则该馆到底比我们学校里的规模要大，尤其是经费要充足些，所添置的新书报要多些。但是你一个不熟的人，或者没有学校的介绍和证明，借书的手续相当的麻烦；如果一经弄熟，或者有人介绍，倒也简单便利。至于那借书工人冷淡难看的面孔，你就得忍耐，你多跑几次，准可和颜悦色地欢迎你。

该馆位于妙高峰之巅，与昔日之南轩图书馆毗连，民国十四年方克刚等发起于山巅建一公开性质之图书馆，命名南轩，以示景仰先贤之意。正式新馆之建立在民国十五年，馆屋共分上中下三层。下层为阅书室、阅报室、儿童阅览室，二层为研究室、书库办公室，三层为贮藏室及晒书台。十余年来，前后添置新旧图书达一万七千余种，杂志也有四百余种，历年报纸，也都按年份订成册。

我会着该馆的管理员许席珍先生，他领导到各处参观，随时随地把馆中的情形和设施告诉我，过后，我们天南地北地谈起来了。

　　"许先生，"我说，"在过去，一般人的观念，都以为有了一所房子，备着若干书籍，供给那些有闲阶级茶余酒后的休息闲谈，便算是高雅的一所图书馆，便算一所'知识宝库'了。他们把图书馆看作少数有闲阶级的俱乐部、消遣场所，他们把图书馆当作社会的装饰、有钱人的点缀品。他们不但把图书馆看作与平民无关，并且以为图书馆是独立于一切人们生活境界之外。他们以为图书馆是远离人间的天宫，从不知道那是民众知识面包的供应所，它的意义与价值，便是在于'供应'，他们根本把图书馆视为民众生活以外的重地，并且严厉地警告着'闲人免进'。这怎么得了！"

　　"对的！过去一般人的观念确实是错误了，我们千万要改变过来，我们知道，图书馆的责任是保存人类记载，集中人类的思想与经济，供应人们的参考运用，所以图书馆是知识的流通所。"

　　"胡适先生说过：'古人只讲究藏书，我们要人用书。'现在的图书馆要注意到胡先生这两句话。杜威博士有言：'古代的图书馆，如贮水池，今日之图书馆，如喷水池。'这种比喻是非常中肯的。的确，现在的图书馆，是公开的而非收藏的，是为全民的而非贵族的，是解决生活的工具，不是只供玩赏的宝珍。社会教育，此为中心；文化发扬，此为枢纽。现在的图书馆事业是以美国为最发达，他们也承认图书馆是'大众大学'，欧美文明国家，受其赐者不少，在学校教育不能彻底地普通化、平民化，与民众的经济能力不能均等的我们国度里，图书馆实在是我们理想中'教育机会均等'的最切实、最有效的民众教育的基础。因为图书馆的组织不似学校形式那样的机械，有两个伟大的特点，为任何学校教育所不及：一、可以不受'程度''年龄''性别''经济''时间''阶级'等等重要问题的拘束。二、可以依据着特殊的天性、个别兴趣、特定的需要，绝对自由地学习、研究、发挥。"

"然而现在的图书馆对于民众取书的麻烦，浏览的不便，限制的严格，布置设备的简陋，处处使读者感到畏缩，而且有许多'馆禁森严'，抱着一个热烈的心走到图书馆以后，求知心早已打消了。我深深地感觉得到：一、图书馆是个大书库，自己既不是有闲阶级，没有时间、精力去浏览。二、图书馆只是少数人享乐的机关，图书与民众生活不相关联。三、看书的手续太麻烦，时间、精力都不经济。四、借书不自由，看书缺乏指导。先生以为怎样？"

"中国的图书馆无疑的是需要大大地革新与改善，一个图书馆馆员，应该明了读者心理，注意出版消息，买书须合乎时代性和地方性，并且，图书馆的馆员，不是看守死书的卫兵，而是民间知识的搬运夫。在借书手续上，应力求简易，必须按着特殊的情形与特殊的知识，无代价地送给民众。"许先生很用心思考地回答我，这话是值得所有馆员反省的。

"来馆看书者哪种人为最多？看报章杂志者多，还是看书的要多些？"

"学生多些，市民次之，各机关本馆虽印送了图书目录，来馆领阅者却寥寥无几，一则读书习惯没有普遍地养成，二则馆址不免偏僻一点。看书者不及看报章杂志者远甚，因为报章杂志上的文字比较新颖真确而充实，在时间上说也要来得经济，并且看去一目了然，所以看者较多，因此，馆订购报章杂志甚多，全为满足大众读者的需求。"

该馆图书分类，是用的王云五氏中外图书统一分类法。王氏的分类法并不是一种新发明，而是建筑在杜威十进分类法的基础上的。"十""廿"和"土"三种符号就是王氏分类法的关键，此外尚有两个特点：一是地名分类的简捷便当，一是著者号码的省时活用。

该馆的大部开面图书，有《图书集成》《万有文库》等。《东方杂志》，则从民国元年起一直到现在全部无缺，类中有一部分为罗元鲲先生赠送，虽然前面尚缺八卷，然亦足珍贵矣。

许先生告诉我，他预备下年添置一千多块钱的新书，打算购置世界文学家全集，及社会科学方面的书，这计划如能实现，该馆图书将更充实。

该馆之成立，开湖南私立图书馆的先声，年来尤有长足的发展，加以许先生高明能干，读者将一天天地增加，洵"宾至如归"也。

预祝南轩图书馆在湖南的文化界里放一异彩。

（原载长沙《力报》一九三七年八月十三日，

原题《知识的供应所——妙高峰南轩图书馆》）

荷 坞：

湘剧之师祖，庙名老郎，在三王街之三王巷，建立于清初

讲述人生平不详。

湘剧者，指湖南全省所有之旧剧而言，在湘西之湘剧，或带鄂省汉调之味道，或沾川调之余风。在湘南之湘剧，则多粤音之流风。在湘东之湘剧，则咸不离四平调之准绳。所谓长沙湘剧者，专指长沙一隅之湘剧也。

湘剧调韵，创自何时，莫可稽实，俗语惯呼湘调为汉调，或湘剧多蓝本于湖北之汉调，抑或有之，然湘调自有湘调之立场，未可混称之为汉调者。

湘剧之师祖，庙名老郎，在三王街之三王巷，建立于清初，其何人，言人人殊，或谓为唐明皇，或谓系李后主。长沙建庙者陶姓及某姓二人，地名原称席草田，四周之地皮甚广大，历任庙之总管，多不廉洁，遂将四周之地皮，陆续卖去，仅存一庙。至清华班老旦瑞湘麻子任总管时，竟将庙产簿据，概行烧去，致令后人，益属茫

然。瑞湘麻子之所以如此者，当因其私囊饱满，恐人查究也。

湘剧成班，必请牌于老郎庙，班名之最老者，为康熙三年之福秀班，此班名招牌，至今存庙，惟秀字上之福字，磨灭难辨，或尚非名福秀班也。

福秀班后，至康熙六年，有仁和班，其中名角小生喜保善演烂布戏，武生杜三以打猎回书著名。乾隆年间，有大普庆班，来自北京，自称官班，官殿设洪家井，殿门口悬有乌纱鞭、红黑帽。不知者，几疑其为一官吏衙门。专唱昆腔，以小生熊庆麟为最大名角。周文湘之《絮阁》《小饮》《惊变》《闻铃》诸昆曲，皆传于熊庆麟者。

科班始于乾隆末年，班名麟九堂，所科之角，皆以麟名，最佳者，为王碧麟、叶金麟、朱德麟、田桂麟诸角。

大普庆后，有小普庆班，昆腔之外，兼工乱弹，最大名角，为夏庆成花脸，即夏胖子，张庆友紫脸，胡庆营武老生。

与小普庆班同时者，有泰益班，其大角为何湘南靠把老生，即湘南麻子，陈如瑞武小生，时有童谣云："众位先生慢些吃，吃了饭来看泰益，不是杨滚教枪，就是辕门射戟。"盖何湘南善演教枪之杨滚，陈如瑞善演辕门射戟之吕布也。

泰益班之外有同庆班，名角老生为张庆青、盛庆玉即盛满、柳庆美、王庆福，其五云班已科出有许多名角，有姜钟云者，可以压倒一切，观剧者遂有四庆抬一钟之语。

（原载长沙《国民日报》一九三一年十二月二十日，原题《长沙湘剧源流考》）

非 薄：
欧美电影片输入长沙，在废清的宣统年间，当时的作品除了幼稚二字外，无可批评

讲述人生平不详。

　　欧美电影片输入长沙，在废清的宣统年间，当时的作品除了幼稚二字外，无可批评。民国二十三年，长沙青年会，间以电影作基督教教义的宣传工具，而招致一班青年学生去受基督的洗礼。所有的影片，皆不外含有极浓厚的宗教色彩，除描写一个短篇故事外，更加演一两幕滑稽片，以引动观众的兴趣。嗣青年会，渐以电影营业，每星期演放一次，生意颇不恶，顾客以男女学生，及邮电局的职员为多。然影片仍不免有教义的含蓄，该会以电影营业，日见发达，乃租演侦探长片，如《黑衣大盗》《红鹰党》等，颇能轰动一时，电影深入长沙市的民众间，此为其口矢。继侦探片而起者，为神圣及游侠一类的影片，如《野人记》《三剑客》《荡寇志》《月宫宝盒》等。此外关于历史的描写，如欧洲各国宫闱的秘史、君权的伟大、神权的尊严，均能一幕一幕地演映于银幕上。

266

电影的艺术，日益精进；观客的兴趣，乃随之而浓厚；观众的数量，也随之而增加了。

长沙市的电影院，渐有百合、乐天等数家，均为时代的生产品。电影既专做营业的工具，于是所租的影片，其种类当不如青年会的单纯，然以爱情作品占其大半。此外关于社会的教育、人生的哲学，银幕上的描写，亦颇多杰构，不特艺术已臻上乘，其寓意亦甚深远，如卓别林导演的《巴黎妇人》，及卓氏所主演的《淘金记》《马口》等，所含蓄的意义极大，给予观众的印象极深，此外欧美各影片公司，除摄制整个故事而外，当能将一种科学的新发明，如军械的精进、机械的构造、物质的建设，及天文地理的新发现、政治的新布施、教育的新进展，均摄成新闻片，附带送演。一方面固属宣传的利器，然他一方面，能使闭塞的民族，尤其是长沙的民族，借此也可以得着一部分新的知识。那么，电影虽属娱乐事业，然其有益于世道人心，也未始非一种社会教育的急先锋，所以欧美的政府，辄直接间接给各家影片公司以经济的帮助，及相当的保障和提倡，以资发展。尤其是电影片，不但是为一个国家或民族优的方面宣传的利器，而且是国际间，商业竞争的战争品。据美国的国际贸易每年的统计，电影片为其国家的第二宗最大收入，此项情形，党政当局，宜注意及此，不必一定拘于已摄成之各中国影片，研究其优劣是非，必思所以与西人竞争之道而后可。近年来，有声电影发明后，电影的艺术，更进一步。闭塞的长沙市，自去年有西人某氏，携带机件来湘，一度试演后，已轰动一时。今年暑季，百合曾公演一次，不幸短命，最近万国专以有声电影营业，果异军突起，营业大盛，所演各片，均为观众所称道，然以券价过高，未能普及，是该院应当注意的一点。

（原载长沙《国民日报》一九三二年一月十七日、二十四日，

原题《电影：长沙的舶来品》）

宗 法：

谁说长沙没有一个设备完全的电影场？看吧！银宫电影院便是一九三五年的新建设

讲述人生平不详。

近来有人说，长沙，这么样一个繁华都市，找不出一家设备完全的电影场。真的，谁也会这样说，你不信，你去看看，任你走到哪一家，你只要看到它那破旧的建筑、狭窄的座地、肮脏零乱的椅凳、暗淡不明的电光，或是闻到一股不香不臭闷人的气味。虽然，你去的时候，是带着一种欣悦的舒畅的心神去观看，但它的片子纵映得如何好，可是，你一到里面，你所有的兴趣，马上会消失得无形。

现在，一九三五年降临了。当然，任何事业，在这个年头儿，我们是抱着无穷的希望，希望它会有一番新的改造和新的建设，希望它跟着时代的车轮一齐移动。

我们不要失望吧！我们不要小觑长沙吧！谁说长沙不是一个文明进化的都市？谁说长沙没有一个设备完全的电影场？看吧！银宫电影院便是一九三五年的新建设。

银宫，这是一个多么美丽堂皇的名词，她牺牲了多少的心血，遭受了几许的艰难，她微笑地在一九三五年的新年爆竹声中呱呱地诞生了。她的诞生，是怀胎在过去的不景气象中，是生长在一个现代的急剧进化的潮流里，她是一个时代的车轮所表现的痕迹，是一九三五年的新湖南的火花，她蕴藏着无限的活泼的生机，富有着青春时代的美丽，她是新时代的一线曙光，是我们湖南独一无二的乐园。

我最嗜好电影，这几天因为过旧历年，爆竹声音震撼天地，多么热闹。有钱的人，当然，除了过年之外，他们的乐事多着，我呢？可怜得很，不要谈吧！穷小子，只有穷小子的年！

前天，朋友赠我一张银宫影院的入场券。我很欢喜，我觉得我的福分真不小，直到现在，我还感激我那朋友的赐予。

银宫，这是一个多么美丽堂皇的电影院。我不是文人，我不能尽情地描写她的好处，我只觉得她的一切一切都可以说得上一个好字。

我记得，那天晚上是映的《大路》吧。《大路》这个片子，我不敢赞美她有怎样的精彩，但是，我数月不看电影了，我把她比较一下，我觉得这片子也可说得上新时代的产物，说得上是比往年的片子进步多多了。

我希望银宫影院，时常有这样的片子给我们看，我希望银宫影院的当局者，在开幕之初，以最大的决心，拒绝神怪不近人情的影片，打破一班人崇拜迷信的心理，振奋起观者的爱国思想，引导着湖南的人民向着一九三五年的大路迈进。

我还记得，那晚起映的时候，不是有这么一段"本院开幕之初，便以最大决心，实行新生活运动，愿与诸君共勉"的标语么？我希望银宫影院的当局诸公，秉着硬干实干的精神，没有畏惧，没有退缩，努力地坐言起行！我希望银宫影院永远地占据着湖南模范电影院的宝座！

我在这里期望着！我在这里庆贺银宫电影院的胜利，祷祝银宫影院的成功！

谁说长沙不是文明进化的都市？谁说长沙没有设备完全的电影场？

（原载长沙《国民日报》一九三五年二月二十一日，原题《银宫》）

唐耀章：
明德是湖南学生五四运动的前瞻，在湖南学生运动史上，实有值得记载的价值

讲述人生平不详。

　　明德是湖南学生五四运动的前瞻，本人当时正肄业旧制中学第十三班，恰好是站在队伍前面，摇旗呐喊的一员，在湖南学生运动史上，实有值得记载的价值。今年四月一日母校举行校庆纪念的时候，我向同学们的献词中，会强调地提到这一点，并会允许明德旬刊社长周克诚同学将我当日亲身经历的情形，做一篇回忆的报道，留一些过去活跃着的印象，给予我们现在的新同学。只是因为琐事的纷忙，还没有做系统的记述。期因旬刊备稿甚急，又恰到纪念五四运动的季节，姑且就记忆所及的，当画一个轮廓，但"白头宫女话玄宗"，真所谓抚今思昔，不禁有无穷的感慨了。

　　事情的经过是这样。当民国八年五四运动的狂潮一泻千里，湖南青年，受着强烈的刺激，虽感觉到情绪都很紧张，但对于罢课的行动，却多观望徘徊，没有人敢出来倡导。那时我们的同学，为爱

272

国心所鼓荡，尤其是感觉到明德是革命策源地的学校，对于这种富有革命性的运动，应该首先响应。于是一面秘密进行罢课的准备，一面分派同学赴各校取得联络。当时活动最力的是十四班同学柳厚民君。在这个过程当中，长郡代表吴长生、湘雅代表李振翮、高饶朗和省立一师代表，现在中共领袖的毛泽东等，都先后到我们学校来取同意。只要明德决定罢课，他们当采取一致行动。我们得了这些有力的后援，越发气壮起来，没有经过学校当局许可的程序，各班便自动集合，在礼堂举行全体学生大会，来解决罢课的问题。

当日谢祖尧先生任中学主事，听到这个突兀的消息，异常惊骇，急忙出来制止，但群情已汹涌如潮水一般，哪里还按捺得住！全体学生大会，终于在礼堂举行了。谢主事只好邀集各位老师，前来弹压。我那时被推为大会临时主席，年纪轻、头脑笨，仿佛什么都不在乎。只觉得浑身的热血紧张，首先抢上讲台，把为什么要响应北平学生罢课示威运动的理由，拉东扯西地说了一大篇，博得台下不绝的掌声。侧边坐着的老师，都鼓起眼睛望着我，好像是个暴徒。此情此景，犹在目前，迄今回想未免幼稚得可笑。在那时候，母校同学中，还有个研究学术的团体，叫作同求会，主持的是李维湘、何公望两位学长。他们主张稳健，是极力反对罢课的。当谢主事在大会中训诫我们：要镇静不要浮躁，要认清不要盲从以后，何李相继讲演，力劝大家须潜心学业，不可消耗光阴。李维湘君更是痛苦陈词，说得声泪俱下。此时一部分同学的心理，已似乎有点动摇。在这紧急关头，十四班同学左景鉴君，看到会场形势，将起变化，跑上讲台，捶胸拍案，大声疾呼："我们国家民族，快要受日本的宰割了，就是一只猪，杀起来也得叫几声，难道我们同学，都愿做一声不吭的死猪吗？"刺激得大家的神经，都紧张起来。就在一阵热烈的鼓掌和一片赞成声中揭开了罢课的序幕，也就是湖南青年响应五四运动，实行罢课的第一声。

不到几天，全城中等以上的学校，都参加了我们罢课的阵线。各校推派代表，组织湖南第一届学生联合会，会址设在省教育会内，就是现在的中山堂。工作逐渐展开，形成了如火如荼的一幕，在湖南学生运动史上，开创了一个空前的新纪元。明德在当时，实为这个运动的核心，可说是居于领导的地位。这是我们同学，所应当记得的。

还有一项，要特别提及的，就是因着五四新文化运动的思潮所激荡，我们首先迎接白话文，和民主与科学的两种精神，创办《明德周刊》，我与同班的何石顽君负主编的责任。记得在创刊号里，还写了一篇什么《德谟克拉西与赛因斯》的文章，是用的四开纸，并印有蓝红两色极精美的封套。虽内容粗浅，但那时候湖南的刊物完全用语体文的，我们要算是破题儿第一遭，颇引起了一般人的注意，远近各方求索的纷沓而至，由五百份激增到两千份以上，畅行一时，创造湖南各学生刊物的新纪录。那时毛泽东用白话文编辑的《湘江评论》，还在《明德周刊》之后。这一段经过，可供编纂《明德旬报》创刊史的资料。可惜原来保存着的几张，在抗战疏散时遗失，现已无法觅得作为珍贵的纪念了。

光阴如电闪一般，一眨眼间，五四运动到现在，已越过二十八个年头了。谢代校长祖尧先生，尽瘁校事，遽归道山；本篇所述及的柳厚民君，墓木已拱；李维湘君蜚声于财政界，不幸在航展时，竟惨死于敌机轰炸之下；何公望君，负教育界众望，最近赍志以殁；左景鉴君，治学成名，闻在白下；何石顽君，性耽文艺，传居沪滨，但均久无消息。回溯前尘，为之惘然。至于本人，马齿徒增，事业毫无成就，不仅有负当年师长的期许，而且愧对今日的同学。

　　最后盼望母校的同学们，不要忘记了过去在学生运动史上最光荣的一页，更须继续发扬五四运动的奋斗精神，永远站立在时代的前面。

三十六年五四纪念后三日于大晚报

（原载《明德旬报》一九四七年五月九日，原题《明德与五四运动》）

隽：
要谈青年会的史略，还得追溯到民国元年去

讲述人生平不详。

我不信任宗教，我也知道宗教不过是理想的加功，而且是过去社会发展过程中的一种产物。不过一种宗教假使能够完全脱离迷信的观念，而专门维持着那种为社会服务的精神，我也不反对宗教。

这里，我想为读者介绍长沙基督教青年会。

青年会在小四方塘，大家知道的。青年会的建筑在长沙看，是比较堂皇，也是大家所知道的。不过青年会到底是什么时候兴起，青年会的内部组织同设备到底怎么样，青年会的目的到底在什么地方？我想起码有一部分朋友不是十分清楚吧，所以我们在此只想谈谈青年会的史略、组织设备同目的。

要谈青年会的史略，还得追溯到民国元年去。民国元年，长沙市各教会联合函请青年会全国协会来湘组织，全国协会便于民国二年秋季，派遣挪威籍干事穆格新、夏义可到长沙来，开始筹备。民

国三年穆格新君因事辞职，全国协会又改派美籍干事饶伯师君来会，总持一切。当时的会址还是租赁浏正街的民房，所有的会务，都在发展期间。民国六年，雅礼大学新校舍落成，原有西牌楼房屋打算在迁校后招佃，青年会因为浏正街的会址僻在城东，对于会务的发展非常不便，所以马上便承佃着雅礼的旧址，并将全部房屋装修一新。迁入后，曾举行过一次伟大的庆典。当时，我们的谭前督军延闿，还是一个贺客，迁到新会址之后，因为地点适中，同时聂潞先生，当选为名誉总干事。聂先生以全力对付，又承全国协会加调欧美籍干事数人到会助理一切，所以会务的发展便非常迅速。民国七年，又因会务发达，原有的会址不敷展布，于是董事部有募款建筑新会址之议决，乃请全国协会转恳北美协会捐助建筑费，是时函电交驰，不绝于途，结果北美协会慨然允诺捐助建筑费十二万五千美金。

挪威青年会也捐助体育建筑经费数万元。同时，谭故院长延闿、熊秉三、黄一欧诸先生及各界亦解囊相助，于是马上便在小四方塘相购买地基，鸠工庀材开始建筑，历三年始告完成。民国十五年，乃由西牌楼迁入新会所，举行落成典礼。

在那个堂皇的会中，有青年学校，有民众学校，有健身房，有弹子房，有沐浴室，有大礼堂，有会食堂，有露天花园，有寄宿舍，有游泳池，有外球场，有会员交际室，有图书馆，有中青团，有电影场，有白雪剧团……花头之多，真是不胜繁书。我们假使用他们自己所标出的德、智、体、美四育归纳起来说，可以分做：

德育事业：宗教讨论会、宗教讲演、德育讲演、中文查经班、英文查经班、青年与宗教运动、灵修会、夕阳会。

智育事业：青年学校学术讲演会、民众学校、书报室、打字班、音乐班、中青团、民众歌咏班。

体育事业：会员篮球班、青年体操班、网球班、会员排球班、体育促进运动班、游泳班、弹子比赛、乒乓球比赛，各项球术比赛。

美育事业：电影、交际会、旅行会、聚餐会、阳春剧社、白雪剧团、游艺会、象棋比赛、魔术团、野餐会。

青年学校原为青年中学，成立于民国八年，民国十七年方改今名，教授各种科学完全按照高初中程度分列班次。当时并增设夜班，设英文日文会计等科，使公务人员及各校学生便于业余课后到这里来实习。民国二十三年，又开办商余夜班，专一教授青年商人的应用知识。现在全校共有学生约三四百人，计二十班，校址设在二楼西边。

民众学校，在春秋两季开办，每期免费招收穷苦失业儿童数十名，一切用品概由学校发给。校长为周邵群小姐，周小姐是艺芳女子高中毕业学生，对儿童教育素具热忱，所以办理成绩颇佳。

图书室在少年乒乓球室内面，每日只开放两小时，专门供青年中学的同学"浏览"。

会员交际室：目的专供会员及外界来宾憩息，设弹子房前，四壁悬有历届征友会得胜队长的相片与纪念铜版，室内还置有收音机、留声机、沙发座椅、书报台柜及弹子台等项。

健身房：建筑颇宽敞，设备也算周全，各种户内体育器具，总算是齐备了。内分（一）会员篮球班，每逢星期二、五晚间七时至九时为练习期间，练习后在指定地点洗澡，概不取费。（二）学生体操班，加入的大都是青年学校的学生，每学期开始，便到体育部自动报名，依人数的多寡来定班次，除星期日外，每日下午三时至四时为练习期间。（三）体育促进班，目的在联络体育界而组织的小团体，每逢星期三晚上七时到九时为练习期间，待遇与会员班同。参加者为本市体育教员及会员中热心体育事业者。（四）篮球比赛，除会中体育部发起的青年篮球比赛外，本市大规模的篮球赛大半在此地举行。另外，各界还可以到里面自由练习，不过要买入场票，也可以叫作租场费，费用每小时五角，晚上一元，因为晚上要用电灯。

外球场：在舍外的花园内，风景倒还清雅，空气当然是新鲜的。历届所举行的青年排球赛同网球赛都在这里举行，所以场子里到现在还余有杀声哭声、笑声同啦啦之声。最近，全个场子都布敷了一层细沙，两端摆着两个新篮球架，样子十分了得，青年杯篮球赛便在这里举行。篮球赛之后，接着便是网球赛、排球赛、足球赛、游泳赛。从春天起，一直要热闹到秋天方会停止，我们且静候青年会的战鼓杀声吧！

游泳池：假如你在游泳池里洗过澡，你一定会舍不得出浴，看样子那池子便太舒服了。不说别的，就是它的建筑费都是用去了四万元。现在里面没有水，我们所看见的是一个二十米长五米宽的光滑洁白的大瓷盆，入水那一头约莫有一丈深。盛满了水，假使有人裸体到里面去游泳，那风景总该够味吧。那时候，我们定会因为想起一种动物来，几只缸里的活漾漾的鱼。可惜的是不能四季开放，开放期仅仅每年七月一日起到九月十日止，而且到里面去洗澡，还得先到沐浴室去把一身洗得干干净净才能下水。他们规定的办法是：（一）普通购券每日下午二时起，六时止，以十人为单位，不足十人，也要以十人计算，每小时会员二元，非会员三元，过十人便要加费。加费的办法是会员二角，非会员三角。（二）特别开放每逢星期一三五午后七时到八时为特别开放期，以一人为单位，每券会员两角，非会员三角。（三）游泳班专为初步练习者而设，每逢二四六午后七时到八时为练习期，收费名誉会员免费，特别会员一元五，普通会员三元，非会员五元。

寄宿舍：房间并不见得十分多，然而陈设倒还雅洁。每间房里，都摆着一张或两张铁床，一个小桌子，每天的宿费是一元到两元，可是没有饭吃，吃饭还得到下面的会食堂里。现在粤汉铁路通车了，往来的尖头们，一天一天地多起来，他们都不愿到旅社去住，而愿意到这里来，因为这里比较洋化。来住的人一多，生意繁荣，原先的三楼便不敷使用，所以现在已将二楼的原有会食堂改作宿舍，会食堂却改到地下来了。这里，我还得附带说一声的，便是这宿舍里不住女宾，而且女宾来会男宾都不能到男宾房间里去。

大礼堂：场址颇宽大，建筑也算雄伟，里面可容一千一百多座位，历年来，一些德育、智育、学术、科学、幻灯、演讲活动，去年三八节长沙市第二届集体婚礼，及几次长沙戏剧公演都是在这里举行。闲时，多半用作电影场。

露天花园：在外球场之侧，花木扶疏，绿草如茵，为夏季纳凉的好地方，可惜不常常开放。听说今年暑假将由会中会食堂承租，在里面摆设些小桌椅，卖点小吃。那时，恐怕民众俱乐部又会失掉一部分生意吧。园中有总干事夏义可纪念碑。

弹子房：原先设在总办公室的旁边，本年因为该处改辟交际会，所以又到会食堂中餐间旁边了，室内现在只设有两个弹子台，球只球杆据说都是新置的。每天上午九时到晚上九时半为开放时间，星期日停止。

这些，都是青年会会内的大概情形，至于会外的工作，我们可以看见他们的会员常常到郊野或山林中去举行野餐或参观旅行。野餐、参观旅行我们都晓得不但能够舒展胸襟，而且可以增加情志。不过，在我们看，似乎总觉得他们的外国人口味太浓厚了一点。

在青年会壁上，我们到处可以看见他们贴着堂皇的标语，那些标语是："青年会是培养灵性增进道德的机关""青年会是灌输学问启迪知识的会社""青年会是锻炼身体健强体魄的地方""青年会是集合群众服务社会的团体""青年会是公共卫生个人卫生的提倡者""青年会是社会恶习人心沉沦的挽救者""青年会是青年人正当娱乐的图谋者""青年会是提倡新生活运动的实验区"。也许这便是他们的目的吧，好听则好听矣，我们总希望他少灌输青年一点宗教观念。

（原载长沙《力报》一九三七年四月二日至三日，

原题《青年会的过去与现在》）

隽：
民众俱乐部是民国二十三年春三月落成的，它既然能应时代的需要而脱胎，自然博得不少长沙市民的喜悦

讲述人生平不详。

　　我来到长沙——这座日趋繁华荣盛的城——已整整七年了（民国十九年避匪迁来）。虽然事实上已与它——长沙相处了如许长久时间，可是我还是个带着十足俭朴风尚的被称为"乡巴佬"者，都市所给予人们的一切颓风败习，我都没有直接或间接受到，原因是我很熟识它——都市的身份，对它取了相当挡架的摆式，而且，我自己生性就是个不爱华饰、不慕虚荣的人，不愿意常在外头兜圈赶伴，因此免得颓风败习的影响，但我对都市所造成的颓风败习等等罪恶的因素，并不咒骂都市本身，我认为这是都市必然的现象，这更是人们自作自受的事，只要我落个干干净净，倒别管他。的确，我未曾与都市的直接动态共俯仰行止，就拿闻名全市的民众国术俱乐部来讲，我到那儿去巡礼观光，连前天一次都还清晰数得出才是第四次。

民众俱乐部是民国二十三年春三月落成，我第一次到俱乐部巡礼是在落成后的第三日，当时的长沙还是座古城，还没有脱掉它古老的破袍，街道及一切建筑都还停滞在十八世纪的样式。在当时，开放给大众娱乐的场合，全城就只有两处：南城的天心阁是久已拥有盛名，城北的俱乐部是新兴后生。俱乐部既然能应时代的需要而脱胎，自然博得不少长沙市民的喜悦。我呢，怀着同样新奇的情绪去逛了一趟。其时的设备，因系落成之初，所以一切都很简单，仅现在有的民众大礼堂、高尔夫球场、射场、民众食堂及花圃。中间两次去参观，都是应朋友之邀，第二次去参观时是民国二十四年冬，设备与布置与前无多大更新，接连民众食堂新建了一栋民众浴室。第三次参观时是民国二十五年季秋。傍近中山中路的又一村口，新兀立着一所器宇轩昂的民众大戏院，同时内部的一切设置，也随都市的日趋繁荣而焕然一新。以后，不知是城市尘嚣的原因，抑人事关系，没有再去过。

　　最近听说俱乐部很更新了一下，传说新建了为纪念我们湘省主席何公的芸樵亭，久处穷街僻巷的我，老早就有进城去呼吸呼吸热闹空气的念头，尤其是想到当此盛夏，俱乐部纳凉消暑的哥姐们，济济一堂，一定是够煞热闹，这动机，又引起了我久废的游兴。于是足足地花了两个钟头，去观了一次光，我踏进俱乐部大约是午后七点钟左右。这时正是极热闹的时分，刚进门，就感到不舒服，各色的人挤在一起，形成了一个大的人海，大门外马路上进来游逛的人，还如潮涌一样地推进来。我真担心恐怕把这俱乐部挤破，人在中间前进，简直要侧身而过，那耀目的霓虹灯光，与场内满布着的红男绿女及摩登纨绔，真把我两眼眩晕了。我胸口突突地搏击着，周身不知是虚惊的感触，抑或是因为色肉气味及热空气的包围，把我汗湿得一丝不干了，幸喜同来的冀君见我很吃力的模样，把我从人群中拉到一株人迹比较稀罕的白杨柳树下，歇息了一刻。我张大着口对他发出一声叹息，他似乎体会着，向我点首微笑，于是一同去参观内部。一切建筑设置，较前均大有进步，那座芸樵亭，确实建筑得堂皇魁伟，里面还挂着被纪念者的相片，很有威仪。我想建筑这座纪念亭的意思，大概是纪念他治理得湖南政通人和、祸废俱兴，或者纪念他是民众国术俱乐部的创办者吧……我是这么臆度着走出俱乐部。

民众俱乐部，不仅为城北唯一娱乐的地方，而且吸住了长沙市三十多万市民的心，虽然它内部美其名的尽是些什么"民众"大戏院、"民众"食堂、"民众"浴堂……然而这只不过是钱的占有的黄金塔，大众的人民——低级一层——是无问津的路，似乎民众与民众俱乐部夙世无缘，似乎民众与民众俱乐部中间，画了一道深长的鸿沟。

民众俱乐部因为建筑得比较整齐、堂皇，设置得比较清洁、壮丽，于是成了湘省内外人士参观必到之处。过去到现在，遇有中央要员来湘考察内政及其他事业，国内名人及中央要人道经长沙，或外省参观团来湘观光时，湖南当政领袖必定陪往俱乐部巡视一周，或设宴于此，因此俱乐部的身份就日加提高。湖南之所以博得模范省的盛誉，俱乐部自有不少功劳。

大约是今年上半年，因为火警失慎，俱乐部险遭全部焚毁，也许是福星高照，幸只烧毁了民众浴堂及民众食堂一隅，可是不久又重新建筑完美，恢复了旧观。

俱乐部是日日向荣地拓展着，追溯往事，昔日初创的俱乐部当然不及现在俱乐部的万一，但同时这儿所造的罪恶也就逐日孳长，虽然俱乐部只占有二三百方丈的范围，可是在这小小的圈子内，可以看到是一个社会的缩影。

（原载长沙《力报》一九三七年八月十六日，原题《民众俱乐部巡礼》）

严怪愚：
提到俱乐部，便觉得有一种消闲消闲的情味儿

讲述人生平同前。

谈谈民众俱乐部吧，不知怎的，提到俱乐部，便觉得有一种消闲消闲的情味儿。虽然是"民众"，可是那儿去白相自由的朋友，起码不至于是一些被生活的镣铐枷住的民众吧。这年头，据李石曾先生的发现，能够用来与人争生存的便叫人格，一些没有饭吃的同胞，不能到俱乐部惬意惬意，倒是"势所必至，理有固然"。

要能称作合格民众，而又要需有现代民众的人格，最低的限度，据我想，无论如何要有粗布衣穿，有粗米饭吃，有简陋的房子住，才算合格。所以，名义上的民众俱乐部，实际上却又不彻底民众化、普遍化，也是不可厚非。

地址在又一村，为湖南省政府旧址。省政府迁居之后，民国二十年才改建为民众俱乐部，实际负重要责任的还是总干事竺永华先生、干事杜傅之先生同秘书向恺然先生。提起向恺然，谁个不知，

286

哪个不晓，一部《江湖奇侠传》同一部《留东外史》，已不知迷醉了多少众生。这次能够抛弃写作生活，放弃文坛上的威名，而跑回湖南来主持民众俱乐部，我们便不得不先提到竺永华先生的干才同向先生的计划。

正如向先生写小说一样，这里，我们有了这两位先生做主人翁，以后才好纵横走笔来写俱乐部的过去、现况、建设、计划同目的。

民国十九年前的又一村是种什么景象呢？那是一条小小的巷子，蜀道崎岖，难使雄车直进，晚上一来，静悄悄的，月光斜照在地上，阴气森森，几疑是魑魅魍魉的栖身居住之所，没有月亮，便得摸着壁子从那儿走过。横在路的上面，还有一架天桥，这桥本来拆过一次，后来唐孟公主湘时，除了信佛教之外，还附带信一点风水，认为湖南之所以缺少雄才，风水大概有点关系，于是又把这天桥修建起来，却不料民国十九年，天桥着火，蔓延而起，那时"本人"正从天桥旁边经过，看见桥上火红，想起孟公一片菩萨心肠，确实为之怅然约莫有两分钟之久。

除了天桥之外，在赉奏庭那列高高的墙壁上还有一个放水孔，每天看见一个工人把水一担担由这个孔里放进去，养活里面文武官员。向墙里一望，里面古木参天，小丘起伏，丘上不时地还有一两个小朋友或老朋友在踯躅徘徊，凭今吊古。如今呢，事情还只隔五年，可是一切已经改观非旧了。那里有平坦的马路，有一九三六年式流线型建筑，有宫殿式的巍峨的建筑物支撑着天穹，有一九三七年式的高尚娱乐场供人娱乐……

每当夏秋之际，华灯初上时，全市的民众，小孩子们、老人们、青年们、中年们，男人挟了女人，女人吊了男人，一队队，一簇簇，络绎不绝地跑到这里来舒舒空气，喝喝茶，打打高尔夫，射射箭，吃吃川菜，总是日以万计。尤其是女人小姐们，如今忽然新得到一个这么良好的展览地方，莫不"媚行于臀"，奔走鹜告，所以这地方也就成为诸女人最多的地方，有人称夏末秋初为"女人季"，称民众俱乐部为"女人陈列部"，洵不误我也。今昔比较，实令我有桑田沧海之感。据说方当改建之初，省府只拿了两千元给竺永华先生作建筑费，后来虽然陆续增加了一点预算，然而以手拿着两千块钱，竟敢兴如此大的计划，我们又不得不钦佩竺先生的气魄与胆略。

该说说俱乐部的本身了。

就我的记忆，俱乐部共分为：一、跑马场；二、儿童图书馆；三、照相馆；四、射击场；五、敬业庭；六、弹子房；七、川菜馆；八、民众浴堂；九、高尔夫球场；十、大礼堂；十一、电影场；十二、理发室各部。内中大礼堂正在建筑中，成功时，据说可以容一千五百人，在湖南总称第一个大礼堂。照相馆已发了租，每年押金六百元，月金五十元，与民众俱乐部亦不无小补。川菜馆为一些大人先生集资而开，听说去年折了本，今年已大获红利。这馆子，"本人"也曾光顾几次，凭良心，单就我们这一阶级群的经济立场说，也称经济。菜呢，也算合胃口。其余如电影场、弹子房、理发室、民众浴堂，比较来得普遍，我们暂且不提。这里，我们单拿出跑马场、儿童图书馆、射击场、高尔夫球场来谈谈。

跑马场变成了菜场。走过俱乐部门口，第一个跳入我们眼帘的便是跑马场，场广数亩，周围围着一列短的竹篱，篱上披满了牵牛花，颇带点农村风味，篱内是一线跑道，约三百米，那便是跑马之道了。说是跑马道，真正在跑马的，倒还不曾多见，偶一有之，也不过是一两个青年坐在马上，慢慢地摆，实在很少见到跑过，于是崇尚经济的先生们便把废物利用起来，借着它做一个露天茶肆。

　　热天，每到晚上，到那里去喝茶的，实在是踊跃得可以。全个坪摆满了桌子，每个桌子坐满了人，还要在树底下、竹篱边到处加添桌椅，结果还是有许多人占不到位子，有许多人先天下午就来占座位。天气越热，生意越好。经理先生希望酷热，有如棺材店的老板，希望社会上多死人同样的情味。现在天气渐渐地凉了，不知晚上的生意还能维持原状否？我却实在希望那块地方清静一两个月。

　　踏进儿童图书馆，我们便感到一种新生气象，我们便感觉中国的新的细胞正在成长，正在活跃，百多个儿童正在俯着头，静静地看书，内中贫困的儿童特别多，他们把他们剩余的时间，不拿去打皮球，不拿去滚铁环，而能专心致意地用到这里来读书，来求知识。这气象，令我们欢欣，令我们兴奋。在这里，我似乎看见中国的前途。中国的前途，是蓬勃有生气的前途。图书馆的设备，也还算雅致，中间摆着一列报架，周围都是小的阅书架，四壁挂满了挂图，挂图中又分民族英雄、泰西各国著名科学家照片及普通常识图，图上还加了浅显的说明。

主事者是唐树藩君，一个结实的青年伙子，很老实，又还没有丧失天真的味道。旁的人告诉我，这位孩子们的教育者，无论做什么事，都能够拼命地干，脚踏实地地干，不空想，也不乱动，我想大概是吧，态度确实像这样的一种人。据唐君告诉我，这图书馆还是今年四月四日儿童节那天成立的，他自己便是筹备人之一，"因为开办不久，所有设备不见得十分完善，还得请先生指导"。我对于这工作是外行，不过就全部民众俱乐部来说，我认为最满意的，就是这块小地方。彼此谈了一些时辰，我便要他把馆内情形指示给我听听，他说："大概的情形都摆在眼前，总括起来，本馆约有图书三千册，杂志报章共二十多种，图标四五十种……熊式辉先生到这里参观的时候，认为本馆设备还不算十分简陋，并且还说这种工作，实为当务之急，所以经商谈，预备把这里扩大成教育馆。至于我的计划，预备在最近添设娱乐部同卫生部，能否做到当然是另一问题，不过我得尽我的精力去工作。"

　　再说到射击场：射是古礼，我非古人，不知射，所以不谈射。据说射，简直是礼教之一，一个人懂得射，不但是新生活运动中的标准人物，而且对自己个人的修养也有意想不到的神效。于是我便懂得俱乐部里没有射场，便不能表现一点古色古香。

　　湖南懂得射箭的，我还只知道竺永华先生，因为前次射箭比赛，是他老夫子的状元。把箭一上，弓一拉，索的一声，中了目标，那情味，的确有点古风。假使不是近代人发明枪炮的话——以下的文章不好着笔了，彼此心照可以矣。射一箭只要一分钱，射十箭也只要一角钱，既经济，又勇敢，真比检尸兵还伟大。我也有射瘾了，用一角钱买了十支箭，接连射了五六支，一箭都没有中，自己有点不好意思，旁边的先生也在为我着急，只好不射了。

这地方是不是叫敬业厅，我还没有把握，问是问过人，人家也告诉了我，我却偏把它忘记了。我想讲它做敬业厅，读者可以懂得我所写的地方，而且也不至于不通吧。敬业厅正建在俱乐部的中央，规模宏大，建筑堂皇，大概也是一九三六年的流线型建筑之一种吧。厅外树林荫翳，道路曲曲折折。道中有一个水塔，塔内有一条轮动标语，用电光透照着，不但美丽，而且能给人一种深刻的刺激。

厅内有吹气机、握力机、磅重机、扯力机、打拳比重机和机关雀，任人玩弄。不过当你每次试验一种机器时，总得先丢一个铜板到那一种机器里，它才听你的指使，真正民众化到极点。厅堂中央还有报可看，有棋可下，有乒乓可打，到这里玩，多半是些真正民众，既会闹，又会叫，而且还能够玩游艺。

我终于写到高尔夫球场了。在最初，我便声明，我对高尔夫球场有相当的不满意——不满意并没有重大的理由，只不过觉得那球场太娇贵了一点，太闲适了一点，而且也太洋化了一点。

用四角钱买一张票，可以玩一次球，可以骗身边的女人发一次笑，在我们这个阶级的人看并不称昂贵。工作之暇，带一个女友，坐着汽车、包车，到树林中，弱光灯下运动运动、开心开心，在我们这阶级的人看来，并不称闲逸。然而栏外的人看了，未始不羡慕我们的优裕吧，未始不说我们有闲情逸致吧。没有钱打球，难道连进去玩玩的权利都没有吗？

写到这里，匏安兄告诉我，说这块地方已租给协成公司，与民众俱乐部脱离关系了。我说原来如此，我只好不说了……

高尔夫球场，给我印象最深刻的，除了男女那高贵的笑语外，要称打高尔夫先生们的那种高贵神气。

（原载长沙《力报》一九三七年八月十日，

原题《柳暗花明之境——又一村民众俱乐部速写》）

第五编

长沙乡俗

王象尧：
在这个时代里，对于婚丧事上，一方面要保留些旧礼教，一方面还要追逐着新潮流

讲述人生平同前。

住在都市里的人们对于日常的生活，现在随着潮流的趋向，事事都有很显明的迈进和改变，此中尤其是对于在旧礼教中目为"可当大事的丧事"和看作"小登科的儿女婚礼"，更多有合乎时代需要的革新，不过这样的人们，终究是占着很少数的，大多数存着封建思想的人们。在这个时代里，对于婚丧事上，自己以为太固执，觉得有点陈腐和不好意思，为着新旧两全起见，结果一方面要保留些旧礼教，一方面还要追逐着新潮流，在这新旧交流的现象中，正能表现出来许多的矛盾和热烈呢！

如果你走过一个什么里口，听见里边传来一阵阵噼噼啪啪的鞭炮声，和夹着"乌哇，乌哇"的喇叭声，再看有来来往往穿着长袍短褂的人们，那么这个里中巷里，正有人家在办婚丧大事呢！如果儿子娶媳妇，或者是姑娘出嫁的话，那么你走进巷里，就可看见前门扎彩，

后门有临时炉火，热闹非常，办喜事的人家，假设这时巷子里，已经堆满了看热闹的人，同时再看见各家抱着少爷小姐的婆婆们，像探子探察军情般，来往向自己的太太们，报告消息，小孩子们像穿梭般，跑来跑去，高喊着："快看新姑娘呵！"那正可以多站一会，这是迎娶新娘的花轿来了！远远地传来一阵军乐声，霎时间到了里巷门口，巷子里的人们，立时起了骚动，太太小姐和一般有闲的人们，潮水般地涌向办喜事人家的门口，办喜事的人家，早就准备好多人，伸出两臂，又开两腿，将门口团团围住，军乐队的乐声，震动了耳鼓，引起进来一顶漆金花轿（有用汽车的），同时在门口恭候的旧式鼓乐，吹起喇叭，敲着牛皮鼓，鞭炮又大声响起来，人声鼎沸，震撼了全里。花轿（或汽车）到了目的地，红毡铺地，扶着新娘，向内走进，同着袍褂整齐，在门里敬候新娘驾到的新郎，作揖叩首，行结婚礼和谒见家长礼，在这时候，看热闹的人，又挤破门了。向前拥挤着，都想看看新娘子的真面目，和看看能否出什么笑话，因之免不了又得起了好多的争执，嘈杂，足足得闹着几个钟头，方可暂时告了一个段落。

到了夜里，在后门的厨师，燃着煤气灯，或是大光的灯泡，人行道上，每个长桌上，摆好了菜品……为着主人做着各样好好的饭菜，来宾都入了座，猜拳行令，来个开怀畅饮，门前的鼓乐手，作着弦笛细乐，鞭炮还是接连地响着，所以里内住户，是很难入睡的，像这样闹到夜深新人了洞房，男女来宾，才可散去。过了黑夜，天光破晓，全里住户，正在梦中的时候，又被办喜事人家的鞭炮声惊醒了！

假若是巷子里有姑娘要出嫁的人家，差不多像儿子结婚办喜事

296

的人家一样的热闹，什么送嫁妆啦，什么酬谢贺客啦，接送新婿与新婚的女儿啦！要同样地放鞭炮做鼓乐；同里的人们，也像极为开心似的，争着看新郎和新嫁的姑娘，然后拿着这个做谈话的资料嘈杂热闹上两三天，才能算大事完毕呢！

一般人对于办丧事，更是特别繁杂多礼的，有时因为失之过于热闹，而将"不自殒灭，祸延……泣血稽颡……"种种自责和哀思逾恒的表现，弄得令人不知其所以然。不信：如果什么里巷这样不幸的事件发生了，就首先请了僧道，特为死者忏悔免罪，铙钹锣鼓，连天价响，梵经佛号，诵不绝声，再加上死者家属人们震天的哭声，和门外的鞭炮声，闹得天昏地暗，多数邻人，都一变同情心而生出了厌恶心。到了发引的前夕，因为死人要离门了，家门僧道须为死人做各项超度仪式，跪呵！唱呵！……得闹个终宵。天明后，经过了几次鞭炮和乐队的催请，起了灵前导的是许多垢面污衣的贫民和乞丐，高举着挽联和金瓜……各样的执事，个个嬉皮笑脸，拖着笨重的脚，蜿蜒像长蚁似的，向前缓缓地走，因为鞭炮震天地响，路人都停住了脚步看热闹，这正合了好像热闹的国人口味呢！若是死的是老人，或者是在家中有地位的人，那么就要把死人停在家里和活人住上几个周期，有时因为出殡不吉利的关系，也是如法炮制。这若是冬天，还可勉强忍耐着过去！若是热天，那就不堪设想了。

呵，长沙市的风俗！人生的大事——婚丧——就是这样吧！

（原载长沙《力报》一九三七年七月十五日，原题《长沙的婚丧陋俗》）

野　人：
地方的人都说陶公死后，他的肉身都成了神，叫作真人

讲述人生平不详。

　　榔梨市在长沙的东乡，距城三十里，有浏阳河经过。上通浏阳县，下由捞刀河及新河口入湘江。

　　陶公是晋陶桓侯的子孙名侃。求道恶嚚，弃官居临湘山"榔梨市下岸"，晋史所记，只有一人。相传却是叔侄二人。并有一位杜公，是因为他们叔侄二位过浏阳河，恰好没得渡船，两位就议定使用法术渡过河去。并且约定那位先过去的坐在东边。不料他这位侄少爷老实不客气"疾行先长"地先过去了。于是叔老太爷大怒，一巴掌把侄少爷的脸都打歪了。但是他们得道的人，不便食言。恰巧河边浮着一头木料，于是请他出来做和事佬。叔老太爷坐在中间，侄少爷坐在东边，木头先生在西边配享。取他从木并且谐渡字的音，就叫他做杜公，两位陶公的诞期，一位是正月十三（阴历），一位是八月十七。

地方的人都说陶公死后，他的肉身都成了神，叫作真人，异常灵显。附近几十里百把里的地方，无论是疾病星灾水火灾旱，没一个不是去求他的。乙未年长沙地方干得很，抚台大人吴大澂亲自到槠梨市，请他老人家进城求雨，自己天天去上香，果然天降了霖雨，那一回就上了极多的匾额。前年夏季雨水多得很，天总不晴，知事姜大老爷济寰，也是请了他老人家进城，果然也就晴了，那回归堂就真个热闹得很。去年三月附近二三里路的各处，都遭了极苦的刀兵。灵山底下，虽然不是世外的桃源，却也可算是保险的租界，他老人家真是保障一方的活佛。地方上的人都如此说。几乎成了一种顶有势力的舆论。

陶公真人的诞期，素来是要唱戏赛会的，他老人家有这么样的威灵，可见是位大神，大神和俗间的大人就差不多，所以唱戏酬神，是要到城里请大班子进行的，那些钻山班切不要去亵渎了。

唱戏的日数却是多少不定，戏费同一切祀神的费用，到本市各铺户按照房租去收，敬礼的事，还值不得出几个钱么？每次诞期有祀神的头人八个，主持祀神的一切事情。那一天又要办会。真人出来行香，八个头人每人扎一台故事，扎的却是八义图，和那些教忠教孝的故事，还有令人难以拒绝的烧肉香的，随轿行香的，香气氤氲。万人瞻仰，好不热闹。

民国成立有些人连神都不要了，戏也不唱了，会也不办了，恰巧这些年生意冷落，地方也糟糕，于是许多人说道，他们不敬神，连带一干人，今年的干旱，又是求的神，临时抱佛脚，怎么灵验？

况且和局未告成，一来怕灾难，二来怕刀兵，我们还是要敬神，还是要特别大大地去酬神。

今年八月的诞期又碰到了中华民国国庆的日子。城里的学生也有因为国庆假来行香的，城里的老爷太太、少爷小姐，乡里的农夫农妇、看牛儿子、村里姑娘，老的少的、美的丑的，形形状状络绎不绝。这些男男女女，都是目光闪闪一刻不停的，你望着我，我望着你，这实在是一个陶公真人神权底下善男信女的成绩展览会。

不信神的人，也须得来看看这个会，显点真灵应，把他做凭据，试看扎故事的，怎么扎得好。一个小孩站在台上，把手伸起。随便握的什么东西。上面总可以站得住一个小孩。有左右手各执一物，上面都各乘一人，背上背一件东西，还要乘一个人的，初次看过的人，没有不叫好的，就是知道他那奥妙的人，也都信服是有神灵默佑。怎么咧，因为他不过用几根铁棍，棍子由站在台上的小孩脚底伸出，再由衣内向袖子里伸出，扎在上面的小儿，用一脚乘在这个铁棍上，这根铁棍，却仍由脚底靴内伸到小孩的股边，小孩的这双脚，就紧紧缠在这棍上，上面有一极窄的横棍，小孩就坐在这上面，看起来好像是悬空立着一样，一点也没痕迹。抬了行走，连动也不动，这不是奇么？这不是神灵么？还有一件怪事，就是烧肉香的，两手伸着，握一根棍子，叉到腰上，用一排的针，穿在两手下臂皮上。针的两头用小绳系着。再把烧香的炉子，挂在这些绳上。手越烧得重越好，只要诚了心，臂并不痛的。近一两年"江浙清香堂"有一班会，照烧肉香的办法，但是他那香炉极大，至少也有二十斤，也有用大铜锣挂在那上面的，还有一个人拿锤去打，手臂的皮，垂下有一两寸长，竟有些血滴在雪一般的锅香炉上和亮光光的铜锣上的，但是他们诚了心，一点也不痛。他们还扮有一段戏，是一个败家子，把金银装在车子里打了，一个夜叉般的妇人，笑嘻嘻地迎着，你看真人几多灵应，那些一毛不拔的守财奴，杀人不眨眼的好汉，都把大批的金银低声下气甘心地送给他。他倒的烧炉子肉香，和那挂肉口，有些人说他们的生涯素靠皮肉，自然不怕痛的，不知道实在他们诚了心，实在是菩萨保佑他不痛，菩萨不特保佑他不痛，而且保佑他发财。

菩萨做寿，无论什么人，多少都沾得一点恩惠。旁的不讲，过河的划子，这一天要做两百串钱的生意。可惜河那边只有城里下乡和东山到这里来的一条路，不然，接千把块钱，也不算巧。抬轿子的从先天半晚走起，到本日夜晚，不断地来往，还有天乐汽船专门来赶会，每天两班，由商会码头开到湖迹渡。"距城五里"做零碎生意和买面食的，处数太多，没得统计，做斋馆的，生意大些，每家接千把串钱，但是这些生意，平时也还可以敷衍，不过菩萨生日，特别沾恩罢了，还有那些赌钱的朋友，平时拼着了如狼似虎的敬口先生，不是罚金，就是拘役，这几天却大开其恩。赌摊呵、口红黑呵、拦路虎呵，很有些曲辫子来送几个钱，但是这也不过和往年一样的，尤其是卖洋货的苏广同业。因为山东交涉，抵制日货，偏生洋货中间尽是日货，这几个月，一个来问的也没有，一点都卖不出，银根又紧，当这些比，正没得法设，难得菩萨一担担挑下乡，都被看会的人买完了。就中学生们买着送人的也很不少。托菩萨的恩，才疏通了许多存货，戏的热闹好着不待说，看戏的也很好看，有一天晚上，就是十八，女座挤倒了一坪，有些走行时运的人，很得了些好处，许多孤眼独宿的单身朋友，挤口阵、放口排，虽说不得（都说秀色可餐），屠门大嚼也很可充饥的。

鞭炮香烛的生意，也是特别好的。碗来粗丈多高的大香，用木架子插着，香气熏天，真可上通三界。驻扎本市的国军第十一师的弟兄们，走了这门宽的省份，要算见多识广了，都称赞这香做得好，只苦了当家和尚，临时加了许多师傅帮忙，买香烛呵、对签挥，镇日忙不过了，真是弄得手忙脚乱，头昏眼花。有些欠老到不志诚的，尤其心不在焉，但是这也是菩萨慈悲，使他们证明色相。

上面说的，都是实实在在的事，诸位不信，下次可以亲自来瞻仰一番，才知道虚实。

（原载长沙《大公报》一九一九年十月二十五日至二十七日，

原题《郳梨市的陶公神诞》）

粟青岩：
在湖南境内，长沙女子多半是骄傲的，但也始终在半开化半顽固的广场上兜圈子

讲述人生平不详。

就地理位置说，长沙和湘潭在湖南是最优越的两个县份，这优越给它在各方面造成了领导的地位，尤其是风气和民性的开化有着特出的表现。因为他们处交通便利、文物发达之地，与外来人士接近机会较多，客观环境使他们不能不有这种"本能"以适应其生活与生存。

基于此种原因，所以一班的长沙人和湘潭人较其他各地（指湖南省区）的人民来得"聪敏"。这里所说的"聪敏"，有些人也会容易误解为"圆滑""机巧"或更"自私"。一如长江沿岸的上海、南京、芜湖、九江、汉口、宜昌等地人一样，他们的生活技巧显然比靠山而居的民族性格"权变"多了（但我得严正声明：这只是一种比较观，事实上并不尽然）。

在这种情形下，长沙人和湘潭人很自然地被人家加上两只冠

帽——"长沙里手，湘潭漂"。这两句评语虽无充分科学的分量，但确是一种哲学的体念。几十来年便为众所公认，也没见长沙湘潭人提出过什么抗议。好像动辄伸出拳头喊打的重庆人被称为"蛮子"，和说起话来声音不甚顺耳的湘乡人被看作"牛"一样地成了不变的定评。至于这定评究竟有事实根据和渊源没有呢？当然有的。但非本文所关，笔者不想为此闲扯太远。本文所要谈的是"长沙的女子"；而所以要在本文之前提到这些，因为它与长沙女子性格的成长有着微妙的关系。

长沙的女子在性格上很难指出显著的特点。从整个中国女子性格上言，似乎长沙女子得其中庸。她们的性格虽然是多方面的，却无一件显著的事实可以证明她们在某方面业已袭取别人所长。

也许是地域和文化水准的关系，长沙女子始终在半开化半顽固的广场上兜圈子。从思想上说，本来所有的中国妇女都是徘徊于厨房内外之间；而长沙女子在徘徊中所表现的似乎较之他处妇女尤甚。这结果，使长沙女子在行为上暴露了一种很大的矛盾。就是她们一部分是"旧闺女"的典型，另一部分则以"新小姐"的姿态显示其开通、大方、前进、洋化！前者太保守，后者太进步，结果反而形成了一种不中和的现象，正如我们甫从荒僻清淡的尼庵中出来而又走进声色肉欲的舞厅中一样，使人多么感到刺目与不调和！这种矛盾，在长沙市里流露得特别显著。但当一个远游京沪或自欧美归来的长沙女子一旦回到乡村与"旧闺女"式的女子对照起来，其戏剧性、趣味性则益发明显。

在湖南境内，长沙女子多半是骄傲的。当一个普通的知识妇女选择对象时，她们常常瞧不起湘南或湘西一带的男女，她们称那些地方为"小地方"或"野蛮地方"，这种观念，常常影响了许多良好的姻缘，因为她们在优越的地域观念下都大多不愿意下嫁到一个偏僻地方的家庭里去。她们怕那种家庭里的习惯和工作上的约束，正如一个浑厚俭朴的乡村家庭怕他的儿子讨回一个不做事不懂礼的"洋婆子"一样，在心理上，彼此早已有着猜忌和距离。因此她们宁愿跟一个本地人而不愿嫁给较远地区的外县男子。

长沙女子仅有的特长是织绣的天才和语言的清亮。前者不用说，闻名环球的湘绣多半是出自长沙女子之手；后者在湖南境内也算是比较清脆悦耳，但这只是指长沙女子的音带或歌喉而言，并非说长沙话是一种好语言。一个对语言学稍有研究的人，莫不认定长沙话之不够标准。但长沙女子却用一份天生的音调把长沙话说得娓娓动听（尤其是能说普通话的长沙女子）。

长沙话里面另有一种语言名叫"番话"，番话的说法是用较快的速度将每句话的每字上面套加一个双声叠韵的字而连贯地说了出来。这种话多半为轻薄少年们所使用。但长沙女子却很喜欢说着玩，而且说得怪好听的。当你伴着情人去看一个外县朋友而忽然感到需要私语几句时，番语便有着良好的效用。

虚荣原为一般女子的通病，但在湖南境内以长沙女子表现得却较为显著。这是可以从许多事实来得到例证的。

由于环境优越和文物发达的关系，在智慧上长沙女子是较前进的，而且是较均衡的。但不幸，她们之中不少人因此而满足骄傲。如果有机会让我们从湖南各县挑选一个或数个具有某方面特长的女子举行比赛，团体胜利也许属于长沙女子，单人冠军则非她们所有，因为她们一切较为普遍，而很少特出。还有一点却是她们的特长，那便是她们的交际技巧和教育孩子的本领：在公共场所与小学校里，长沙女子出过了不少风头。可是在家庭中却又落后了。

　　以上所写的似乎对长沙女子的估价太低；换句话说，就是对她们短处说得太多，长处赞扬太少。但笔者早声明过：这只是一种比较观，而且不免有个人的偏见。所以如果有人（尤其是长沙女子）对本文不满，笔者愿受任何谴责而决不抗一词，因为我的看法完全出自一种体念，而不是什么研究，其次，笔者所以标题曰"漫谈长沙女子"，也是表示随便谈谈而已。

（原载长沙《国民日报》一九四七年十二月二十五日，

原题《漫谈长沙女子》）

匹　夫：
我是一个不赞成养鸟的人，并且，还深恨养鸟是一件太残酷太不人道的事

讲述人生平不详。

养鸟，在长沙，是比不得上海的，它既没有国际间的交易买卖，又没有富商大贾的独自经营，它只能为一班公子哥儿的偶然消闲，和几家鸟铺子的借此糊口，所以，在长沙的养鸟事业，是幼稚得可怜。

最近，国术俱乐部主持的各种比赛，也够玩得尽了，什么毽子比赛、风筝比赛、划船比赛、摔跤比赛、象棋比赛、骑术比赛，曾风动了一时的长沙市，但没有看见一次养鸟比赛。这可说是美中不足，太辜负了那一班养鸟的有闲阶级公子哥儿。

我是一个不赞成养鸟的人，一没有那么多的余闲，二没有那么多的金钱，并且，还深恨养鸟是一件太残酷太不人道的事。宇宙间的万物，谁不要一点自由生机呢？人类既然把监狱当作一件处置罪恶的刑罚，那么，养鸟，就是人给飞禽的一种刑罚。站在人道立场，

站在万物一体立场，养鸟有禁止的必要。不过，这都是些闲话，公子哥儿，有的是时间，有的是钱，还管什么人道不人道咧。现在，我就来谈一点生活圈子以外的长沙养鸟的人吧。

听说近年，长沙的养鸟生意，没有从前的繁盛了，这，一方面是农村破产，社会金融的枯竭；一方面也就是公子哥儿的玩意换了新念头，譬如鸟铺子从前有十几家，如今只有几家了，这几家，除开马王街与草潮门的两家范围较大点外，其余都是些破落户，没养一只贵重的鸟，而且是生意冷淡的。

可是鸟铺子跃然生涯冷落，但有一班鸟贩子专门包揽些公子哥儿的生意，这是一班所谓里手朋友经营的副业，有时，他们的赚钱，甚至还在鸟铺子以上。

黑暗的天幕，让一轮红日拨开了，充满着生气的早上，养鸟朋友，要提着鸟笼子到附近的公园或野外去踏青换气。鸟是爱好大自然的，它爱花，爱草，爱丛林，爱宇宙间的一切一切，它只恨牢笼，因牢笼剥削它们的生命。你看在笼子内的鸟，是如何的形颜憔悴呵。踏青的处所，南门多半是天心阁，北门多半是国术俱乐部与赐闲园，也有一班公子哥儿在自家花园内的，这不过是少数。我曾在天心阁树梢，看过很多关在笼内的鸟，凄切的鸣声，不知勾动几许流浪人的落泪。万物不平则鸣，这也是它们的哀号呼吁吧。然而，养鸟者，是极端忍心的，他反以为这是可耳的节奏，是欢娱，是喜悦，不是弱小者向主人的乞怜。

假如天气到了一个这么炎热的暑季，养鸟，就更多事了，要时时喂水，要天天替它洗澡。晚上，要挂在风前，免得蚊子的暗刺，并且，最担心猫儿的捕捉。我从前的两个邻居，都是喜欢养鸟的。他们养鸟，简直像一位乳母抚育孩子一样，可惜在三年前的一个月明午夜，全屋的几只鸟，都被猫儿咬死了。这几条弱小生命，就无形地送在这班喂鸟者的手上。朋友，这是一个多不平多丧良心的冤狱。

宇宙间的同类斗争，是谁也不能遏制。鸟，自相残杀最激烈的，要算是画眉。画眉鸟，好像是秋虫里的蟋蟀，当它们两只斗争的时候，人，总是要拿一点金钱来博自家的胜负，有时画眉鸟被咬得流血了，鸣声也嘶哑了，它犹奋起两翅的背城再战，不到另一画眉鸟流血不止，这可说是近年来西班牙内战的一幅缩影，在里面，也可以看明白——盲从、利用、血肉、金钱。

也有有用的吗？有，那就是军用鸽。军用鸽，在战场上，是负有最重要的传讯使命，自从世界第一次大战结束后，各国更注重训练起来了。我国军政部，最近在上海近郊也办了个训练所。预备教好大批军用鸽为日后疆场的使用，在这个战云迷漫太平洋狂涛怒吼的当儿，养鸟，就要养这种军用鸽，才不致辜负你那虚耗金钱的本意。他若养百灵鸟，不过听各种不同的鸣声；养白燕鸟，不过听细语呢喃的小曲。哪有军用鸽出入枪林弹雨做人所不能做的事呢？可惜长沙养鸟的人没有注意到这一点，因为他们还未曾脱离金粉六朝一班名士的风雅气。

我的家，于去年搬到城南来了，在天心阁附近的地所。天心阁，是多么清幽恬静的所在。早上，红日还未曾挂上东墙，就有无数的小雀儿在檐前嘶噪。春天的杜宇，曾惊碎了我甜蜜的梦魂。秋夜的雁声，曾勾动了我穷途的珠泪。鸟，赐予我的是哀婉，是凄恻，是一寸一寸的断肠。幸喜近来听得长沙的养鸟事业，也日趋于凋落了，我不胜为那批飞禽祝福——望它们莫丧失了神圣的自由。

（原载长沙《力报》一九三七年六月二十八日，原题《长沙人的养鸟生活》）

第六编

社会底层

粟青岩：
每天时时刻刻摆在你眼前的小贩叫卖声，在那喊出货品名目的回声里，正含着令人不忍再闻的生活哀调

讲述人生平不详。

　　在这经济崩溃社会里的人们，为了要活命，所以每天在昼夜二十四个小时内，都有为着这生活的问题。向前奔波拼命的人们，侥幸点的，尚可少费点力，稍微安闲些活下去；运气差一点的，就无话可说，必得卖命了！不然的话，就立刻有停止一家人口呼吸的可能，徒做着社会上无声无臭的牺牲者，是很难惹人注意的！

　　外强中干的长沙，在每个角落里正有着不可胜数的人们，在扮演着这幕的角色呢！如果你不信的话，每天时时刻刻摆在你眼前的小贩叫卖声，在那喊出货品名目的回声里，正含着令人不忍再闻的生活哀调，像浪圈般，逐渐向周围发散着，一圈一圈地传到你的耳膜里，刺痛你的心灵。有时或者会引你为他洒一把同情的眼泪，那你就可心领神会这种惨苦的滋味了！

　　小贩的叫卖声，在白天的时候，因为人声嘈杂的关系，或者感受到很些微，越到夜深，是越加重的。巷子里夜间"当叮叮"响声，"馄饨"或"卖茶鸡蛋"的，前者奏着"叮当叮"，后者喊出"卖茶鸡蛋"，以及"卖……"的叫声，短短长长的声音，你听了必觉得难过。假使你再推开窗户看一看，当你看到他们肩膀斜耸，背负着或肩挑着满满的东西，拖着沉重的脚步，倾斜伛偻，走着叫唤的时候，你当更觉得凄凉或不安。天破晓了，人将起床的时候，你又可听到摇出"扑扑"声音的鼓声，卖"油条""豆腐脑"的小贩来了！放下担子，围集了许多菜贩和小孩，争买几个大角的油条或一碗豆腐脑。你看那小贩，添糖洗碗，忙得不可开交，费去了好多时间，才得连本带利，卖出几百钱来，担着担子，再到他处，招揽生意。到了昼间，卖日用杂货的小贩，又先后赶来，所有顾客都是怀着货好价廉的便宜主义，看这样摸那样，再加前后围得水泄不通凑热闹的小孩子，小贩是提心吊胆和顾主讲生意，令你看见，大有哭笑不得的感慨。

　　他们为着饥寒和要吃饭，夜里既须在生活道上闯，昼间晴天太阳的炙晒，阴天雨雪的侵袭，那更得全不管了，生活的担子，得永远地背在身上，在这一生中，恐怕是很难释得掉的。

　　这些可怜的人们，每天除了处处受着顾主的呵责和警察的干涉外，唯一的大管家，那就是看街（或巷）的更夫，因为口违更夫的意旨，巷子里的生意是做不成的，甚至还要吃吃眼前亏。因此，小贩们在表面上视更夫为太上皇，实实恨恨的，生意又不好，有苦不能伸，假设再遇上几个更夫，那就更倒霉了！

（原载长沙《力报》一九三七年八月十六日，原题《长沙市的小贩》）

老　方：
人有旦夕不测之祸福，测字先生便在人生的十字路口摆摊：指引迷途君子，点醒乱世英雄

讲述人生平同前。

　　除了大雪纷飞，或雨天以外，无论是什么时候，环城马路的两侧，火宫殿，火烧过了的隙地，以及其他公共场合之类的处所，测字先生的足迹，绝对是不会少有的。

　　夏天的早晨，在东方刚发出鱼肚色的时候，人们还睡在甜蜜的梦中，都市尚蒙眬着两眼的当儿，测字先生老早就出来了。肩上肩着测字桌，测字桌是用几根竹竿儿交织绑成的，好像三脚架，可以收起来成一束竹竿，可以放散开来，成一个长方桌架，再加上一个桌面，就是测字桌了，拿起来是极其方便轻巧的。手中提着一个破旧的小藤篮儿，和一条板凳，藤篮中搁些测字用具，如卜神卦的乌龟甲、砚石、笔、沙盆或水牌、签筒、纸签，以及其他测字所用的东西。做这一行的，大半是贫穷的老头儿、身体孱弱的中年人，年青一点的，很少做这没出息的勾当。一张测字桌椅、一个小提包，本

来不十分重，可是贫弱已极的人，营养料的缺乏，就是这不十分重的家伙也觉费力，那么慢吞吞摆呀摆的，好容易才到目的地。测字先生每天办公地带，都有无形中的规定，今天谁的摊子摆在这里，明天也就是如此，日子久了，相沿成习，除非有特殊缘故外，他们好像有先规定了的秩序。测字先生既到了目的地，便把桌子架起来，把白布围桌布罩上，然后拿出测字所用的东西摆拾摆拾，摆拾好了，似乎感到疲劳，坐下来略休息休息。生意来了，自然会围上一大群人听他讲解，没生意，他便站起身来，唱一个喏，招揽生意。

"人有旦夕不测之祸福……指引迷途君子……无事问得有事，有事问得无事……"连串儿的拖长破竹筒似的而略带凄哀的声音，干枯地喊着，假使经他这样一喊，生意的目的达到了，自不必说，否则他得再另外来一套，说一个关于"测字灵"的故事，故意夸大其词，说得神乎其神，十分动听，于是一班劳苦者、流浪者，以及悠闲的人……便围拢起来，生意也由此旺盛了。

一块水牌、一盆沙盘，写了又写，抹了又抹，把每一个字所用的意思，透彻地讲解，这个字的左右上下加添一下，又是一个什么字，做何解释；拆散开来，又成一个什么字，什么意义，依你所站的方向、姿势，而玄妙荒谬地用可作多方面解释的语气，判断你所问的事件，假如他偶然说中来测字者的心事而承认了以后，他便更大吹法螺，说他怎样灵验如神，怎样不褒奖奉承，故意把一个字，造得极可听，把一句话，说得带滑稽而却庄严，使听众的情绪跟着他的言语而紧张，使听众的情绪跟着他的言语而兴奋。一言一笑间，他都紧握着听众的情绪，而使每一个听众聚精会神地倾听着，没有松懈一刻。他简直把所有的听众吸住了，而使他们融合在一起，成为一个人，由他脑子主宰着。这种吸引的魔力，实非经过长期磨炼，不克至此。测字先生的服饰，大都陈旧简陋的，不戴帽，即或戴了帽，也是老式的破皮帽、旧礼帽。冬天常是一件破棉袍，夏天是件青黑布衫或道袍一样的夏布衫，腰部与袖口都给桌沿摩擦得发油光，袖肘部全是补疤。脚上少有穿袜子的，只穿一双烂巴鞋，或白不白黑不黑无底牌的袜子套上一双敞口靴，若加上一管旱烟杆，一件纽扣古袍，那个样子，就要人看了。

他们办公的时间不一致，大约春秋冬三季里整天都在工作中，夏天因为气候炎蒸，骄阳似火，除绝早与晚间外，其余时间没有荫凉处所，简直不能工作。夏天的夜里，人们正比较悠闲，没有人整天闷在家里而晚间不到马路上逛逛，兜兜风歇歇凉的，偶然遇着一群人在聚集着，于是冲动了好奇心也挤进去，一看是测字的，测字先生讲得天花乱坠，不觉心里有点发痒，也想来测个字玩玩，问问自己的前程，反正只花两三分钱，你也是这样想，他也是这样想，得意者问一问以自负，失意者问一问希望得到一分安慰。于是，测字先生大发利市了。一年四季中，最赚钱的时候是夏夜，同时也是最辛苦的时候，唾沫都几乎讲干，身上的汗，几乎把衣湿透了，然而，为着生活，他不能不挣扎奋斗着。

每天，平均不过只能赚几角钱，是只有自己独赚独吃的人，还勉强能糊口，假使有妻室儿女要他担负一家人生活的时候，他们的苦楚，更可想而知。

时代的轮子在不断地迈进着，旧的势力一天天地消泯了，新的渐渐加增起来，寄生在封建与迷信势力下苟延残喘的测字事业，崩溃的危险性，就在咫尺间了，以后的测字先生又将如何去维持他的生活呢？我是这般忧郁地想。

（原载长沙《力报》一九三七年七月五日，原题《测字先生生活素描》）

严怪愚：

垃圾堆在一批高贵先生小姐们的眼睛里，被认为是挺脏的集合物，但在另一种人的眼光里，却被认为是比生命还要重要的金矿

讲述人生平同前。

我爱黎明，我爱黎明的清静凄零，我爱黎明的红霞与旭阳交织起的云彩，除开暴雨和大雪刮狂风，没有一早我不是溜到湘流河畔去信步漫游的，去看昏隐在白雾里的麓山，去让春风温柔地飘动头发，飘动袍角，吹散郁积在胸脯里的烦恼心情，还有一件更要紧而时刻记惦在脑筋里的事情——去看那群稔熟的孩子，那群成天蠕动在垃圾堆里的"垃圾虫"。

一过七月，湘流就比尼罗河还要靠得住地朝海里退，海关水标的纪录也一天天朝低处沉落，最后就露出浅浅的河床来。虽然没有埃及人那样幸福，可以撒下种子去等收获，但是却自然而然地成为垃圾场。长沙城一天所弃丢的固体废物，经过清道夫的手，便一车车地倾倒在这里，作它们永久的归宿，不，所有的精华还得被一种也叫作"人"的动物提炼整理出来去兑换无数条"命"。

不要用轻蔑的眼光来看簸箕里的东西。积沙成塔，借过去的故事来比喻这土堆的形成，我看这些土堆子一天比一天地高起来，高起来，毫无限制地发展的结果就会侵蚀到河床的宽度，总会有一天我们可以不坐划子蹚到水陆洲去。

垃圾堆在一批高贵先生小姐们的眼睛里，被认为是挺脏的集合物，偶然经过都得捏紧鼻子赶快走，生怕被里面蒸漫的细菌传染上身，天知道在另一种人的眼光里，却被认为是比生命还要重要的金矿。靠山吃山，靠水吃水，他们却靠这些垃圾堆来做生命的源泉，成天把青春打发在里面，拼命地挖掘，挖掘。"一个铜子，两个铜子"在诱惑他们继续干。没有更深的希望，没有更大的企求，没有多余的梦想，光一心一意盘算怎样才能够把这些连狗都不嗅一下的脏东西变成一粒粒的糙米。

在这种"人"里面，最多的一群就是离成年还很远的小孩子们。他们的爹妈大半是挑河水、拖车子、挖泥巴、摆小摊子，穷缝婆甚至于喊老爷太太之类的"下流"阶级里的"下流动物"，比不上傅××养的两只洋狗！没有教育，没有光亮，没有温暖，没有听见过时下流行的贴金口号，但是生理本能的需要还是跟坐包车的少爷小姐差不好远，每天还是要吞点东西来对付难忍的饥饿。父母生他们下来固然是"前世冤孽"，但是也没有方法使他们一个个死去。离开用力气的时候还很远，但是还是要顽固地活下来，有许多兄弟是在鞭子下保住生存，他们却是从垃圾堆里长大起来，一直到生的永息。

这群人干这种营生，法律上不被承认是职业之一，事实上也没有组织工会的能力，可是无形中的结合性却很巩固，一样分地段，分界线，有码头的区别。

　　依据三年来在河畔观察的经验，尽管看见许许多多数不清的垃圾虫，尽管不能正确地指出他们的姓名来，可是每一个轮廓却相差没有多远，简直是一个型号，打扮也全一律，我能毫不思索地指出他们的特征来：

　　永远是一件长外套——一件用大人的短褂改造起来的长外套，长到扫地拖，几粒扣子已经在若干年前陆续失踪，索性用几根烂布条结起来的带子缠在腰上，穿没有穿裤子却摸不清楚。在冬天，老远看过去就是一小堆垃圾在蠕动，比杨梅疮还要厉害的破绽袭击在外套的每一英寸。没有一处不是破破烂烂的，发霉的棉花也毫不客气地钻出来，成天在褐黑色的垃圾里混，这外套当然也跟着同化起来，变成一样的"保护色"，有时索性烂成一个个窟窿，望见里面，是一块灰黑色的布筋，那些"黑"也是由汗垢所染成……

　　赤脚，有时作兴穿穿鞋子，不过那鞋子也蹩脚得可以，没有后跟，只能当睡鞋四处拖，五只脚指头并排伸出来。老不剃头，老是一大堆猪毛一样地堆在脑壳上，发黄而枯萎，看不见一丝乌云，狗窝一样的头发下面有一个跟骷髅差不太远的细脑壳。假如请图案家来画一下子，准定尽是锐角的轮廓，不能在任何部分发现出一块凸肉来，永远是菜色的脸块子，几年没有洗脸的结果就是跟烂泥巴的颜色相混。两只小眼睛凹进去，陷落无光地表示瞳眼不足。双手呢，简直就是几根骨头兜起来的，手腕骨尖瘦，棱角可以戳穿皮，就是用刻刀，也不容易剔出一丝肉来。由于营养不足，大半面部的表情很老练，而年龄和身体的发育比例却往往出人意料。我问过多数小孩子，往往只有七八岁那么高矮，可是他们却能很正确地指出已经在世上活了十三四年。这不能不说是一个挺大的奇迹。

在里面也时常可以看到十八九岁的大姑娘，成人期处女应有的羞耻感觉，在她们简直很迟钝，而全身的轮廓也看不到什么曲线美，有时候在大热天祖露开衣服，也绝没有像看见小姐少奶奶们那么容易发生肉感……

人到底是血肉做的动物，过度工作，过度营养不足，以及许多原因时常使这些"垃圾虫"对于自然淘汰的抵抗力渐渐减低，每年随春风吹来的各色细菌，时常跟垃圾堆附和在一块儿再亲近到"垃圾虫"身上来，于是引起了大量的疫病，有何法子呢？求神水、问药签、喊马脚……这些交响乐送这批可怜的孩子走进死亡。

他们的求生工具很简单，左手挽上一只提桶或者是破烂已极的提篮，右手拿起一根三尺长的耙子，就可以架势。看见有什么清道夫之类的脚色挑起屑子来，就一窝蜂地涌上去一包围，刚倾出来就蹲下来扒在上面拼命地拾取，偶然发现什么洋铁罐、大玻璃片，小花脸就自然笑开啦！

这批"垃圾虫"起得很早，因为早晨倾屑子时机会比较多点。我时常很早很早天还在发鱼肚皮就踱过去，可是他们老早就在那里等待——一直拾到黄昏才回来，分门别类地整理出一天的收获，再由大人们分送到行家。所获得的代价是很苦的，几个铜子一斤。先生，一天又能拾到几斤呢？

　　一年一度的儿童节又随春风而降临，啦啦啦啦啦，真高兴啦，高贵的少爷小姐们可真忙不赢，电影院只消五分钱就可以进去，食品店也为儿童节大廉价，受着各式各样的特殊优待，由妈妈姐姐打扮得挺漂亮的四处逛，于是中国的儿童真的"幸福"了！

　　这些被人遗忘的"垃圾虫"呢？只知道服服帖帖地埋头在垃圾堆里拼命发掘，发掘，逝去童年，逝去黄金时代，逝去青春，一直到生的永息！

　　不过，湘流河畔春汛的到来还是没有法子可以推却的，汪洋大水卷走了垃圾堆，他们又怎样活下去呢？

四月三日黎明写好

（原载长沙《力报》一九三七年四月四日，原题《湘流河畔"垃圾虫"》）

严怪愚：

长沙，还是骄傲的都市，所以才有一部分骄傲的车夫

讲述人生平同前。

记得语体诗才发轫的时候，胡适之先生尝试了一本《尝试集》。《尝试集》中有一首同情车夫的诗，那时候，我还在小学读书，教科书上，便已选了那首诗作教材了。先生讲解得津津有味，读的时候，也读得津津有味，到现在我之所以还能背诵得一两句，未始不是那时熟读的关系。

中间有一个时期，对新诗方面，自己似乎有点研究，所以非常鄙薄《尝试集》，觉得那里面都是胡七八闹，连乡里的山歌都不如，于是便把它丢了。

近来，差不多一两年不作新诗，我还用这古旧的名字来代表这诗种的新运动，或者说诗的新形式，便可以表示我已落了伍。对那种调子也已忘记干净，偶一翻到别人的诗读一两首，简直连懂都不懂了。于是我又回味到《尝试集》，我觉得《尝试集》虽然太浅显，

可是与现在的这种"太深妙"的诗比,觉得还是浅显的好,像《车夫》,便是一例。要文学大众化,只要把《尝试集》中的"车夫"与近代诗人写的车夫,相比较一下,你就能判断优劣出来。

写到牛角尖里去了。我这里不过想描写一点车夫生活,使一些住在高楼大厦中的老爷太太、小姐少爷知道他们的酒肉世界外,还有一个劳苦世界罢了。论诗,现在不是时候,而且,这里也不是地方。

我是一个不大喜欢跑路的人,平日出门,上了两百米远的路程,便要坐车。要勉强跑,也并不感困难,只因为懒惰惯了。不坐车,便喘不过气来。要坐车,自己既无钱办一辆最新的流线型汽车,或者一架"严森柳式"包车,那当然只有坐街车了。坐在街车上,虽没有胡适先生的"车来如飞",虽然有点颠簸,然而用了人家的手,代替了自己的脚,起码要感到一点庄严。

南京、上海、汉口、北平,有柏油马路,有电车、汽车,所以街车一步步没落,一步步遭人瞧不起。坐在街车上,望着人家的汽车虎来虎去,不但肚子要吃满了灰尘,而且心胸间还要怄一股闷气。所以坐街车的人,只有一天天少。车夫的生意便跟着一天天降落,车夫的痛苦也因此一天天地加深。譬如南京,民国十八年,马路没有现在这么方便,汽车少。由龙盘里唤街车到中央大学,起码要两毛半小洋。现在呢,汽车到处通行,由龙盘里到中央大学,只需付三十个铜元,所有的车夫还争着拖。然而他们仍要每天吃饭穿衣、住房子、盘几口家丁,再加上现在物价日昂,生活程度日高,连车子的租钱都加重了。你说他们是怎样地在痛苦中熬煎着?你想废除

奔跑在长沙街头的人力车夫

街车吧，这几千万可怜的生物到哪里去安插，改良他们的待遇呢？足下愿不愿意多付一个铜元给他们？

记得民国十八年冬季在杭州，正值环湖马路通车，一些车夫感到切身的痛苦，便聚积拢来，用暴力烧了几辆汽车，结果几个车夫被押了，他们的家眷饿死了！这是社会问题的一个方面。这问题到现在还没有人注意过，没有人研究过。

长沙，还是骄傲的都市，所以才有一部分骄傲的车夫，你不唤他，他总是老太爷似的坐在车上吸纸烟，绝不会向你逗生意，绝不会到你的身旁，一定要你坐。有些时候，你出少了价，他还会骂你："你也想尝这种口味！""你三世没有坐过车子来！"或者说："两百钱吧，那是坐牛车！"听了这种讽讥，你有什么办法对付他们？然而这种骄气毕竟也因为环城马路通畅而一步步减少了。你唤他，他起码会理你。你还了价，他起码不骂你。他得罪一个顾主，他便会少一笔生意，少一笔收入。少一笔收入，他的生活便会多一层痛苦……朽吧，老子坐汽车！等到将来全市各处可以行驶公共汽车的时候，谁个还来坐这种笨重的街车？

我得说故事了。

昨天下午，由省党部出来，过党部西街，十几辆街车正在闷坐着等生意。我一喊，十几辆车子便蜂拥拢来。我知道有隙可乘，便故意把价钱压得很低很低。有几个虽然沉着脸把车子拖开去，不理我，剩下的几个都愿意如我所还的低价钱拖我到目的地。我顺便跳上一辆车子，其余的车夫都把我所坐的那辆拖住，不肯放，并且争论起来:"到底是你先来,还是我先来?""老子等了一下午了!"……
结果几乎动武了。等警察跑来的时候,我便跑到另一架车上去,我说:
"跑吧! 谁再来拖,我便对他不住了。"这车夫拖着我走,其余的只
得一个个散开了。

　　拖我的还是一个十七八岁的小孩子。我说:"你拖得动吗?"他
说:"大家不都是一样!"我说:"你们为什么争着拖呢?"他忽然沉
默起来,好久才阴沉地答复我,说:"没有办法呀,先生。坐在这里
一个下午没有生意,谁还管得先来后到? 还不是只要大家争得到。"
我说:"你们总该有个规矩,争生意何尝是个道理。"他说:"小街上
还论什么规矩,两三年前,大家还讲点规矩,现在虽然还分先来后到,
其实哪个管他。老子昨天在青石桥,有位先生出三百钱要我拖到北
门口,我要六百钱,那先生不肯,我追着去,不想另一个车夫马上
便抢我的生意,只叫那位先生到他车上坐就是。我对他说:只要你
能够说这位先生到什么地方,我便让你拖。他哪里说得出来? 三百
钱,我也只得拖了……拖一个钱是一个钱。先生,不拖,连一个钱
都没有呀!"

　　我说:"你们每天能够拖多少钱?"

　　他说:"真莫说起,先生,生意好,运气好,块把钱、六七角。
背时了,一天也难拖两三角。"

　　我说:"每个月要多少车租钱呢?"

　　他说:"老车子七元五角,钢丝车九块几。"

　　"按月要缴吧?"

"不缴？肉又不是铁打的！一个也少不了！"

"你们一家有多少人？"

"我倒还没有收亲，家里只有一个母亲同一个妹妹，我的长哥还在十九师当班长，李师长非常看得他起，每个月还可以寄几块钱回来，能够马马虎虎过日子。我的叔叔才下不得台，一家六七口人，从前姐姐姐姐还可以做火柴匣，现在火柴匣也没得做了，全靠他一个人盘。每天拖日夜班还拖不到一块钱，真难过日子！"

我心里骤然有点凄怆。我再不知道怎样问，我想跳下车来，自己跑，把给他的价钱一齐给了他。可是他的手代替了我的脚，我终于放不下这舒适。他自己，似乎还是很勇敢的，并不感到一点痛苦。

"你是湘乡人吧？"好久，我再问他。

他仍是有精神地答复我，说："湘潭的，先生，离湘乡也不远了。你先生是宝庆的吧？"

"是的。"我说，"你也能够辨声音呀，到长沙多久了？"一边说，一边感到自己不该带绅士口吻同他谈话。

他却似乎谦卑惯了，总是很神气地回答我："三年了，先生，莫说声音，我只要看一眼，便知道先生是哪里人。"

我笑了起来，我说："那才是本领！为什么到长沙来的？"

"不消说起，也是人背时。先生，大前年天旱，几个月不落雨，禾、麦子、红薯都干死了，逃难到长沙来的。谁知一到这里，便常常没有盘费回去。今年假使在家，逢着这么好的年成，穿吃起码不愁了。"

"你也拖日夜班吧？"

"背倒背得住，只是我妈妈不肯，妈妈说不要命的才拖夜班。真的，夜班既没有生意，又劳人，何必送死？"

"然则你怎能付车租？"

"我叔叔的儿子也有十四五岁了，夜班我就让给他拖，每个月我出五元，他出二元五。"

谈着谈着，已到了目的地。我跳下车来数了三十六个铜元给他。他说："先生，加两个大铜板！"

我说："少麻烦点！说多少便是多少。"

他慢慢走开了。

我心里似乎感到一点胜利的愉快。

关于车夫的生活，昨天本已琐琐碎碎地写完了。写完的时候，忽然想起前两天所写的，都是一点关于车夫的生活。车夫应当分四大类，街车夫不过是其中之一而已。其他如汽车夫、包车夫、码头车夫，都是各有一些特殊的性情同生活，也应当提起来谈谈的。

汽车夫，在湖南还叫作"司机生"。算是高尚文雅的称呼，而且每个月可按月领几十元生活费。假如把他们放到车夫队里来描写，他们一定不舒服。我们想留到后面再辟栏目来写。包车夫，据说比街车夫的地位高，而且有的时候，甚至老爷有点怕他，我们可以叫他作"司老爷生"，同在车夫一队写，也似乎不十分"那个"，所以也想留到后面写。至于车行车栈、车主，据说甚至于有点托拉斯、辛迪加性质，非读经济学概论，休想谈他的内容。

如此说来，今天便是写"码头车夫"了。然也！然也！

凡属有点旅行经验的人，上轮船，下汽车，第一使你感到困难的，我不要说，你一定也会知道是那些车夫的唠叨同狡猾了。就譬如：足下是一位新从外埠来的文武官员，或是长沙的老主顾，身边带了许多许多的行李，还兼带一位女人同几个"世兄"。跳下车来，行李、女人同世兄都搬不动，望着左右前后的人蹿来蹿去，不免着了急，便只好叫车夫了。车夫走上来，谈个价钱，他们一开口，无不想吃个大胖子。不论远近，起码总是一元两元，最少也是五角。你不要吧，他们一堆人包围着你，不放你走。你唤别的车夫，他们只要做一点小手势，便是异口同声，无办法，你只得坐了。记得有一回，我第二次到长沙来，由汽车东站唤车子到经武路。第一批车夫一律要三角钱。我叫朋友看着行李，到比较远一点的地方去叫，三百钱叫成了。车夫们随着我来，走到第一批车夫的地方，他们中间说了几句闲话，第二批车夫也非二角五分钱一把不肯拖了。我气得头目眩晕，走拢去，劈直对着那个说闲话的车夫的鼻子上一拳打去。打倒了，出血了，其余的车夫都拥了拢来，高声唤叫。我的朋友都来助战，结果打得一塌糊涂，等到十几个警察来了，一场血战方告了结。事后查检，我损破新竹布长衫一件，额上有一条指甲伤痕。车夫们，打破车子三架，伤五名。湖北洋船码头怕湘乡人，因为湘乡人在那里出过打的风头。长沙汽车东站之所以规矩比较好一点，敝邵阳不得不自表一点小功。对这种车夫，你不用武力政策解决，实在也没办法。再譬如足下由皇仓街唤车子到火车站赶车。火车快开了，车夫一定不肯把你的行李放下来；一定要你赏他四倍以上的钱，才肯使你能赶上火车。再譬如足下由汉口乘洋船到长沙，上岸唤车到育婴街，你说四百钱，他便承认你是四百钱。可是等到拖至目的地，他定要说你本来是允他四角钱。你不给，他定围着你，同你争、同你闹，甚至于可以同你打。你是个绅士，有面子，自己想同这些人争吵打架，多少有点不好意思。你只好如他的意思给他的价钱，至少也得给三角。像防空人员黑夜带爱人看演习，吃了苦也说不出来。又要说故事了，记得尚小云在民乐演戏的时候，我跟家慈及自己瘦脸婆儿并一个亲戚，由北门到南门去观赏。深夜再由南门许多许多车子的阻拦中唤车子到北门。讲成价钱是每把车子一角钱。可是到了家，四个车夫都围着我，说是五角钱一把，不加价是不行的。我说不加价又将怎样？他们说："不行！没资格坐车就莫坐车！"我上了火。我还得告诉你，我那时候是个军人，穿的是军服，挂的是同营长一样高的符号（你想他们连一个营长都不怕，多勇敢）。我站着，让妈妈同妻子及亲戚跑进了院子，再自己也跑进去，把门一闭，他们便马上蜂拥了拢来，打门、叫喊、恶吼。我再把门打开，把眼睛一横（可惜是夜晚，他们不看见），气势汹汹地说："你们要打劫了不成？"他们说："谁打劫？坐了车，难道不要偿钱？"我说："你们不要，我不是交给了你们吗？"他们说："一角钱，又不是拖牛！"我说："强盗！"说着便把胸间的家伙拿了出来（那家伙是一把德制的白朗宁），对他们瞄准着："不交代你们，不会识风势！"他们到底软化了，不作一声地呆立着。我又关上了门。一个车夫很凄惨地说："先生，一角钱总要给我们吧？"我笑着，每个人给了一角钱。一个车夫接了钱，便向地上一抛，算是对我的报复。关了门，上了楼，我看见那位车夫正在用车灯在地上找那一角钱。

这样写来，你一定对这一类车夫有点恶感了，不过，对这类车夫有点恶感，也不算是压迫劳动阶级。因为他们都是靠这一手吃饭的。平时他们总是在家里，或者把车子拖到僻静的街上怡然高卧。等预料到某处火车到、汽车到、洋船到，或者某某戏院电影院散戏的时候，便一齐拖着车子去接客。做一笔生意，便可代替一天的休息，解决一天的衣食。

这还是新生活之下的民族乎！

因此，我想到苏州来。苏州的车子由某某地方拖到某某地方，都先由公安局制定一定的价目表。旅客要吃亏也并不多，别的商埠虽然也有这种规定，可是都没有苏州车夫那么遵守。我想：长沙将来定会成通商大埠，为免除旅客的痛苦起见，这一点实在应当先注意。车夫与警察的隔离又没有写进去了，我是闲话专家。

（原载长沙《力报》一九三七年八月一日，原题《街车夫生活素描》）

333

严怪愚：

在热浪下，有一大批生活可怜的群众，在波涛起伏中浮动

讲述人生平同前。

热天，在许多人说比冷天好，因为它没有冷天那么残酷，既不会吹得在寒雪中工作的苦力索索战抖，也不会吹得树枝上的喜鹊儿悄悄而飞。更有较此深进一层的意思——即是没有如冷天一般的那种势利眼睛，而且还给予穷人许多方便；"热天是叫花子的天"，由此一句，就可知道热天是公平多了。普通的苦力，有一张竹床固然可以到处酣睡，而没有竹床的人，只须在壁上撕一张报纸，铺在大门口，也可以做一次黄粱美梦。热天虽然有时候要被摇着扇子的大腹贾叫"热呀，热呀"，可是在另一方面，它却有其可夸耀的成功。

在热浪下，有一大批生活可怜的群众，在波涛起伏中浮动，这一群都是十八岁以下的年轻孩子。"初生牛犊不畏虎"，这些孩子，都是我们国家的中坚，他们无邪的心境中所有的只是前进，无畏地前进。倘若我们的社会能够进步到可以解决这些事情，而使他们的

334

生活安全，这将为国家增加怎样一支生力军，自是意料中的事。

他们这一群的生活，可以分作三种不同的方式来说：

一种是以拾烟蒂为生——纸烟蒂，是闲散人丢下来的遗唾。他们把白纸包裹着黄色烟丝的一支吸进肚子里再吐出来变成一圈圈的烟缕时，他们绝没有想到剩下来的那点烟屁股，还有人拾起来靠它生活。烟蒂每两可以换得两百文，要拾得一两烟蒂，当然不是很容易的事，起码非有三四百个不行。要是拾烟蒂仅仅是一些无家可归的流浪者，每天拾一两烟蒂倒不是怎样困难的事。可是在这场合上，他们又遇到两种敌人。第一种是贩糖果的孩子，以此为副业，每天在贩糖果之余暇，拾点烟蒂，或者是一面贩糖果，一面拾烟蒂，要是他们能够有个精确统计的话，也许还是一个很大的损失。再有是戏院里散戏以后，当然可以抢得大批的烟蒂。可是世界上充满着人情，也充满着流弊。许多和戏院里茶房有交情的人，就托他帮忙，把那些烟蒂扫拢来，聚在一起，交给相熟的人，这又是一笔大损失。在拾烟蒂的场合里，他们遇着两大敌人，拾烟蒂本来是拾人遗唾，而他们又是拾人遗唾的遗唾了。他们在不幸的生活中又遭遇着这种阻碍，所以每天的收入，只能在四五百文至六百文之间，好在他们只要一根油条两个大饼就可以饱一顿肚子，实在没有收入的话，还有站在大门口，向人讨一碗残羹充饥的机会。

一种是以拾破布为生——垃圾堆是他们的天堂。在他们的心目中，希望高堂大厦都能变成垃圾堆，只要把耙子耙一下，就能够拾几块破布。然而长沙为着日趋都市化，一切都要美观整齐，垃圾堆是有碍观瞻的东西，所以这肮脏的所在，越来越少了。这些以垃圾堆作天堂的人，也只好叹息自己命运之恶劣了。

他们每到一个垃圾堆，就用耙子耙几下，虽然这个地方，不到两分钟之前，就有和他同样的人用耙子耙过来，然而他丝毫没有想到这些。他总希望可以得到一点东西，他们所收的除了破布之外，还附带的要玻璃、破鞋、烂铁、包纸烟的锡皮，这些东西，都是他们的个人生活资源，破布卖给山货店；玻璃、烂铁、锡皮，则以荒货店为销场。破鞋子呢，有人要的，你们不是常常可以在河边上或者南墙湾一带看见许多卖旧鞋子的小店铺吗？他们把收来的破鞋，好好修理，再加楦头楦好，以三个或四个铜板收进的鞋子，可以卖两角或三角。

他们的生意既然做得这么多，应该要生活上舒服点，但是所得到肚的食品，也不过使自己这部身体的机器加点油不致停止而已。

一种是以偷扒为生——他们对自己的责任心比较小，并不觉得一个人生活这么几十年是一段长久的时候，也并不觉得偷东西、扒家伙是一件不道德的事。他们偷扒，不过是与拾纸烟蒂、捡破布巾的人一样，认为这是一种生活的方式而已。大概说起来，这种人的脑筋，较前两种人都要灵敏，他们可以设计想方得到人家不允许他得的东西。有些虽则犯过几次案，他也看得很平常，他所做的买卖，范围就特别宽大，无论什么都要，只要能够换钱买饭的东西，都可关照。销场也广，荒货店、电料号、旧书店，他们都有往来。如果他们这天顺手，多弄得一点，可以在大街小巷睡他三四天，吃完了又去找主意，无牵无挂。

长沙街头在垃圾堆中翻拾物品的妇女

所谓做了三天叫花子，皇帝也不愿为，就是指这班人而言。

他们除了谋得个人的口食之外，再不供给旁人的用度，所以收入虽少，也颇快乐。同时他们之间，也有所谓恋爱。一个男的爱上一个女的，固没有金钱供其挥霍，却有劳力任其役使。她要他做的事，纵是赴汤蹈火，亦在所不辞地要为她达到目的去努力。而他们的爱情，往往能够终久不渝，维持长久，这难道不是"贫病知朋友，乱离识爱情"的佐证吗？

热天，他们睡在富人的大门口或者趸船上，或者空坪里，他们是随处可家的无家儿，也是天下至可怜的流浪人。

（原载长沙《力报》一九三七年八月三日，

原题《热浪滚滚之下长沙流浪人的生活》）

第七编

名流过往

田　汉：

等待你年纪大了点，尝过了些人生的滋味，你才真正了解离别是何等黯然销魂的事

田汉（1898—1968），原名寿昌，曾用笔名伯鸿、陈瑜、漱人、汉仙等，湖南长沙人，话剧作家、戏曲作家、电影剧本作家、小说家、诗人、歌词作家、文艺批评家、社会活动家。中国现代戏剧的奠基人。他是中华人民共和国国歌《义勇军进行曲》的词作者。

"黯然销魂者别而已矣"，这句话一点也不错。但也不要等待你年纪大了点，尝过了些人生的滋味，你才真正了解离别是何等黯然销魂的事。不然也就不觉得怎样。

民国五年秋，我在长沙师范毕业，许多朋友都打点去当教员，我算是特别幸福，可以不必到教育界去"竞存"，却有到外国去继续读书的机会。因为我的三舅父梅园先生被任为湖南留日学生经理员，他要带我到东京去进高等学校。我听到这个好消息后，赶忙和家人一起清检行李预备起程，又跑到那些相契的朋友那里去辞行。我动身前的几点钟还在吕铸嘉兄那里呢，随后回家别了母亲、兄弟、舅母和已有婚约的漱瑜，随着三舅于八月一日晚搭沙市轮动身。我这时心里充满了小孩子的欢喜，充满了宗悫①式的雄心，充满了诗人

---

① 宗悫，南阳人，南朝宋名臣，少有大志，曾说："愿乘长风破万里浪。"

的想象，毫不觉得"别"这字含着何等深刻的意义。这是我第一次离开长沙。

第二次离开长沙在民国八年，也是一个秋天。我从东京归国在上海见了三舅，便回长沙。一到长沙，便使我领会得第一次离开长沙的意义了。三年中我的同学已死去了好几个，有的病亡，有的被兵匪杀了。我第一次离开长沙的前几点钟还和他相约将来同到欧洲留学的吕铸嘉君，早已于半年前害了痨病死了。因为我在报上做了一首长诗追悼他，一天在街上遇见了他的父亲，他老人家那惨淡消瘦的面容上还含着微笑向我道谢，我那时心里真是说不出的难过，寻不出话来慰藉他老人家。

还有惨过如此的，便是我的七叔七婶之死。我的七叔和九叔本在乡里种田，因为当时有许多同乡到江西某地开垦，回来时都把那地方说得非常好，地价如何便宜，开垦事业如何有望。因为湖南那几年收成不好，生计艰难，所以我九叔便邀了七叔变卖了所有的家具，携了家小，千山万水地走到江西。不想天不从人愿，冒着万苦千辛披荆斩棘地刚开垦了半年，这些移民挡不住那山岚瘴气，十人九病，七叔不幸也得了病，因为病了，更是不名一钱。七婶竭尽心力看护他，不想一天因为煎药偶然失慎，那小小的茅房顿时着了火，七婶赶忙把七叔从床上扶了出来，七叔因为想到房里去抢一两件东西，拼命地又跑到火里去，不想他刚进去，茅房便倒了下来，我那可怜的七叔便被烧死在离乡千余里的江西了。

七叔死后七婶从江西回乡，后来改嫁到某家，却因军阀张敬尧祸湘，到处兵匪纵横，七婶因为要避免兵匪的污辱，和他家的姑嫂一并投在塘里自尽了。如是我七叔夫妇俩，便一死于火，一死于水。

亲友中的惨事，不一而足。最使我伤感的便是我姨妈之死。我常说我的外祖母做了两件"好"事：一件是替我三舅娶了一个好妻子，另一件是为我姨妈配了一个好丈夫。她老人家以为这"男婚女配"是尽了老人疼爱儿女的心，不知却是替他们预定了一条黑暗的死的路程，叫他们一天一天非向那条路上走去不可。我姨妈的婚姻生活中似乎不曾感到过什么幸福，她只望生一个男孩子，将来大了也替她出口气。谁知也是天不从人愿，一连生了四个女孩子，直到后来总算生了一个男孩子，但她腿上长了疮，又没有好的医生替她治，后来烂穿了七个洞，便在我外祖父家的西厢房断送了她那三十年间的黯淡的生涯了。

这些惨事本来很够我觉悟人生的滋味，不过究竟死的是朋友、叔叔、婶婶、姨妈，对一个正在饥求着爱的甜味的青年，没有什么多大的打击。世间有许多不幸的事，但那些毕竟是降在别人身上的。我们却是命运的宠儿，但能于梦一般的幸福生活中，对于不幸者表深厚的同情便够了。所以那年八月中秋前，我为家人所送，冒着潇潇的夜雨，登上一艘小轮船时，我的心里也不觉得怎么难过，并且还希望那船越开得快越好，因我带着漱瑜妹同行，而她出门是没有得到她的祖母和她的母亲的同意的。这次旅行，虽是一种冒险，但实是我有生以来最甜蜜的旅行。我们都商量着将来的梦，对于故乡和亲人的留恋之情是很轻的。这是我第二次离开长沙。

我本没想到这几年有机会到长沙去的。我和漱瑜都因为梅园舅父在长沙为军阀所害，而此等豺狼尚盘踞长沙，豺狼一日不去，我们是不能回去的，所以我们宁可把母亲弟妹接到上海来住。不想去年漱瑜在沪染病误于庸医，日益沉重，她急想归乡调养，莫奈何只得送她回去。那时我母亲也得了太祖母危笃之报，急欲归乡侍疾，便带了小孩一起回去。从上海动身经历千辛万苦，跋涉了三个多月，才算辗转把漱瑜送到长沙乡里。在老家又住了三个月之久，只望她早点痊愈，重登幸福的旅途，谁知命运的女神对于她的宠儿，亦无所怜悯，竟于去年末夺我漱瑜而去！我这才知道"不幸"这件事不是单降于某种人的，是可降于任何人的！不是单降于他人的，是连我也会遭遇的。我们不单是他人不幸的同情者，有时也是需要他人同情的不幸者。去年阴历十二月二十日黄昏，距我漱瑜之死的六点钟前，我从城里匆匆奔走七八十里之长途，赶回我外祖父的家里来看她的病，她那时已经是病骨支离欲哭无泪，坚嘱我莫离开她，要我送她的终。我说："我今天心里很宁静，我确信绝没有那回事。"感觉到命运的严肃的她，冷然地说："咳，我最初也确信绝不会有这回事，像我们在东京确信我爹爹绝没有遇害的那回事一样，但是我的许多确信都次第给严酷的事实打消了。"我又说："你放心吧，上帝绝不会轻易把你召去的。"意思是上帝还得使你在世上多受些苦难，不肯轻易解除我们的责任。但是漱瑜毫不感到安慰，她绝望地说："上帝要召我们去是很容易的……你今晚务必要送我的终……我今晚死了是幸福。"我听了她的话虽然心里像刀也似的割痛，但我仍是确信没有这回事。至少隔那"不幸"的距离还远。所以我外公坚劝我去睡觉时，我也和衣躺了一会，谁知我第三次起来看她，并依她的意思，扶她起来斜卧在我的右臂时，她竟在我的怀里长眠不醒了。我那时的心里仿佛遇着迅雷疾雨、山崩海啸，只觉得宇宙的威力之不可抗，只觉得渺小短促的人生之无意义，只觉得命运之绝对的严肃。啊！严肃，我们曾否严肃地观察过人生？曾否严肃地创造过什么艺术？不！不曾有过这事，因为我们总以为不幸究竟是他人的事，究竟轮不到我们俩！

第三次离开长沙却是这回的事。在长沙愁惨的空气里呼吸了将近一年，到了非离开家乡不可的境遇，年不过半百而白发如银的慈母虽然十分不想我离开长沙，但看见我的精神上和物质上都有走的必要，所以也只好忍痛让我走。

行李都已搬到城里去了，好就近搬到船上去。吃完了早饭便同三弟到城里去找开往汉口的船，有什么船便搭什么船去。母亲先说要一同进城去送我们的行。我们说："不必。"母亲便抱着我那可爱的孩子海男——哎哟，海男啊！我是多么爱你，多么不能离开你，爹爹写到这里眼泪滴了一纸呢！——送到前路上，她老人家站在一棵松树旁边，嘱咐我们一路好生保重，又特别嘱咐我"以后别那样喝酒"时，我那孩子似乎也感到他爹爹此次进城和往常不同些。他并不嚷着要"爹爹买条丝糕回来把海男吃"，却在他祖母怀里闷闷儿的，做出莫明其妙的表情，大约是他的冬姑妈告诉他"爹爹同三叔要到上海去了"吧。我们走到那松林里时早听得海男哭起来了，一直走过那松林还听得海男在那里哭。我听了他的哭声，想到长眠在枫子冲头的他的母亲。哎呀，漱瑜呀，恕我没有到你坟上来辞行。我是何等想来哟，但又是何等不忍来啊。我吞着带咸味的眼泪，一声也不响，撑着伞只是走，走到新刷了粉的白皮靴上面沾满了很厚很厚的黑尘，这才对三弟说："水又退了许多呢。"因为这时已经到了湘水之滨了。

作于一九二六年

（《田汉代表作》，上海三通书局一九四一年八月初版，

原题《离乡的滋味》）

田 汉：

我的故乡，爱我的人，寄我以不甚适合的希望；恨我的人，也罪我以不甚适合的罪名

讲述人生平同前。

　　从青年会里别了柳罗两君，和赶来送行的诸位朋友同到船上时，已经八点钟了。船小人多，房舱又恰在火舱摊边，蒸闷不堪，一时头上汗如雨下。只得重偕他们上岸，在江边立谈。谈起这半年间的影事，又谈到将来的计划，杂着又说了些笑话。站在江边警戒的士兵、等着接生意的车夫、在码头上卖水果的小贩们，听得我们时而笑谈，时而叹息，都睁着好奇的眼睛望着我们。我们谈到差不多要开船的时候，五弟也提着篮子赶了来。我嘱咐他发奋读书，并且要他赶快下乡到妈妈那里去。因为妈妈骤然离开了她两个儿子，心里一定寂寞得不堪，何况又在一番人生的悲哀以后呢！我和送行的诸位好友一一握别了，五弟同九叔重新又送我上船。船本说晚上九点半钟开，但直到十一点钟才开，所以他们谈得很晚才去。后来汽笛一声，卖水果吃食的人都上了岸，这才听得机声轧轧，轮身打了个

大兜转，向湘水下流直驶，一时水声震耳，清风飘衣，蒸闷之气，为之一散。这总算真离了长沙了，我和同行的三弟、叶鼎洛君坐在船边的石凳上，手攀着铁栏，望着夜雾迷茫中的湘水，望着万家灯火的长沙，望着新由云中出来的半圆的明月，像都引动了各人的愁绪，相对无言，这时的情境正所谓"晚风叹息白浪吼"，我低吟着拜伦的《去国行》不觉泪下。船行极慢，只听得船两边竹篙打水之声，与报告"四尺五""五尺""五尺一""五尺三"……之声。夜越深，水也越深，风也越冷，他们也不打水尺了。我们劳苦了一天昏昏思睡，便下到舱里去寻找我梦里的故乡。啊！故乡当于梦里求之耳！我们去年不是为求故乡而归的吗？去年在南通时，友人左舜生兄劝我们归上海，我们不是厌倦上海的喧嚣，想要到我们的故乡求暂时的安息吗？我不还引着威廉·易慈（William Yeats）《银泥斯瑚理之湖岛》（*The Lake Isle of Innisfree*）的首章——

> 好，去，到银泥斯瑚理去，
> 到那里去用泥和树枝建一间小屋，
> 栽九块豆子养一箱蜜蜂。
> 独在那蜂声嗡嗡的山径里享人间的清福。

来表示我们的忆乡之情，婉谢他的劝告吗？但我们一回到我们的"银泥斯瑚理"时，才发现我们还是异乡人，我们带的钱，在路上已用罄了，称作回乡，其实是无家可归。我们祖上留下来的唯一的一

长沙县果园镇田汉故居

栋房子，就是我诞生之地，早已卖给人家了，我从那所房子前面经过时，几乎要哭出来。因为连我小时候攀缘过的那些果树都被新主人砍掉了。我们"上无一尺天，下无一尺地"，却到哪里去找泥和树枝建小屋，更到哪里去栽豆子养蜜蜂呢？我们后来只好都住在外祖父家里。漱瑜在养病，我们便在山里捡捡柴、舂舂米。我外祖父家里本来养了两大箱蜜蜂，平常每年要出十几斤蜜，可巧自从我三舅被害之后，那些蜜蜂都跑了。所以漱瑜气喘的时候，想要弄点蜂蜜给她润润肺，还得托人四处去讨，在平常是用之不竭的。乡里人都说蜜蜂跑了象征主人不利，不想漱瑜果然应了蜜蜂的预言，一病不起。人生不过数十寒暑，无贵无贱终于一死。她虽然不曾如她自己和我的愿，多做得一些事业，多过得几天畅快日子，但她总算归了故土了。最难得的是，她死时所睡的床正是她生时所睡的床。更难得她葬在她二姑妈即我姨妈旁边，也可以不寂寞了。我有一晚梦见读她寄我的诗，醒来时也做了一首："是耶非耶谁能保，梦中忽得君诗稿。倦鸟欣能返故林，小羊姑让眠青草。平生好洁兼好静，红尘不若青山好。只怜尚有同心人，从此忧伤以终老。"她算倦鸟似的宿在故枝上了，小羊似的眠在青草上了。但我在她死后虽在生我长我的故乡生活了半年，却依然是个异乡人，依然是"上无一尺天，下无一尺地"，依然天天感受精神上生活上的不安。我的故乡，爱我的人，寄我以不甚适合的希望；恨我的人，也罪我以不甚适合的罪名。我时常城里住得厌了又下乡，乡里住得不安了又进城。我总觉得我眼里的故乡，还不是能慰藉我的故乡。我觉得我在异乡异国受了侮辱，感受人生的凄凉的时候，我所景慕，我所希求，我所恨不得立刻投到她怀里的那个故乡，似乎比这个要光明些，要温暖些，我似乎是回错了！我的灵魂又引我到所梦想的那个故乡去了。啊！梦里的故乡！

作于一九二六年

（《田汉代表作》，上海三通书局一九四一年八月初版，
原题《梦里的故乡》）

阳　光：

只有在梦中，我才得翱翔于辽阔的天地之间：天心阁、岳麓山……尤其是长沙景物，湘地风光，历历如在目前

阳光（生卒年不详），诗人，1938年在长沙与常任侠、汪铭竹等组织"诗歌战线社"，在田汉主编的《抗战日报》上编辑"诗歌战线"诗刊。

近来常常做梦……只有在梦中，我才得翱翔于辽阔的天地之间：天心阁、岳麓山……尤其长沙景物，湘地风光，历历如在目前。

我于是更喜欢做梦了……

我更将找寻梦中旧境！

先说湖南的省会，在二十七年的春天，我到了长沙。长沙那时还是平静的。只是这古城，充塞了各地投奔来的流浪者。长沙贸易之盛比不上汉口，繁华及不到广州。不过位居粤汉铁路要冲，靠近沅江，地位不失其重要。封建的气味十分浓重，但人民却纯朴可亲！

长沙的气候不见得好，时常下雨，牛毛雨的一种。雨伞的形式固天下皆同，而雨鞋视各地而异，长沙还不是套鞋的世界——在雨天，他们普遍地穿着"高跟木鞋"，方法记得是套在鞋子上的，下江人永远穿不惯，他们的"托托"之声，奏成了雨天的乐曲。最有趣的是，黄包车夫脚踏高跟木鞋，手撑雨伞，大踱其方步。你假使在上海或其他的商埠乘惯快的，催他拉得快些，车夫会立刻停下车子说："先生，你走吧！"爽气得不要你一个铜子。相反的，包车夫拉着黑得发亮的包车，主人踏着车上的铃，叮当作响，其快步可以打破全国纪录。读过张天翼先生《华威先生》的读者，一定会忆起"忙人华威"坐着包车，横冲直撞，如入无人之境。其地方背景就在长沙。那时候张天翼先生正旅居长沙，以观察之深刻，描写之动人，"华威"跳到纸上，成为活生生的人了。

在上海，旅馆或称客栈、旅社……长沙称之为"商号"。你说商号应该是一爿商店，他们会说客店也是一种生意。普通内地的客店，除房间、茶水、床铺外，行李旅客自备，长沙不能例外。我曾经住过县政府隔壁的一家"福庆商号"，每日大洋四角，供给床铺，更有一日三餐可吃。谚云："两湖熟，天下足。"湖南是产米的省份，长沙人吃的是饭、饭、饭。他们煮饭的方法，先下米在水中煮滚后，捞起蒸熟，粒粒硬爽。江南流浪的老年人，往往食不下咽。湖南本地人，更有习惯，吃剩了饭，丢掉饭碗离饭桌而走。吃饭吃剩的最多的是"做生意女人"。他们开玩笑说："江南人流浪各地，是因为把饭吃完了。"他们留的是"余福"！说起"福"，直到现在，我还不曾忘记：长沙的街头、檐下、墙头、门上……都有雕型的、瓦器的、剪贴的蝙蝠的踪迹，以取得好口彩！四毛钱借床铺，吃三顿饭，这好像白头宫女诉说天宝遗事呢！

湖南的口音比较硬性，没有是"冒得"，好的是"要得"，有时

岳麓书院　摄于 1929 年前

候我们坐好了一桌预备吃饭，谈天说地，忽然一声吆喝："碗到，碗到！"吓得大家一跳。原来茶房拿了菜碗上菜了。湖南话讲得慢，还不难懂。湖南人的个性，也和说话一样硬朗。说干就干，没有"是是否否"的娘娘腔。这种性格，湘西人更显得突出，"一言不合，拔刀相见"，不是假话。长沙不能代表整个湘省，部分的当然能够"略窥"。地道的湖南人，头上包着黑色的纱巾，男女学生保持着俭朴的风气，一律黑布制服，新的有一重光彩，这由人工用光滑的石头磨光的。落后的方法，江南一带，恐怕久已失传了。长沙的学生，参加社会活动的不少，大概继承过去的革命传统吧！

说到吃，有多少东西，至今令我神往。一种辣椒牛肉，干香，辣得有味，一毛钱买上十多块，可以下酒，可以过泡饭吃，就是一卷在手，嘴里嚼嚼，别有风味。凉薯形若甘薯，皮松脆可剥，雪白绝嫩，有药味，汁多，一两分钱可买一大个。郭鼎堂先生到长沙来，举手尽数枚。一次去饭店吃清炖牛肉，店名已忘了，馆是教门，喊一盆干切牛肉，清炖牛肉及牛筋，酥且肥腴，汤清见底，吃得醉眼蒙眬，心底的拜服：口味之佳，全国不做第二家想！可惜一小碟槟榔，苦于未加咀嚼，白白放弃，如今引以为憾！

长沙可供游览的地方不多：城外有个花园，没有去过。皇仓坪的中山堂、青年会，能听演讲、打弹子……岳麓山在长沙对岸，山下是国立湖南大学，建筑富丽堂皇，研究学术的空气异常浓厚。山上有黄克强、蔡松坡两将军之墓，革命元老，令人敬仰不已。民众俱乐部里有报纸、乒乓台、高尔夫、图书馆，我也常去。天心阁是依城墙建筑的，沿石级而上，能鸟瞰长沙全市，泡一杯龙井，消磨光阴不少。王鲁彦先生的一篇《柚子》，经鲁迅先生编入《新文学大系》，序言上说："颇为当时湖南的作者不满，而能诉出忧愤之情！"写作时适属军阀时代，杀头是事实，看杀头也是事实，小说背景长沙浏阳门外，距天心阁不远，那里现在是累累土馒头了。

"文士苦穷"，在长沙如果不当编辑，写写稿子的作者，饿死无疑。当地的报纸，有《湖南商报》《大公报》等，副刊收外稿，稿费节上算账，有不有还是问题。后来有三张报纸在此出版，以《闲话扬州》得罪江北同乡的易君左主编《国民日报》，程沧波编《中央日报》，田老大主持小张报纸。"国民"与"中央"算有稿费，千字一元左右。田老大的报纸，不支稿费。每周有诗歌社诗刊发刊，执笔的有力扬、常任侠、孙望、吕亮耕等诸家，出过一次纪念屈原特刊。负责者孙望，赔邮票、贴车钱、送稿子、校对，一丝不苟，现出书生本色。其中力扬的诗写得最好。诗的作风上，和以前广州蒲风、雷石榆等不同。诗歌社唯一的成绩，是邀汉口穆木天先生等，集成一本诗集《五月》出版，特载有瞿秋白先生的译诗《茨岗》。当时长沙的文化人，来往者殊伙，朱自清、丰子恺，都到过；张天翼，且住过相当时候。茅盾先生在银宫大戏院演说，提出文艺上的反差不多运动，主张描写自己熟悉的事物。郭鼎堂先生一次演讲，连得青年会礼堂窗槛上，都躲足了人。他从考据学的见地论述时局，片段的笑声，不时地由听众座中透出来。长沙本有开明书店等数家，加上上海杂志公司，生活书店的新设，文化的食粮还算不见缺乏。湘戏没有见识过。丁绒和湘绣确是名贵非凡，绣出的虎、狮、花、鸟，生动得很。当时洋价一元六千文，市上有当二十的铜元流通，鲜肉每斤九百六十文——自然，以上种种，在今日看来，也还是白头宫女口中的天宝遗事罢了。

（原载《万象》一九四四年第十期，原题《湘中梦痕》）

叶　紫：

我单身从故乡流亡出来，到长沙天心阁侧面的一家小客栈中搭住了

叶紫（1910—1939），原名余昭明，用过叶子、阿紫等笔名，湖南益阳人，作家。

　　民国十六年——一九二七年冬初十月，因为父亲和姊姊的遭难，我单身从故乡流亡出来，到长沙天心阁侧面的一家小客栈中搭住了。那时我的心境的悲伤和愤慨，是很难形容得出来的。因为贪图便宜，客栈的主人便给了我一间非常阴暗的、潮霉的屋子。那屋子后面的窗门，靠着天心阁的城垣，终年不能望见一丝天空和日月。我一进去，就像埋在活的墓场中似的，一连埋了八个整天。

　　天老下着雨。因为不能出去，除吃饭外，我就只能终天地伴着一盏小洋油灯过日子。窗外的雨点，从古旧的城墙砖上滴下来，均匀地敲打着。狂风呼啸着，盘旋着，不时从城墙的狭巷里偷偷地爬进来，使室内更加增加了阴森、寒冷的气息。

　　一到夜间，我就几乎惊惧得不能成梦。我记得最厉害的是第七夜——那刚刚是我父亲死难的百日（也许还是什么其他的乡俗

节气吧），通宵我都不曾合一合眼睛。我望着灯光的一跳一跳的火焰，听着隔壁的钟声，呼吸着那刺心的、阴寒的空气，心中战栗着！并且想着父亲和姊姊临难时的悲惨的情形，我不知道如何是好！……而尤其是自己的路途呢？交叉着在我的面前的，应该走哪一条呢？……母亲呢？……其他的家中人又都漂流到什么地方去了呢？

窗外的狭巷中的风雨，趁着夜的沉静而更加疯狂起来。灯光从垂死的挣扎中摇晃着，放射着最后的一线光芒，而终于幻灭了！屋子里突然地伸手看不见自己的拳头。

我偷偷地爬起来了，摸着穿着鞋子，伤心地在黑暗中来回地走动着。一阵沙声的、战栗的夜的叫卖，夹杂于风雨声中，波传过来了。听着——那就像一种耐不住饥寒的凄苦的创痛的哀号一般。

"结——麻花——哪！……"

"油炸——豆——腐啊！……"

随后，我站着靠着床边，怀着一种哀怜的、焦灼的心情，听了一会。突然地，我的隔壁一家药店，又开始喧腾起来了！

时钟高声地敲了一下。

我不能忍耐地再躺将下来，横身将被窝蒙住着。我想，我或者已经得了病了。因为我的头痛得厉害，而且还看见屋子里有许多灿烂的金光。

隔壁的人声渐渐地由喧腾而鼎沸！钟声、风雨的呼声和夜的叫卖，都被它的喧声遮拦着。我打了一个翻身，闭上眼睛，耳朵便更

天心阁　摄于 1924 年前

加听得清楚了。

"拍！呜唉唉——呜唉唉——拍——拍……"

一种突然的鞭声和畜类的悲鸣将我惊悸着！我想，人们一定是在鞭赶一头畜生工作或进牢笼吧！然而我错了，那鞭声并不只一声两声，而悲鸣也渐渐地变成锐声的号叫！

黑暗的、阴森的空气，骤然紧张了起来。人们的粗暴而凶残的叫骂和鞭挞，骡子（那时候我不知道是怎样地确定那被打的是一头骡子）的垂死的挣扎和哀号，一阵阵的，都由风声中传开去。

全客栈的人们大都惊醒了，发出一种喃喃的梦呓似的骂詈。有的已经爬起来，不安地在室中来回地走动！……

我死死地用被窝包蒙着头颅很久很久，一直到这些声音都逐渐地消沉之后。于是，旧有的焦愁和悲愤，又都重新涌了上来。房子里——黑暗，外边——黑暗！骡子大概已经被他们鞭死了。而风雨却仍然在悲号，流眼泪！……我深深地感到：展开在我的面前的艰难的前路，就恰如这黑暗的怕人的长夜一般：马上，我就要变成——甚至还不如一个饥寒无归宿的、深宵的叫卖者，或者一头无代价地牺牲的骡子。要是自己不马上振作起来，不迅速地提起向人生搏战的巨大的勇气——从这黑暗的长夜中冲锋出去，我将会得到一个怎样的结果呢？

父亲和姊姊临难时的悲惨的情形，又重新显现出来了。从窗外的狭巷的雨声之中，透过来了一丝丝黎明的光亮。我沉痛地咬着牙关地想，并且决定：

"天明，我就要离开这里——这黑暗的阴森的长夜！并且要提起更大的勇气来，搏战地，去踏上父亲和姊姊们曾经走过的艰难的棘途，去追寻和开拓那新的光明的道路！……"

（原载《时事新报》一九三五年十二月二十九日，

原题《天心阁的小客栈里》）

瞿宣颖：

长沙城的特殊臭味，便是一种桐油、爆竹、草纸、水油及潮湿郁蒸之气所集合而成的

瞿宣颖（1894—1973）（一作 1892—1968），别名益锴，字兑之，简署兑，号铢庵，晚号蜕厂、蜕园，湖南善化（今长沙）人。

　　一个城市有一个城市的特殊臭味，这是一点不错，长沙城的特殊臭味，便是一种桐油、爆竹、草纸、水油及潮湿郁蒸之气所集合而成的。走到街市上，越繁盛的地方越容易感觉到。

　　长沙的狭小是如此。从北门到南门也不过北平的从正阳门到地安门。所以在未有人力车以前，中等阶级的男子，简直用不着代步的方法。直到如今，虽然有了人力车，也绝没有像他处的人力车拉着飞跑的。初到长沙的人，无不感觉长沙的人力车拉得特别地慢，殊不知历史的教训使得他们如此，如果不是拉得慢，则不消两三分钟便到目的地了。而且长沙街道之窄无比，许多的巷子平张两臂可以抵着两边的墙，就是最繁华的市街，也仅仅容两乘轿子平行而过。地下又是铺的石板，磊砢得很，人力车是万拉不快的。如今市区虽然扩大了，街道虽然展宽了，路面虽然改筑了，历史的印象一时不

容易忘却。

往日代步的方法，最普通的是所谓"三丁拐"的轿子。"三丁拐"，两人抬轿而中间靠轿门的地方更加一人以助其力。每逢上下肩的时候，此人必极力将轿子往上一颠，坐轿的人如果不是内行，必要大吃一惊。

长沙乡野之平凡是出乎想象的。黄泥的童山，纵横的田亩，是一望无际的境界。行人只是永远踏着窄不容趾的田畔前进而已。方塘到处可见，然而只是一窝浊水，并没有写影的清涟。当炎威最盛的夏天，尤其使人感觉烦闷。唯有一段湘江与岳麓山，才是长沙人所能看到的天然美景。岳麓山尤其是长沙的天然公园，气概虽不雄壮，而岩壑竞秀，松柏交阴，具有山林之美。加以唐宋以来的点染，道林寺是唐代诗人所称颂的，岳麓书院又是宋以来文人学士汇集的地方，游人到此，至少觉得长沙不是一个新国，而现实的尘俗，可以暂时一清。古迹之所以可贵在此，古迹之所以必须经营整理也在此。岳麓山除了添了黄兴、蔡锷之墓而外，总算保存着原状。凉秋九月，走到山半的爱晚亭，吟讽着杜牧之的名句："停车坐爱枫林晚，霜叶红于二月花。"不觉憬然想到，长沙城中经过千百种的变化，而此地的亭台树石，与古人所曾经欣赏者无异。

湘江的美，在秋而尤在暮，在长沙停舟的两岸，诚然平凡无奇，但是南往湘潭的路上，便渐渐显出湘江的特色了。湘水有潇湘之称，潇湘者肃霜，肃霜者是古人所用的一种双声联绵字，用以形容清澈凉爽的意思（据王国维的解说）。不经过长沙以南的湘江不知道湘水

岳麓书院 摄于 1929 年前

得名的由来。其清澈底，其气甚凉，再加上两旁露骨的苍石，与清波相映，颇觉得有一种孤高狷洁的气概，与吴波的柔靡又不同。所以要领略这种苍苍凉凉的水色山光，宜于秋暮。

不独看水看山，总而言之，长沙一年之中只有秋天最好过：春天多雨，夏天太热，冬天不冷不暖，无风无雪，也不是纯粹的冬天；唯有秋天，真不愧秋高气爽。夏天的烦闷去了，而冬天的枯燥未来，加以长沙的美品橘与菌又是在这时倾筐的上市。如果不以秋天到长沙，那是很可惜的。

长沙有三个天然之敌，一是雨。长沙人为雨所征服，而自然归化了。劳动界终年不穿鞋袜，无论什么人无不备有一把雨伞，市街上尽是用石板铺成，像这样的环境，每次出门以后，还是不免泥点沾衣，而必须实行苏东坡所谓"日暮归来洗靴袜"。他们因为雨的享受太多，反而不甚欢迎太阳。长沙的旧式房屋，都是只有极小的天井卧室，窗是终年用布帘遮上而不开的，再加上床上还要挂一层厚密的蚊帐，所以长沙城居的人很多体弱而不离药饵。第二个敌人是热。热与雨是相因而至的，如果光是热，还可以。热之中，又加以潮湿，这最难受。夏天洗完澡之后，便不得干；就是干了，所穿的衣服在湿空气之下，也是含着水分的。我们有法子驱逐热，而没法子驱逐潮湿的热。最热的时候，整夜不能安眠，望着天空的树梢，没有一点摇动的意思，真不禁想念北方的夏令。比起来便有天壤之别了。雨与热还有停息的时候，唯有第三个敌人——虫——更难对付。虫之中尤其是白蚁，可以将整个的楼蛀蚀成中空。如果发觉不早，这所建筑便归毁灭。如果你有一箱书锁了一年不开，明年打开一看，里面的书便可以"羽化而登仙"，入于无何有之乡了。其他惹人厌恶之虫，当然也应有尽有。总之，这三个敌人都足以使长沙人不能安居乐业。

湖南的往日社会状态，也有异于其他各省的地方，我们要知道湖南的人口，经过张献忠、吴三桂的变乱，已经减少到几乎灭绝的程度。现在的湖南人大部分是江南、江西迁入的，湖南没有很长的家族史，很少有能追溯到明代的家族，就是最近三百年中继续繁荣的家族，也很少。这是一个异征。

湖南农业之庞大，是大家所知道的。农业社会的现象，是保守、勤苦、安分，而有自治自卫的能力，大多数的地方属于此一类，而尤其以湘乡为最好的代表。所以湘军能以缘于自卫的动机，进而参加政治活动，可是一参加政治活动，他们便不免于失败。卒之湘军之光荣只是抵抗太平军的那一段，而对于政治上的主张并无可言。这是一方面。还有一方面，便是商业社会的活动。在有清三百年中，湘潭是亚于汉口的大商埠，两广云贵的货物运输，以此为枢纽，由此而分散全国，尤其是长江下游的物产与其资金，向外找出路，第一必找湘潭。湘潭于是变成商业社会中心。而商业社会的现象便是奢侈浮滑，善于趋时，有追求知识提倡艺术的余暇。综上所说，湖南的社会有两方面，有两个重心，有决然不同的两种力量，常在那儿左萦右拂。所以一班所谓湖南人，两种矛盾的性格同时存在。湖南人极守旧，迷信最多，然而却又常常站在时代之前，常常作革新运动的急先锋。湖南人蛮干、死干、呆干，不像江浙人的聪明，也不像北方人的一味驯良屈服，然而却又富有浮滑的神气，不比两广人的质直。

湖南人的民族思想，在清朝初期虽然有王船山的提倡，远不如江浙闽广的发达。推求其故，显然是因人民流徙不定，还没有结成定型的湖南民族。及至清朝盛时，湖南因为是个有自给能力而又无余力给人的省份，不感外来的压迫，所以聪明材力之士也只有老死田亩。一直到咸同军兴，湖南人方才感觉世界之大，而世人也感觉湖南之大，在这样相互的需要与供给之下，然后发生种种特异的思想。当军事结束之后，军队的剩余分子，开始秘密活动，他们以固有的神权思想为背景，以军队组织为结合之便利，以反抗统治阶级为号召之便利，他们以浏阳为中心，而蔓延及于长江上游；当光绪二十年至二十六年之间与北方的义和团组织都达到最盛时期，遥遥相应。不幸北方的民众团体没有意识的领导，而弱点全然暴露。在湖南则为知识分子所利用，而成为推翻清朝的一种力量。这种反清朝的知识分子，究竟从何而孕育呢？可以说他们受了乡先达王船山的影响，又习见习闻这种含有秘密意味的民众活动，不期然而然地走上这条路去。湖南革命先进死事之烈，与其怀抱之高，必推浏阳谭唐二君子。自时厥后，渐渐在国内国外显事活跃，与广东的一支，左提右挈，而成功辛亥革命。辛亥之湖南起义，颇有人归功于焦陈二人，他们便是秘密社会中分子。

湖南人在同光以后，显然有与统治者为敌之意，已经屡次表现在事实上了。光绪初年，卞宝第作巡抚，孙某作藩司，因为禁止赛会，激成民变，攻入藩署。其时有一个最无赖的地痞叫曹桂山，他实在偶然不在城中，但是事后他深以不及参加为耻，于是跑到茶馆里，大声说："藩台衙门的门板真硬，我至今还打得手酸呢！"这时官厅正苦无从追究，听了曹桂山的自动认供，便把他作为正犯，斩决示众。辛亥的前一年，因为米价高涨，要求平粜，将巡警道赖某拴住痛殴，又纵火焚烧抚署，甚至于要烧教堂烧领事馆，其时一部分的绅士，也从中鼓动，逼令巡抚岑春煊辞职，而推藩司庄赓良继任，政府觉得不成事体，便将抚藩绅士一概革职，另派新抚带兵船来长沙，方才平息。《易经》说得好："几者动之微，吉之先见者也。"果然第二年便有辛亥的变局，所以将晚近湖南人的思想变迁观察起来，他们反抗统治者的习性养成恐非一日，不过有点无意识不合理性不择手段而已。

前清的官场中，大家都说湖南绅士不好惹，这自然是自有湘军以后的现象。那时湖南绅士多半拥有兵权，自然地方官畏之如虎。可是后来湘军解散，湖南人在中央政治上的势力也很薄弱，何以绅权还是异常膨胀呢？这就是由于上面所说的理由。民众对于统治者，总是取敌视的态度，绅士便可以利用之为武器。他们对地方官说："你不听我的话，百姓就要罢市，甚而至于戕官！"地方官顾考成，顾性命，谁敢不依？所以绅士阶级愈来愈庞大，结果还是民众吃亏。

真正湖南民众是富于革命性的，他们极少阶级观念，普通人家用的仆人可以同桌吃饭，主人吩咐仆人做事须说"请"。尤其是女仆,更须受相当的礼貌。他们没有"底下人""当差""老妈"等等名词,而谓之"请的"。请的者,被请而来者也。乡村教育相当发达,男女识字的很多,所以他们尤其不怕主人的威势压迫,一班民众是这样。可是所谓绅士阶级站在他们与政府之间而掠取利益如此者亦复若干年焉。

楚人好鬼,是历史上有名的。至今辰沅一带还保存着古代越巫的异术,以符咒治病,尤其是治伤,相传是很灵验的,普通叫作祝由科。"祝由"两个字出在《素问》上面,祝由据说是人名,其实祝就是睨的古字,祝由即《周礼》之祝榴,祝榴也就是睨。其来历不可谓不悠长,自《后汉书》以后,关于它们的记载已经不少。

祝由科在他处很神奇新鲜,而在湘西却极普通,如果不信,可以问湘西的著名人物——熊希龄。他家的人就有会的,凡是学祝由科的人,先得承认两事,一是自认一种不得其死的结果——自缢自沉自刎之类,一是只能以所学的法术取得酒食的报酬而不能取得金钱的报酬。话虽如此说,而在长沙的师公——符睨师——仍是取报酬,不过所取必以三为节,例如三元三角或三千三百或三百三十之类。

湘西的工商业以木材为大宗,采木之人结木为筏,沿江而下,谓之簰。其人遂谓之簰客。这种巫术就是由簰客传来的。

湖南人忌讳最多,正是古书上所谓"好机祥"者,妇女尤甚,早晨见面不说萝字鬼字,此外又忌龙虎等字,于是改唤龙为绞舌子,灯笼为亮壳子,虎为山猫,斧为开山子之类。于此可见尚存山民之余风也。

湖南人讲究吃么？这是一个疑问。在外省殊少有湘菜馆。就是有，也不发达。若论吃菜的奢侈，端的要推广东。广东一桌酒席费至数百元不算回事，别的地方万赶不上。不过湖南人之中讲究吃菜的谭延闿，却能于此不示弱。他晚年得意时代，据说一席宴会是不能小于三百元的，与他朝夕为伍的那一班人，也自然争奇斗靡不相上下，成为风气，所以广东人以外，也许就要推湖南人讲究吃了。

湖南菜的特点在取味的腴厚，在炒小菜（湖南人以蔬菜为小菜），炒的菜要不损伤其色素。碧绿的菜叶，清腴的味道，这是外省厨师所不易学的。人都说湖南人爱吃辣子，其实湘西湘南吃得厉害，而长沙却不尽然。湖南人共同的食性，还是在爱吃蔬菜，蔬菜的种类特别多。比如冬苋菜，其叶多毛，而质柔滑，很像古人所谓葵羹。又如藜蒿，如蕨芽，也都是外省人所不大吃的。湖南人除了喜欢辣之外，还喜欢咸与硬，所以腌菜泡菜是每饭不忘的，而饭之硬以每颗分离不相黏合为度，也与别省不同。

湖南人之于辣，也不仅吃辣椒而已，姜与胡椒、花椒、桂子都是常吃的。据说由于水性之寒，潮湿之重，非此不可。由此类推，则药饵中的温补一类，也很普遍地应用。他们本来爱吃药，一吃就是附子干姜，讲求补养的还要在六月里吃附子炖羊肉，江浙的中医听见了必然大为惊诧。

湖南的茶叶都有一种烟熏的气，它的质地介乎红茶绿茶之间，而其吃法则颇异于其他各处。普通的吃法自然是用沸水来泡，可是茶喝完了之后，有人还喜欢捞起茶叶来咀嚼。湖南人的面色多黄，恐怕就是这样中了单宁酸毒的缘故。此外便有种种点茶的方法，或是用芝麻、黄豆，或是用姜，或是用花椒，可想见古人点茶汤的风味。

最尊敬的款客方法，除清茶之外，还要用一道莲子茶，比如新年的贺客，就可以受这种待遇。莲子是湖南的特产，加上红枣、桂圆文火细炖，确实有香腴的风味，仅仅呷一口汤，也足以使人留恋不忘的。

提到湖南食品的特产，要以菌油为第一。初寒的天气，松下所长的菌，尤其是小至纽扣一般的，采撷来与香油一同熬炼，加上点灯芯草以除其毒，做成豆腐汤，或是煮面，其鲜美无比。此外还有两件取之无禁，用之不竭的，便是冬笋与橘。橘的质地不算很好，可是虽小而甚甜，产量极丰。湖南不产水果，要吃水果只有趁橘熟的时候饱吃一顿，天以橘救湖南人之穷与陋，所以屈原颂它为"后皇嘉树"。

湖南语言系统也是很特别的，所谓纯粹的湖南话者，只在长沙附近通行，严格地说起来，也可以说只有长沙人说湖南话。旧长沙府属的湘乡就是说的另一种语言。其音调比较的平，所以说得快时虽然不易懂，而一个字一个字地说，反较长沙话为清晰，而且有许多字音与太湖流域的读音相近。湖南人在上海有过这样的经验：长沙人打电话老打不明白，换了个湘乡人，对方反而听懂他的话了。这不是说湘乡话好懂，乃是足以证明湘乡话为另一系统也。

长沙语音极注意节奏声调，与太湖流域相反，而与广州系统相似。长沙语不独有四声，而且有六声，除了平声可分阴阳而外，去声也分二种，一种用之于读书，一种用之于说话，所以长沙人无论贩夫走卒妇人孺子，天然地懂得诗的平仄，他们还嫌沈约的四声不够，不像江浙人对于平仄那么费解。

　　　　　（原载《人世间》一九三七年第三十二期，原题《湖南杂忆》）

蒋梦麟：

联合大学在长沙成立以后，北大、清华、南开三校的学生都陆续来了

蒋梦麟（1886—1964），浙江绍兴人。教育家。

长沙是个内陆城市。住在长沙的一段时期是我有生以来第一次远离海洋。甚至在留美期间，我也一直住在沿海地区，先在加利福尼亚住了四年，后来又在纽约住了五年，住在内陆城市使我有干燥之感，虽然长沙的气候很潮湿，而且离洞庭湖也不远。我心目中最理想的居所是大平原附近的山区，或者山区附近的平原，但是都不能离海太远。离海过远，我心目中的空间似乎就会被坚实的土地所充塞，觉得身心都不舒畅。

我到达长沙时，清华大学的梅贻琦校长已经先到那里，在动乱时期主持一所大学本来就是头痛的事。在战时主持大学校务自然更难，尤其是要三个个性不同、历史各异的大学共同生活，而且三校各有思想不同的教授们，各人有各人的意见。我一面为战局担忧，一面又为战区里或沦陷区里的亲戚朋友担心，我的身体就有点支持

不住了。"头痛"不过是一种比喻的说法，但是真正的胃病可使我的精神和体力大受影响。虽然胃病时发，我仍勉强打起精神和梅校长共同负起责任来，幸靠同仁的和衷共济，我们才把这条由混杂水手操纵的危舟渡过惊涛骇浪。

联合大学在长沙成立以后，北大、清华、南开三校的学生都陆续来了。有的是从天津搭英国轮船先到香港，然后再搭飞机或粤汉铁路火车来的，有的则由北平搭平汉路车先到汉口，然后转粤汉路到长沙。几星期之内，大概就有两百名教授和一千多名学生齐集在长沙圣经学校了。联合大学租了圣经学校为临时校舍。书籍和实验仪器则是在香港购置运来的，不到两个月，联大就粗具规模了。

因为在长沙城内找不到地方，我们就把文学院搬到佛教圣地南岳衡山。我曾经到南岳去过两次，留下许多不可磨灭的回忆。其中一次我和几位朋友曾深入丛山之中畅游三日，途中还曾经过一条山路，明朝末年一位流亡皇帝（永历帝）在三百年前为逃避清兵追赶曾经走过这条山路。现在路旁还竖着一个纪念碑，碑上刻着所有追随他的臣子的名字。在我们经过的一所寺庙里，看见一棵松树，据一位老僧说是永历帝所手植的。说来奇怪，这棵松树竟长得像一位伛偻的老翁，似乎是长途跋涉之后正在那里休息。我们先后在同一条路上走过，而且暂驻在同一寺庙里，为什么？同是因北方来的异族入侵。一千多年来，中国始终为外来侵略所苦。

第一夜我们住宿在方广寺。明朝灭亡以后，一位著名的遗老即曾在方广寺度其余年。那天晚上夜空澄澈，团圆明月在山头冉冉移动，我从来没有看到过这样低、这样近的月亮，好像一伸手就可以触到它这张笑脸。

第二夜我们住在接近南岳极峰的一个寺院里。山峰的顶端有清泉汩汩流出，泉旁有个火神庙。这个庙颇足代表中国人通俗的想法，我们一向认为火旁边随时预备着水，因为水可以克火。

第二天早晨，我们在这火神庙附近看到了日出奇观，太阳从云海里冉冉升起，最先透过云层发出紫色的光辉，接着发出金黄色、粉红和蓝色的光彩，最后浮出云端，像一个金色的鸵鸟蛋躺卧在雪白的天鹅绒垫子上。忽然之间它分裂为四个金光灿烂的橘子，转瞬之间却又复合为一个大火球。接着的一段短暂时刻中，它似乎每秒钟都在变换色彩，很像电影的彩色镜头在转动。一会儿它又暂时停住不动了，四散发射着柔和的金光，最后又变为个耀目大火球，使我们不得不转移视线。云海中的冰山不见了，平静的云浪也跟着消逝，只剩下一层轻雾笼罩着脚下的山谷；透过轻雾，我们看到缕缕炊烟正在煦和的旭日照耀下袅袅升起。

来南岳朝山进香的人络绎于途，有的香客还是从几百里之外步行来的。男女老幼，贫贱富贵，都来向菩萨顶礼膜拜。

长沙是湖南省的省会，湖南是著名的鱼米之乡，所产稻米养活了全省人口以外，还可以供应省外几百万人的食用。湘江里多的是鱼、虾、鳝、鳗和甲鱼，省内所产橘子和柿子鲜红艳丽。贫富咸宜的豆腐洁白匀净如浓缩的牛奶。唯一的缺点是湿气太重，一年之中雨天和阴天远较晴天为多。

来南岳朝山进香的人络绎于途

我每次坐飞机由长沙起飞时，总会想到海龙王的水晶宫。我的头上有悠悠白云，脚下则是轻纱样的薄雾笼罩着全城；正像一层蛋白围绕着蛋黄。再向上升更有一层云挡住的阳光，在长沙天空飞行终逃不了层层遮盖的云。

湖南人的身体健壮，个性刚强，而且刻苦耐劳。他们尚武好斗，一言不合就会彼此骂起来，甚至动拳头。公路车站上我们常常看到"不要开口骂人，不要动手打人"的标语。人力车夫在街上慢吞吞的像散步，绝不肯拔步飞奔。如果你要他们跑得快一点，他准会告诉你："你老下来拉吧——我倒要看看你怎么个跑法？"湖南人的性子固然急，但行动却不和脾气相同，一个人脾气的缓急和行动的快慢可见并不一致的，湖南人拉黄包车就是一个例子。

他们很爽直，也很真挚，但是脾气固执，不容易受别人意见的影响。他们要就是你的朋友，要就是你的敌人，没有折衷的余地。他们是很出色的军人，所以有"无湘不成军"的说法。曾国藩在清同治三年（一八六四）击败太平军，就是靠他的湘军。现在的军队里，差不多各单位都有湖南人，湖南是中国的斯巴达。

抗战期间，日本人曾三度进犯长沙而连遭三次大败。老百姓在枪林弹雨中协助国军抗敌，伤亡惨重。

在长沙我们不断有上海战事的消息。国军以血肉之躯抵御日军的火海和弹雨，使敌人无法越过国军防线达三月之久。后来国军为避免继续做无谓的牺牲，终于撤出上海。敌军接着包围南京，首都人民开始全面撤退，千千万万的人沿公路涌至长沙。卡车、轿车成群结队到达，长沙忽然之间挤满了难民。从南京撤出的政府部委，有的迁至长沙，有的则迁到汉口。

日军不久进入南京，士兵兽性大发。许多妇女被轮奸杀死，无辜百姓在逃难时遭到日军机枪任意扫射。日军在南京的暴行，将在人类历史上永远留下不可磨灭的污点。

新年里，日军溯江进逼南昌。中国军队结集在汉口附近，日军则似有进窥长沙模样。湖南省会已随时有受到敌人攻击的危险。我飞到汉口，想探探政府对联大续迁内地的意见。我先去看陈立夫，他建议我最好还是去看蒋介石本人。因此我就去谒见蒋介石了。他赞成把联大再往西迁，我建议迁往昆明，因为那里可以经滇越铁路与海运衔接。他马上表示同意，并且提议应先派人到昆明勘寻校址。

民国二十七年（一九三八）正月，就在准备搬迁中过去了：书籍和科学仪器都装了箱，卡车和汽油也买了。二月间，准备工作已经大致完成，我从长沙飞到香港，然后搭法国邮船到越南的海防。我从海防搭火车到法属越南首府河内，再由河内乘滇越铁路火车，经过丛山峻岭而达昆明。

（《西潮与新潮：蒋梦麟回忆录》，东方出版社二〇〇六年一月初版，

原题《战时的长沙》）

蒋牧良：

整整五年没有回家，这一天跳上了长沙小西门外的轮船码头

蒋牧良（1901—1973），原名希仲，后名再彰、牧良，笔名涟沛、敏士等，湖南湘乡人，作家。曾任《中国晨报》《国民日报》副刊主编等。新中国成立后，曾任湖南省文联副主席、湖南省作协主席等。

整整五年没有回家，这一天跳上了长沙小西门外的轮船码头。一切都照着预定计划：先去瞧瞧几位上了年纪的亲戚，再赶回家的汽车。

在省里的亲戚，要算一位姓朱的姑丈年纪最高，第一步还是到他家去吧。

刚刚跨进姑丈家的门槛，就听得前楼上有咿咿呀呀的读书声：

"……治天下有本，礼乐教化……顺而已矣。治天下有法，信赏……"

"……文、武、周公传之孔子，孔子传之孟轲，轲之死，不得其传焉。苟与杨……"

咦，错了吧——我这样怔了一怔。姑丈从前虽说读过不少的书，也爱看些秀才举人们的诗文对联什么的，可是一向是个买卖人，

并且近年又不很阔，请不起西宾。简单地说：他们府上压根就没有现在还要读书的孩子，这个我可明白。可是门牌上的数字一点不含糊——二十五号。屋子还是那所原来的，我只有怀着"试试瞧"这样的心情，一径踏上楼去。

七八个十多岁年纪的小学生，穿着各种各色的长袍短褂，围起一位老先生在中间，这正是我的姑丈。我跨进一步去拉住他一只手，招呼说：

"您好呀……可还认得？"

这位老先生把嘴脸一拉，鼻子立刻跟着长了起来，那截大黑圈的老花眼镜一退到鼻子上，眼光就打玳瑁框子上瞧出来，于是他恍然大悟似的笑起来：

"哈哈哈……认得认得！老三呀！……几时来的？"

姑母本来三年以前死了，几位表兄弟又不在家，对于别人就用不着做无谓的客气。于是我坐下来说明行踪，他马上又叫人给我把行李安顿在一个小房子里。

洗过一把脸回到了原来的坐处，我才开始问他怎么改了行当来教书的，这位老人家除先诉说着他那店子失败的原因之外，又谈到近况不怎么那个，不得不吃这碗教书饭。末了他说：

"啊，吵死了！成天给他们吵死了！真是'村童八九纵横坐，天地元黄喊一年'，不过我教的是些市童就是了。"我打量一下这几个学生，大半像些小学到初中的年龄，有几个面貌也还清秀，很可以读书的样子。不过怎么这时候还在私塾里鬼混，这可使我糊涂。闭会儿嘴，我才笑笑说：

"教私塾这个玩意，我们湖南也还有？"

"啊哟，这个你才不知道哩！"他含着笑脸，蛮有兴致似的，"你离开湖南这么久了，有些事情当然那个……现在我们的湖南有三多：饿民多，娼妓多，还有私塾里的教书匠多。"

话一终句，他就哈哈地大笑起来，脸子可免不了有些儿滑稽。

"几年以前不是听说湖南要强迫教育么——不准再有私塾，怎么这几年倒……"

"快莫说了！快莫说了！"他对我两手乱摆，又把退到了鼻尖子上的眼镜架上点儿。"这些小学生就是那几年坏事的啰！强迫教育——强他屋里娘，强得孩子一句书也没读进肚子里去。"

这么着，他就开始对我做一套很冗长的叙述。姑丈本来健谈，记忆力也不坏，他那谈话中夹着民国十几年十几年地说下去，全不要加思索，仿佛背诵一部滚瓜烂熟的《三字经》。他说那几年推行强迫教育的疯狂，不问是城市是乡村，处处都要办学校，处处的后生子都像尾巴上面着了火，洋里洋派，动不动就说线订书没屎用，要读新学。从前那些教书匠就搭着倒了大霉，有饭不能吃，要进师资研究所，胡子长到一尺把的，也要去受这个罪。其实进过师资研究所的人又有什么好处？教出来的学生，还不是一窍不通——屁字都不认得一个。

"现在他们醒来了！"

猛不防谈到半路里他这么很响亮地来一句，伸手摸过桌子上的茶壶来啜口茶。

接着，他的话锋就转了方向。这位老先生的脸上更加光彩烨烨，把两个袖筒一捋，眼睛可睁得怪有神的。他再摸摸胡子，先把那几年的教育做个总批判：是"用夏变夷"。他说政局一经砥定，人心到底还是人心，近几年可全换了一个样：教育当局，谁不是装个一肚子的旧书来？改变学风，这自然是意想中事。

因此近来这些中学堂里，也都观风转舵，英文虽然还是有，算术课也没有废。然而占大多数时间的，已经是国文这一门了。并且作文通通要用文言，一些弄"的""么"的家伙，可大倒其霉，老师打他的分数老是尽一个圈，有时还打转去要求重做。至于老学校，那更不用提了，非文言不取。

"这世界，真要这样来一手才行！要不然，到哪一天才弄得好？人心都是这么坏下去，你说？"

这里他把话停下来，脑袋凑到我跟前，征求同意似的看着我。我无可奈何地对他笑笑，他就又把话接了下去。

"这就叫作天道循环，有这样多日子下雨，就有这样多日子天晴啰。从前的线订书差不离只好拿来擦屁股了，现在却翻了身，教书匠受过不少的罪，现在也抬了头。如果要不这样一来，那可真不好办！像我的生意一坍台，真要饿肚子。谢天谢地，'斯文不堕'，我们这些老头子还有一点办法。不过我这几个学生求学不出于真诚就是了，他们多半是考中学不取，再来补习的。然而也有些父兄很明白，一向就读这样的书的。"

这位老先生的谈话太冗长了，两个嘴片泡着白沫。可是他还不觉得疲劳的样子，吐过一口痰涎，又问我这一次回家是不是不再出来了。我告诉他待在家里没饭辙，他就又给我献谋：回家去教老书，倒也不坏，这几年乡下教私塾的人都很好，"束脩"很可观。×秀才每年教到八百块，×拔贡也有几百一年的。

不知怎么一拉，我们的谈话又拉到了城里几个学校。他说这世界真有玩头，上面不是说过的么，考学校和找差使，都是旧书靠得住，乡下一些好子弟，自然不愿意送到城里来。

于是从前七八百学生的一个学校，现在不过一两百人，还有些，就简直晨星落落，只有几十个人的。这一来，城里这些教书匠的饭碗又给打掉了。不过城里的教书匠，到底有些都市化，就拿出他们的市侩手段来，和他们对抗。

像今年省里有几个中学，就统统都去聘某举人来当教务主任，某秀才来当国文教员——和乡下的教书匠抢饭吃。××中学在开学的那一天，那位新教育长某孝廉，还写过一副长对联，是用感伤的口吻来标榜他们的教育宗旨："吾道是耶非？想守缺抱残，未必遂干造物忌。"下联，这位老先生只背得一句"人心终说不死……"其余就记不齐全了。

他把这件事尽在哇啦哇啦地说下去，看势头，一时是不会休止的，我不知是路上过于疲劳还是怎，接连打了几个呵欠，腿子也伸得远远的，把身子靠到椅背上，显得非常狼狈的样子。我那位姑丈也似乎感觉到了一点什么，站起来招呼我说：

"疲劳了，在船上疲劳了吧？快去躺会儿！……有些话我们晚上再谈下去。"

下午，我出门去找过好几个朋友，回得很晚，姑丈已经睡着了。第二天星期，我又到北门去找一个姓何的谈天——她在一个什么女子学校教课的。我们谈话的时间很久，谈到了青年，谈到了文化。一拉到这些上面去，这位何小姐就免不了带着感伤，有时候，简直近于愤慨。

她说不要谈到这些事情上去吧，几年来的生活像块烙铁，自己免不了堕落，别人也一样在鬼混。环境及许多方面，都是把人和事实分开做两起的，到了一个为职业而职业的人，就完了蛋。认真点说，要不是为得肚皮非塞饱不可，她真要丢掉一块沙漠地一样地丢掉这地方。我问她教的那些学生怎么样，她就说，刺绣、缝纫、烹调，是她们最感兴趣的。

"一点课外书也不读吗？"

"课外书，谈不到……有的，也是《青楼梦》《红楼梦》《金瓶梅》，这一类的好书。"

我漠然地坐着，眼睛看住前面的板壁上，又记起了昨天和我那位姑丈的谈话来。

"男学校呢——好些吧？"

她先摆摆头：

"他们的玩意是：球、国术比赛、脚踏车比赛。"

不知怎么一来，我们中间的谈话没有先前那么起劲了，只得放下这些来谈别的。可是老找不到好话头似的，说几句，话又断了，于是我提议去逛书店。

"去到书店里走走吧，这么枯坐着，多无聊！"

"你快不要逛书店，在此地逛书店，会使你生气的！"

可是我坚持着我的提议，她只有同着我出来。

穿过六堆子，在又一村那街口子对面，她进了一家很小的书店。这店子小得可怜，门面不过五六尺宽，玻璃上的尘垢积起有分把厚。店伙伏在头柜边上打盹。几本《人世间》《青鹤》《良友画报》这一类的杂志贴在玻璃的那一面以广招徕。其余都是些一折七扣、一折八扣的《燕山外史》《雪鸿泪史》什么的，囤积在两列宝笼里，睡着了似的。

我们进去翻了一遍，就同着走出来，我朝她笑笑：

"开玩笑哩——你！"

"什么？"她的眼睛睁得很大，脸子很严肃的。"到此地来逛书店，就是这么个逛法！……统统只有三家卖文艺书和杂志的书店，这儿的缤缤，还有前面一家新星和金城。其余都是些卖教科书和仪器用品的了。"

我们沿着街石板向四方塘走去，我想：

"真的么——她不会在向我说谎吧？"

拐过一个弯，就到了新星。新星和缤缤的样子差不离，我们就一直来到金城。书店的场面较那两家大，上面横着一块纸牌："杂志部"。我先从两列宝笼边上挨次看过去，除了徐枕亚他们的东西，还有《金瓶梅》和《啼笑姻缘》这一类的书。在中间一个地方有几本《资平小说集》《爱与血》，以及《灵凤集》等等。其余关于翻译本子及文艺理论的书籍，简直绝种，别的书可更不用说了。

同来的那位何小姐，她站在中间所谓"杂志部"的板子边上，手里拿本什么东西在瞧。我走拢去一看，见还是一本二月出的《读书生活》。"杂志部"也不过是摆些缤缤那样的杂志。多出来的，就是《汗血月刊》《世界知识》，以及《东方杂志》和《新中华》几样罢了。

左翻右翻翻不出一个所以然，我就推着她走。可是她说：

"站一刻，我还要等一个人来买部书哩。"

说着，她还在看她的，书也没见她买。我可烦躁起来：

"买书就买书，老瞧干吗？"

"说过要等一个人呀，怎么这么烦躁法子！"

这把我真弄傻了，走不好，不走也不好，买书都要等一个人，这大约是她没带钱来。

"没带钱吧？——我这里有。"

她摇摇头，又不理我。于是我背着一双手在屋子中间踱来踱去，有时候瞟一眼宝笼里面摆的那些富有肉感的明星照片。

许久许久，她才找着一个小店伙在他那耳朵背后说了几句什么，那情形是诡秘的。小店伙跑进了里面去，一会儿出来一个四十多岁的商人，和她招呼。她又和他说了句什么，那家伙就把眼睛移到我身上，从头到脚打量了一番。她赶紧说：

"这个不妨事，他和我同来的。"

那个商人神秘地从板子底下抽出一本书来交给她，我走拢去一看，是本三月号的《文学》。钱不知是三角几，她把包好的书挟着走出来，我就问：

　　"怎么买一部《文学》，也值得这样鬼头鬼脑？那家伙打量我，是不是怕我是个扒手？"

　　"此地就是这个样，除了商务、中华两家的书，别些书店里出的书，就不大方便卖，在他们的眼中，大概会等于海洛因。那店主知道什么呢？他打量你——你要是个做那种工作的人咧？"

　　我不禁打了一个寒噤，一句话冲出口来：

　　"是这样的呀？"

　　"谁骗你！"

　　说着，她又向我笑笑，大概她看了我这傻里吧唧的样子，很值得笑吧。

　　我们同走了很远一段路，谁也没开口，等到她和我快要分开的时候，她就告诉我，她不愿意久住此地的，这些也未必不是原因之一，什么耳目都闭塞了，要想找个朋友痛痛快快谈阵天，那就打起灯笼也找不着，谁住得下去！

　　第三天一早我就去赶回家的汽车。轮子动了，我才不自觉地透出一口长气，一面想：

　　"真见鬼，偏又要在此地住两天——这地方简直有点像低气压！"

（原载《现实文学》一九三六年创刊号，原题《在长沙》）

向培良：

我有一千种爱长沙的理由，同时也有一千种恨这个地方的理由

向培良（1901—1959），笔名漱美、漱年、姜良，湖南黔阳人，作家。曾在鲁迅发起下组织莽原社，参加创办《豫报》副刊，主办上海大戏院。曾任上海南华书局总编辑、怒潮剧社副社长、中国万岁剧团团长。其代表作有《光明的戏剧》《中国戏剧概评》等。

全面抗战发生后，国立戏剧学校迁到长沙，我也随着回到故乡。这已经是三个月了。现在因巡回公演剧团出发，我必须小别此间，出去跑一个月。

我不知道对于长沙的心情，究竟是爱还是恨。每一个人都爱自己的故乡，因为太亲切；同时每一个人也都恨自己的故乡，因为知道得太清楚。我呢，因为我太爱长沙（恕我说得冒昧一点），所以也就恨这个地方。我有一千种爱长沙的理由，同时也有一千种恨这个地方的理由。但我每一次恨，就从恨的中间看出更可爱的处所。人原是矛盾的，一个城会更是矛盾的，而湖南尤其是长沙，也许更是矛盾的。

我恨这个地方像潭死水。恨这个地方舒闲悠游、粉饰太平。恨这个地方的青年人老得太快，中年人世故太多（唉，我们简直忘了

人生还有壮年的一个阶段）。恨这个地方人事摩擦太重。恨这个地方的学术空气、事业观念太轻。

前几年和我一道儿跑山、一道儿唱歌的青年们，现在已经有许多都老了，看他们心头的风尘比我更多，虽然我额上的风尘还比他们重。

记得黄芝岗先生在一篇文章里提到一号的事件，他说我是"太可怜他们（指学生）"，这也许是黄先生记错了。我并不"可怜"青年，因为我绝不是可以高高在上，俯视着而可怜什么人的人。我只希望能在一道儿跑，一道儿唱，闹翻了就痛痛快快打一场。我们需要力，需要强，需要前进！力总是好的，就算错了，也比没有力好。

生活已经训练得皮糙肉厚，那次的一花瓶一痰盂才打破了皮。难道我为这个就要叫喊起来？关于国文教材的事，我尊重几位先生的意见，说现在不是讨论这问题的时候，故不再提。许多人对于我的好意我都诚恳领受，但那些书信不独不曾在报纸上发表，抱歉连答复也不周全。因为我不敢接受安慰。我个人的事是太渺小了，不值得多提。而我却非常满意我的叫喊到底不是在墟墓中，不独有了赞成，更且有了反对；赞成我是鼓励我前进，反对我是鼓励我自省。长高的同学们（无论是赞成我的或反对我的），给了我很多的教训，最要之点就是表示这一潭死水，表面上虽然平静，底里却蓄着力，等时候就要奔腾起来，而教训我在人生的途程上还应该多努力、多反省，再多多锻炼自己的力。

我们幸而生在这个大时代中，外面是光，是太阳，也有严霜和

国立戏剧学校公演《最后关头》的广告

冰雪。我们不曾有"我瞻四方，蹙蹙靡所骋"的感慨，我们可以向光明前进，更可以向冰雪显露我们抵抗的力。

也许一月之后，我可以带一点衡山的雪、江上的霜、铁道旁边的炸弹碎片儿回来，让我们的心再冷一点，更刚强一点，我们的皮肤再粗一点。

据说天才就是青年之永恒的延续，我便以这句话，留赠关心我的朋友们。

（原载长沙《力报》一九三七年十一月十六日，原题《小别长沙》）

老　向：
现在所要记的只是个人的印象之类，于长沙的本身是好是坏无大关系

讲述人生平不详。

去年八月二十七日来到长沙，截头去尾，算来已是半个年头儿了。这半年中，除了平教会的办公室我是熟习的，对于长沙，尤其是人物方面，可以说认识的很少，这原因很简单，个人在乡下住得惯，对城市则发生的兴趣少些。现在所要记的只是个人的印象之类，于长沙的本身是好是坏无大关系。

一、酷热与蚊虫

刚来到长沙，正赶上秋暑炙人。昼夜热成一片，坐卧汗出如浆；书不能看，信也不能写，终日里光脚赤背，只穿一条短裤在小院里打磨旋，找风游，像个野人似的。有人说晚稻未熟，正喜欢这毒热的天气，我恨不得立刻变成晚稻。

天热人苦，蚊虫却大得其意。长沙的蚊子颇可观，比北平的要大一倍。黑质白章，利口长翼，不分明暗，随时乱飞，随处乱钻，打个哈欠都得提防它们飞进口来；而且是"童叟无欺"，遇人就咬，连那嗡嗡的警告都不给。有时三四个蚊子落在胳臂上，打死一个，其余的仍然是"好血我自吸之"，悍然不顾。一个小动物"蠢不畏死"，教这号称万物之灵的人们竟是"束手无策"。蚊帐是不可免的，而且即使在白天也最好是"帷幕低垂"，不用上钩。蚊子是有缝儿就钻，钻进一只去也够麻烦的。写字桌下，餐柜前后，都得燃上蚊香示"敬"，而后才能"远之"。友人一个女孩子从河北定县来，天天去捉蚊子装在玻璃瓶中当小蜻蜓看。

蚊子之外，还有一种类似苍蝇的牛虻，更加凶恶。任你穿着几层衣服，总也比不上牛皮厚。它们吸惯了牛血，人又怎么受得了！一不留神被它们刺着，皮肤突变红肿痒而且痛。

二、天旱与苦雨

天热，而又两个月没落几次雨，旱象是十分显著了。湘江中分水陆洲，洲西面的一股已经干得断流，东股也仅剩了浅水一线。大批的树排没法子再往下漂，木材立刻涨了价；煤船不得不停航，电灯公司也马上缩短供给电力的时间，主妇们也不能不在燃料上打算盘。差强人意的是友邦的两条炮舰悄悄地退出去了，怕搁浅，望起来不似以前那么碍眼；舰中废炭沉在江底层沙中，招致了若干贫儿携筐扛铲地去发掘。

天干物燥，相应而生的火灾连绵不断。据报纸上的统计，去年一年的火灾共有四十八次，损失财产六十余万元，单是一个十月就占去了八次，损失估计二十万。当然，火灾并不能说直接起因于天旱。可是江水太远，井水太浅，火势一起不得不听其蔓延，就需要天旱负责了。有人说长沙应该装设自来水厂，是的，我也说应该。

旱稍失势，紧接着雨季来了。雨季，更觉愁人。

秋冬两季，干要干得到家，雨要雨得彻底，这大概是我所见的长沙气候了。天气暖，细雨潺潺；冷风一吹，也许变为冰雾，檐前淅淅沥沥，紧紧慢慢，一连不十天就半月。无怪乎树上的小麻雀都没精打采，窗前几树芭蕉叶破梗残，勉强地活着。在北方有句农谚是"二八月响雷，遍地出贼"，在长沙却未必适用，因为这里似乎不分季节，随时可以响雷，真要出贼恐怕出得太多了。据说孔夫子一闻"迅雷"，就会惊得变色；若在长沙的腊月间看见电光四澈，霹雳一声，不知他老先生吓成什么景象。

雨天要出门，立刻就得想到油鞋雨衣这一大套，在我是不习惯的。不出门，被困在水帘洞中，谈天没有朋友，喝酒没有伴儿，在一间纵横不到五尺的小房间乱嘜乱跳，简直像个疯子。现在我才明白为什么贾太傅一到长沙便会抑郁而死。有几次我闷极了，便幻想着屈大夫的投江，恐怕也是被雨逼得无可如何。

"冬日可爱"这句话，以前我总以为是冬季酷寒，太阳照着便可以暖些。在长沙则是冬季太阳太少见了，所以可爱。有时三五天也不定,太阳从云缝儿里露一面,立刻便又缩回去。假如有三天是暴晴,便说不定哪个福人来到长沙。

三、湘江与岳麓

长沙最叫人流连的要算湘江与岳麓。

一个城市而能依山傍水,长沙的位置可以说是理想的。

北平的三海、南京的秦淮,虽然都是沙漠中的绿洲,但是三海那么渺小,秦淮那么污秽,而且又都只能够供少数人游览,远没有湘江这么浩浩荡荡,有悠久的历史,有交通的利便,有风景的点缀。由北门到南门一段江岸,都是各路船只的码头。多少旅客,多少工人在那里上上下下,湘江充分地发挥了它的效能。由北门沿江而下,傍岸有新开的马路、新栽的小树。再过相当年份,可以看到绿荫成行,浅草一路。市民们在工作之余,可以坐在树荫下的石凳上,遥望烟波浩渺,风帆往来;城市烦嚣,得到一个忘掉的地方。所怕的慢慢会有一般风雅之士,又要修茶楼、写联语、备画舫、闹声歌,掩蔽了现在的朴素美。

江心有一个水陆洲,把江水分成了两股。由长沙望过去,那小洲恰似海中的一个孤岛。黄花绿树,仿佛是与世隔离的仙地。外人审美的程度颇不差,日美的领事馆都建筑这洲上。

由长沙渡过湘江便是岳麓。南岳高峰七十二,岳麓山是起码的一个峰。逼近城市,又附名山之骥尾,所以只要不是雨天,游人总是很多。

　　带着行李游山，提着食盒游山，或是坐着轿子游山都是游山的贵族，并不是游山的上乘。为了锻炼身体而游山，如同做什么登高比赛之类是游山的别义，而不是游山的正宗。那么，登岳麓山是标准的游山了。靠近城市，一般市民都能够上去玩玩是一；山不太深，"能得浮生半日闲"的，都可以缓步从容地逛一圈是二；又不太高，走上去并不教人精疲力竭是三。立在云麓宫俯视湘江蜿蜒，长沙尘烟，也自有飘然凌云的味道。如果不愿登高，山脚下有的是竹篱茅舍，流水人家，闲步一回，也足以使你忘却城市繁嚣，得一些野趣。至于山上的什么碑什么亭，"见景不如听景"，倒不一定非看不可。

　　长沙并没有一座像样的公园，但是有了湘江岳麓，有了这样朴素自然的公园，长沙市民也算是"得天独厚"了。

四、神圣的车夫

　　人力车不是一种进步的交通工具，但是我们中国的各大都市，似乎是无处无之。乍到一个生地方，坐不起汽车而又不能自搬行李如我这一流人，首先不能不劳动洋车夫。洋车夫多半是无大知识的老百姓，而性格的表现则各地颇不同。北平的过于和气，上海的过于狡猾，长沙的独有一种"岸然自尊"、劳工神圣的气概。

　　给人印象最深的是，长沙的车夫永远一步一步，缓缓地前进。如果意在参观街道，"安车当步"实在比疾走如飞的方便得多。但若有"急于星火"的紧事，最好是自己开快步的好些。因为你要是催促车夫加速度，冬季他便说："个样冷的天气，跑出一身汗来不合算。"夏天他又说："天气个样热，何事能跑呐！"事实上，长沙除了新开的一条中山路，都是狭窄的街道，要跑也跑不开。

街上的车夫多半是良善的，虽然不快走，但是勒索人的时候并不多；就是勒索也还不至于太出乎情理。车站和码头上的脚夫就不然了，多半竟是天不怕地不怕，理直气壮地向主顾痛敲。以前如上海如汉口，都是旅客长叹行路难的标准地方，现在听说都已大有改善，这行路难的标准似乎应该让给长沙了。以火车东站而论，人挤人、人扎人的买票现象，仍然存在。我所认识的朋友们，没有谁不会在车站上丢过东西。墙上明明写着"行李一件脚力四分"，脚夫却硬说："那是写错了，规矩是每件一角。"路警处理这类争端多半是不处理，听其自然变化自然结束，充其量也只取一种调和的态度，对脚夫不敢得罪。在这种环境之中，脚夫的任意勒索，似乎不能叫脚夫负责。

无论劳工如何神圣，有紧急事而嫌车夫慢，出了车钱而不大甘心，应是人情所许。然而长沙的车夫始终不肯自认为奴隶牛马这一点，是最值得赞美的。他们若是不情愿地受了警察的指挥，必定高呼大喊地以鸣不平。他们永远以自己的力气作行动的标准，绝不揣摩乘客的心理，更不逢迎乘客的意旨，说话永远站在自己的立场上立论。他们做的虽是牛马的工作，却时时保持着独立的人格。

（原载长沙《力报》一九三七年五月五日、七日、八日，原题《湘垣半载记》）